中国出版史研究

HAO DANG YOU SI
HE ZHUO YU QING DAI DE
PI JIAO WEN HUA

韦胤宗 著

浩荡游丝
何焯与清代的
批校文化

图书在版编目(CIP)数据

浩荡游丝:何焯与清代的批校文化/韦胤宗著. —2 版. —北京:中华书局,2025.4. —ISBN 978-7-101-17055-9

Ⅰ.G256.3

中国国家版本馆 CIP 数据核字第 202501FT44 号

书　　名	浩荡游丝:何焯与清代的批校文化	
著　　者	韦胤宗	
责任编辑	胡雪儿	
封面设计	周　玉	
责任印制	陈丽娜	
出版发行	中华书局	
	(北京市丰台区太平桥西里 38 号　100073)	
	http://www.zhbc.com.cn	
	E-mail:zhbc@zhbc.com.cn	
印　　刷	河北品睿印刷有限公司	
版　　次	2021 年 8 月第 1 版	
	2025 年 4 月第 2 版	
	2025 年 4 月第 2 次印刷	
规　　格	开本/787×1092 毫米　1/32	
	印张 10⅝　插页 12　字数 250 千字	
国际书号	ISBN 978-7-101-17055-9	
定　　价	78.00 元	

斜乃至更樓虔誠半夜起亦必待月正中然而巳嫌其
太早也今張生親口唱六月輪高則是從東而起初過殿
鴫苑還是十四日之初更未盡也巳又唱云若琉璃瑞煙
籠草可見殿前月明傍徨徜徉遑遑如年且但見
尾上煙光逃漫本意欲看瑩瑩託之孑去看道場今
自一人先看月也看琉璃尾也真絕倒吾普天下才子山
肚裡欲睸
如何生
法本引僧眾上云今日是二月十五釋迦牟尼佛八大涅槃
日遍陀長老與文殊普薩移齋供佛若是善男信女今日做
好事必獲大福利張先生早巳在此大眾動法器者待天明
了請大人小姐拈香
行香雲盡紛融兌海波潮幡影飄颻諸橫越嵐來
砂雲亦入纜眼刺到爾尚眼中發則等元

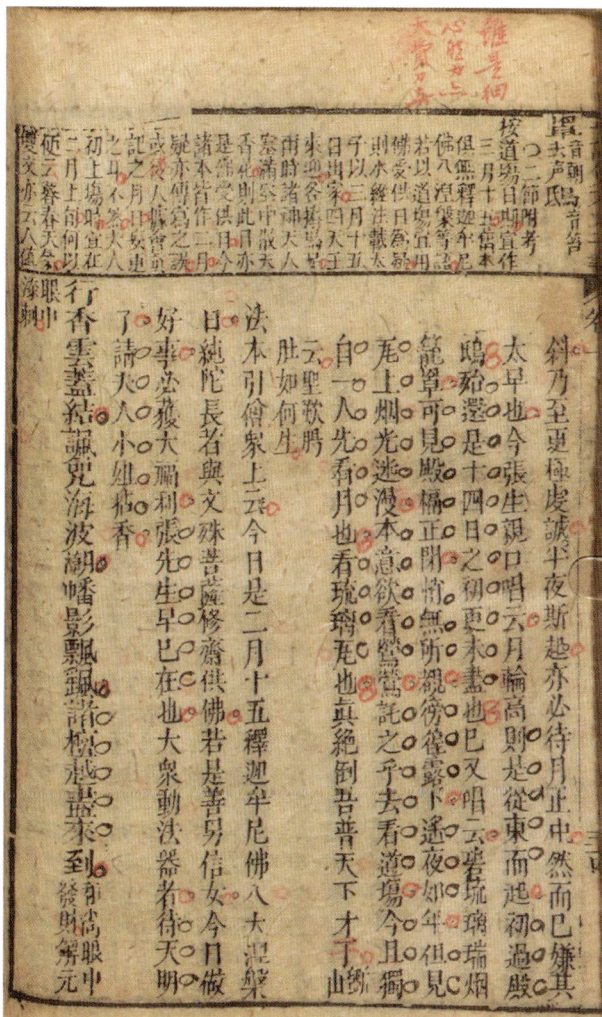

図 1-5　《西厢记》卷一，叶 34b，清代前期邹圣脉刻本，现藏新西
兰奥克兰大学图书馆，索书号：PL2693.H472。

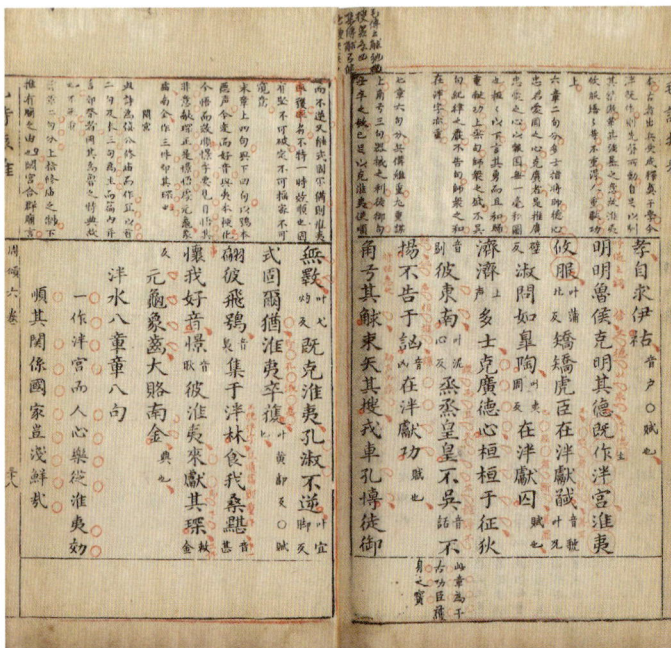

图 1-7 《毛诗振雅》，保定莲池书院藏晚明刻朱墨套印本，图片来源：《保定莲池书院善本图录》，北京：国家图书馆出版社，2014 年，第 27 页。

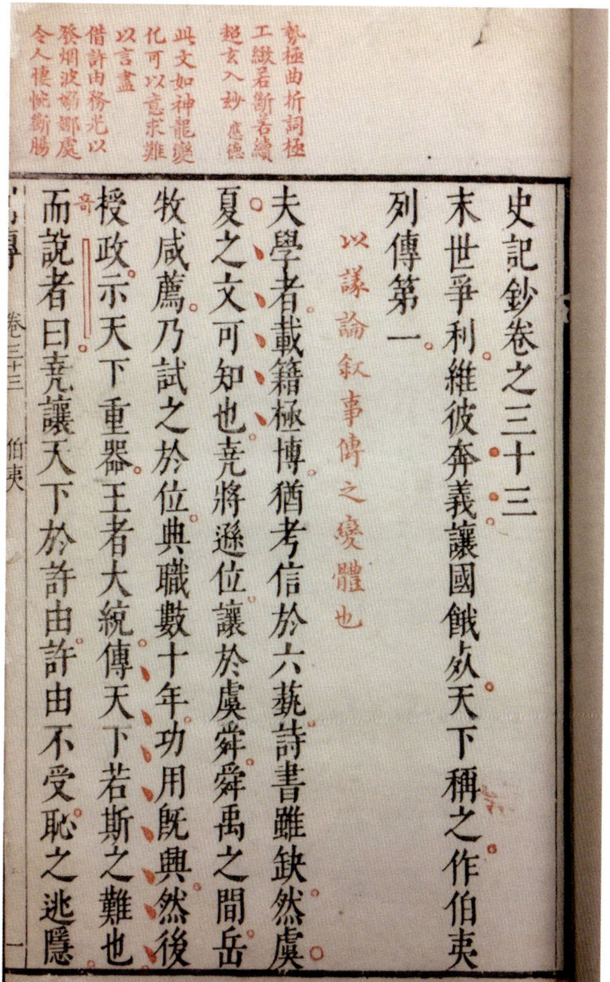

史記鈔卷之三十三

列傳第一

末世爭利維彼奔義讓國餓死天下稱之作伯夷

以諛論叙事傳之變體也

夫學者載籍極博猶考信於六藝詩書雖缺然虞
夏之文可知也堯將遜位讓於虞舜舜禹之間岳
牧咸薦乃試之於位典職數十年功用既興然後
授政示天下重器王者大統傳天下若斯之難也
而說者曰堯讓天下於許由許由不受恥之逃隱

伯夷　卷三十三

图1-8 《史记钞》卷三十三之首页，加拿大不列颠哥伦比亚大学图书馆藏明泰昌元年（1620）闵振业朱墨套印本。

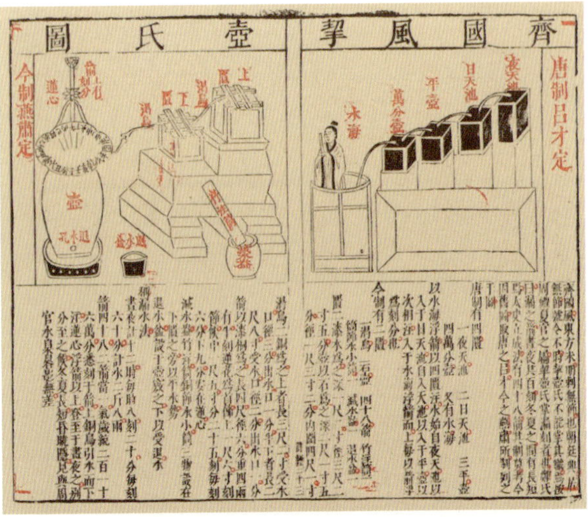

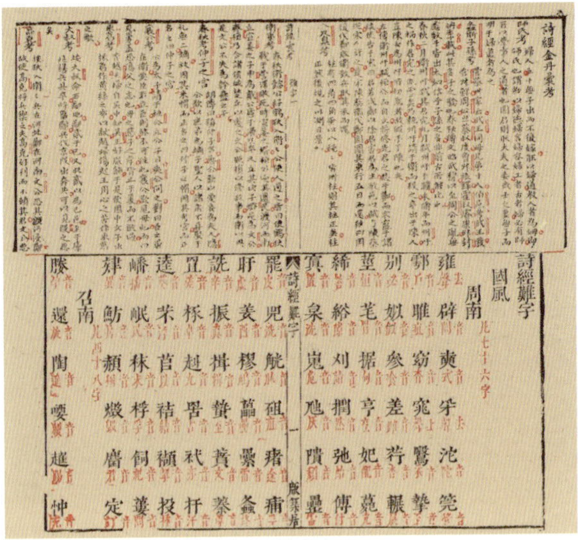

图1-9 《新刻顾邻初太史朱批诗经》,《中华再造善本(明清编)》据明版筑居刻朱墨套印本影印本。

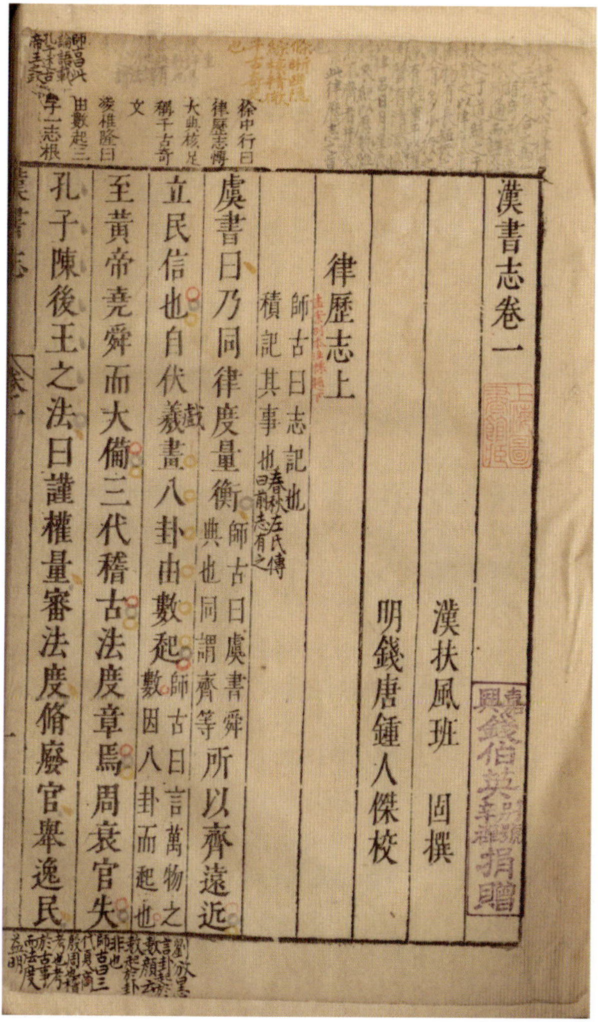

漢書志卷一

律歷志上

漢扶風班　固撰

明錢唐鍾人傑校

師古曰志記也
積記其事也春秋左氏傳曰志而晦

虞書曰乃同律度量衡
師古曰虞書舜典也同謂齊等所以齊遠近

立民信也自伏羲畫八卦由數起
師古曰言萬物之數因八卦而起也
數因八卦而起也
文

至黃帝堯舜而大備三代稽古法度章焉周衰官失

孔子陳後王之法曰謹權量審法度脩廢官舉逸民

图 1-10　明万历刻本《汉书》，上海图书馆藏，索书号：线善
816474—513。书中有大量朱、墨、蓝、黄四色批校。

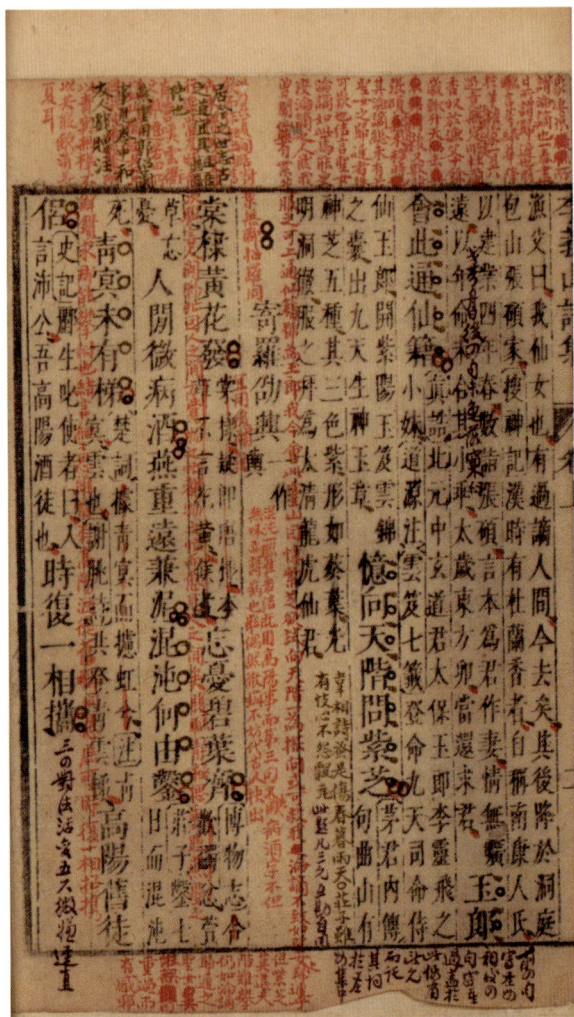

图 1-11 清顺治间刻本《李义山诗集》，上海图书馆藏，索书号：线善 6889。书中有大量朱、墨、绿、紫四色批校。

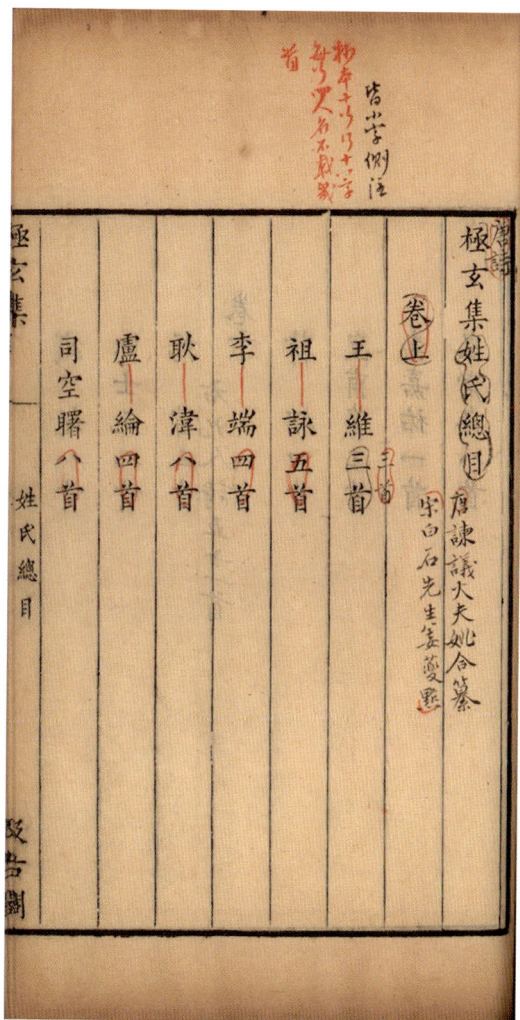

図 1-12 《极玄集》目录叶,见《唐人选唐诗》,明末毛氏汲古阁刻本,上海图书馆藏,索书号:线善 839789。

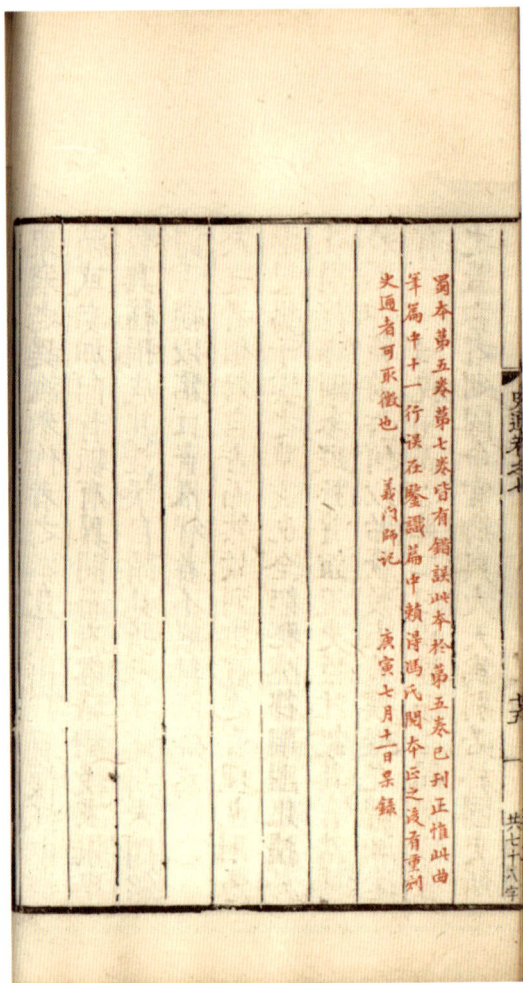

蜀本第五卷第七卷皆有錯誤此本於第五卷已刊正惜此曲
牢篇中十一行誤在鑒識篇中頼清馮氏閣本正之凌有重刻
火通者可取徵也
義門師記
庚寅七月十日杲錄

图 3-1 《史通》卷末蒋杲过录何焯题跋，明万历五
年（1577）张之象刻本，上海图书馆藏，索书号：线善
832937—38。

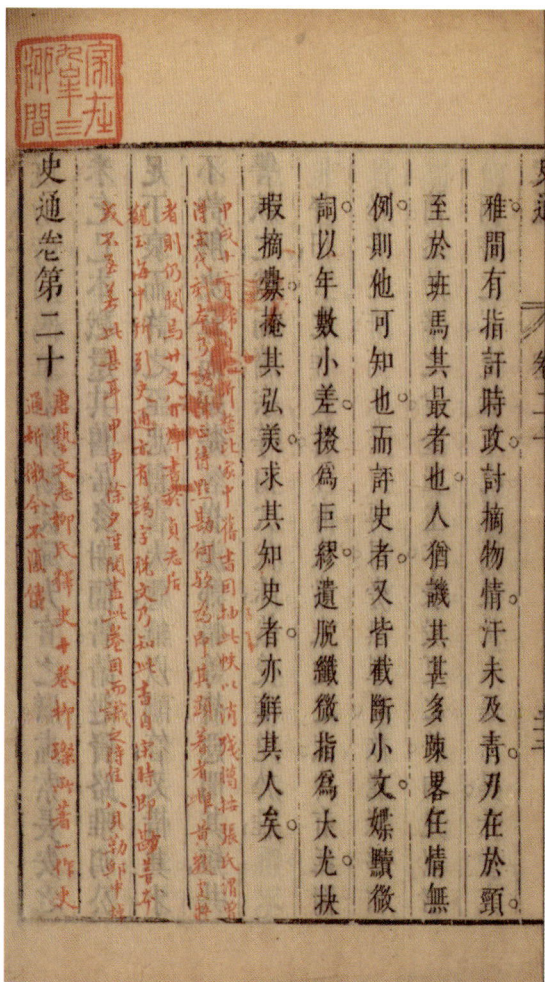

图 3-2 《史通》卷二十，叶 22b，明末刻本，上海图书馆藏，索书号：线善 T01248—53。书中朱笔佚名过录的何焯批校，颇似何焯手笔。

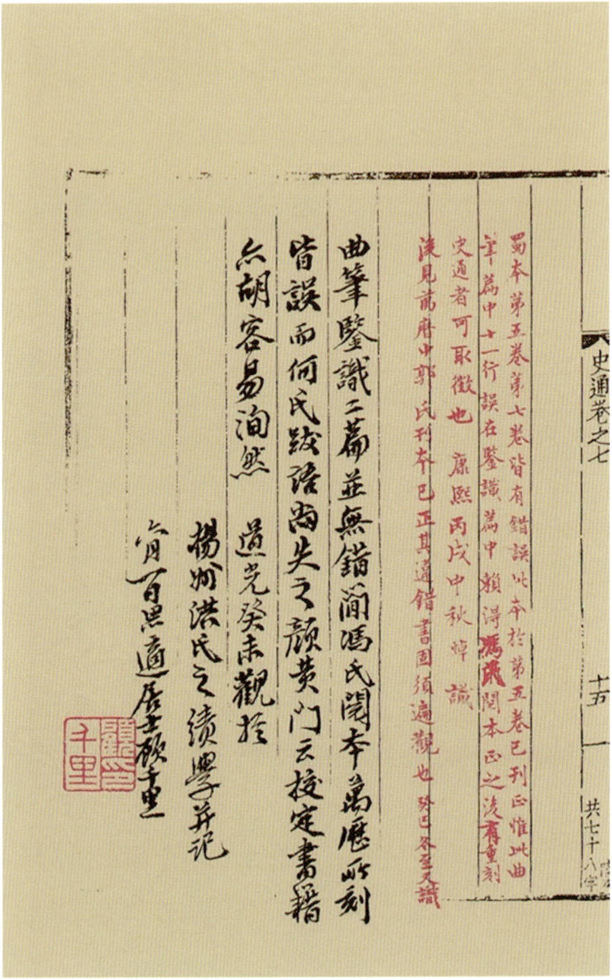

蜀本第五卷第七卷皆有錯誤此本於第五卷已刊正惟此曲

筆為中上一行誤在鑒識篇中賴得馮藏閣本正之後有重刻

史通者可取徵也　原熙丙戌中秋焯識

淩見嘉靖中郭氏刊本已正其通錯書固須遍觀也　好古者宜之識

十五

共七十八字

曲筆鑒識二篇並無錯簡馮氏閣本萬曆所刻

皆誤而何氏跋語齬齵夫之顏黄門云授定書籍

亦胡容易洵然　　遺光癸未觀拓

揚州洪氏之績學并記

寶應適居士顧廣圻

（印：澗薲　千里）

图 3-3　《史通》卷七，叶 15b，《中华再造善本》影印中国国家图书馆藏明万历五年（1577）张之象刻本。卷七末有何焯跋、顾广圻跋与印文。

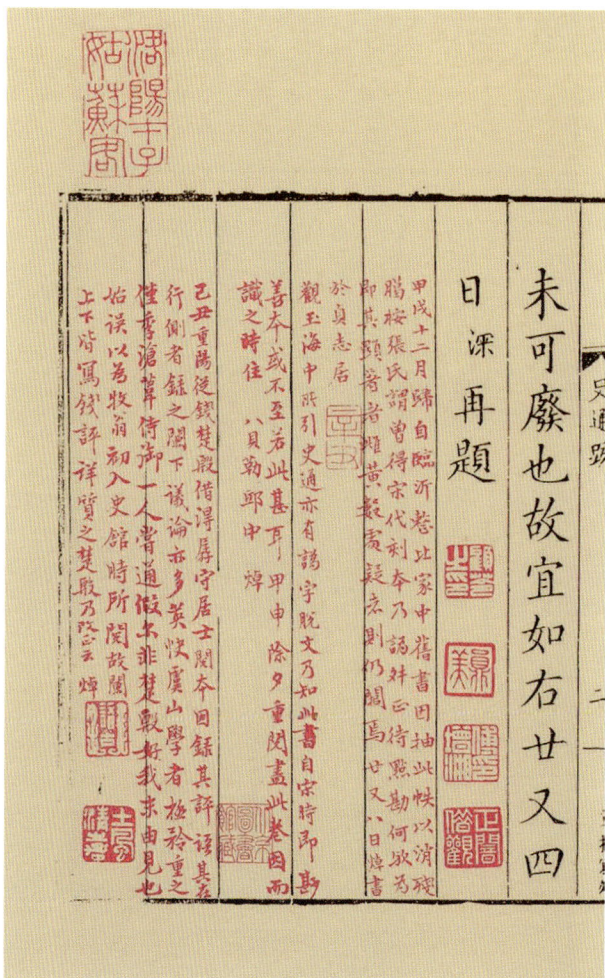

図 3-4 《史通》之最末半叶，《中华再造善本》影印中国国家图书馆藏明万历五年（1577）张之象刻本。有何焯题跋，其后又有何焯"语古"白文长方印。

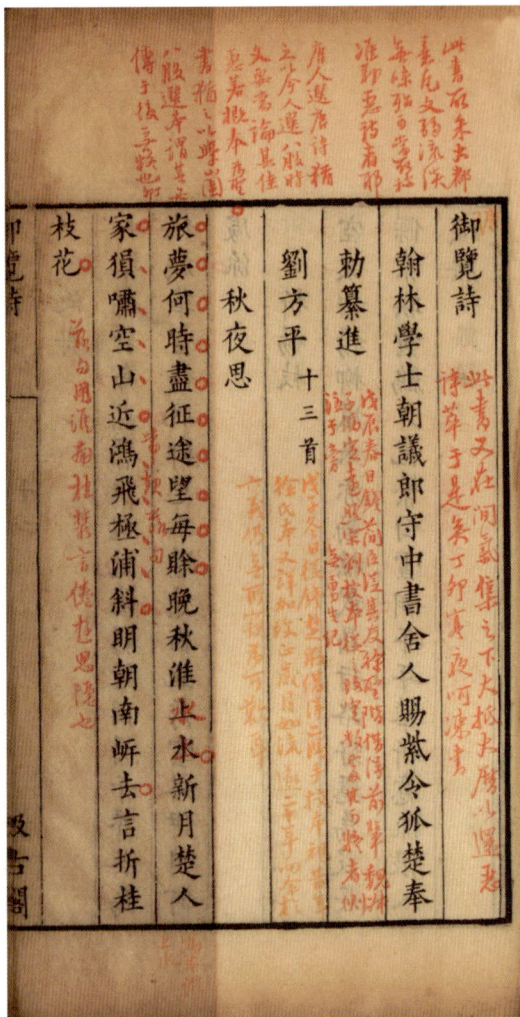

御覽詩

翰林學士朝議郎守中書舍人賜紫令狐楚奉

勅纂進

劉方平 十三首

秋夜思

旅夢何時盡 征途每歲賒 晚秋淮上水 新月楚人
家 猨嘯空山近 鴻飛極浦斜 明朝南峴去 言折桂
枝花

图3-5 《御览诗》叶1a,明末毛氏汲古阁刻《唐人选唐诗》本,现藏上海图书馆,索书号:线善839789—96。书中有何焯手书批校。

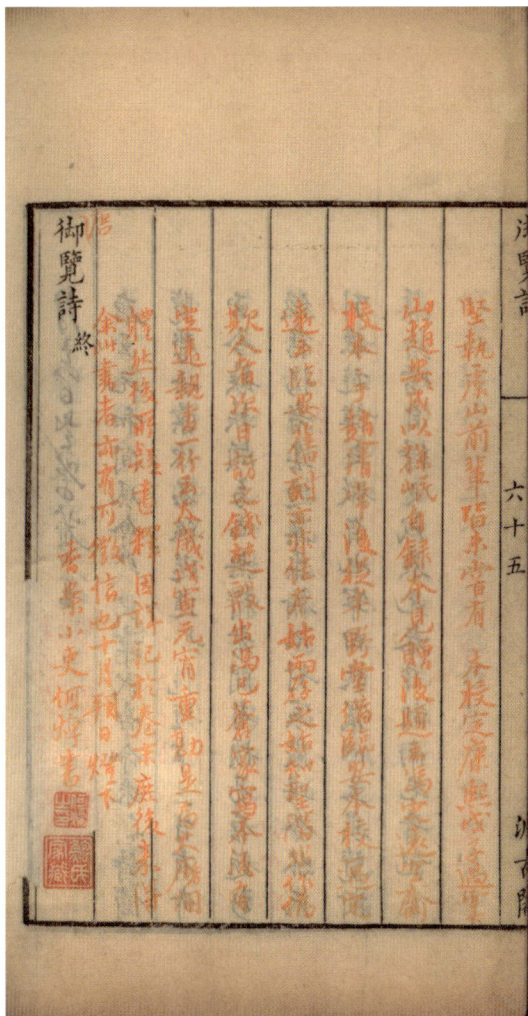

图 3-6 《御览诗》叶 65b,明末毛氏汲古阁刻《唐人选唐诗》本,现藏上海图书馆,索书号:线善 839789—96。书中有何焯手书批校。何焯题跋之末有"何焯之印"(白文方印)与"鲍氏家藏"(白文方印)。

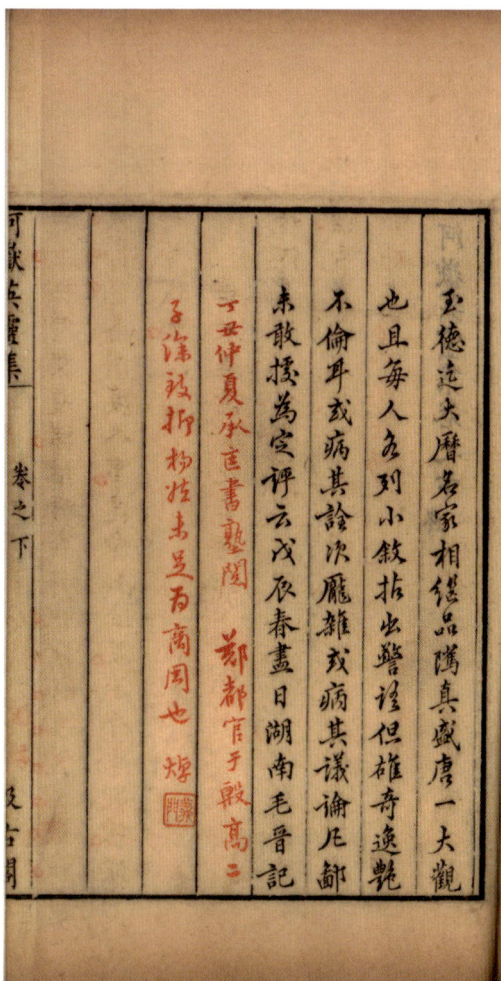

图3-7　《河岳英灵集》卷末半叶，明末毛氏汲古阁刻《唐人选唐诗》本，现藏上海图书馆，索书号：线善839789—96。何焯题跋之末有"义门"（朱文方印）。

孫可之集卷第一

大明宮賦　後述寵云

東吳毛晉子晉訂

孫樵齒貢士名旅見大明宮前庭仰貽俛駮陰意

靈怪尊歸魄動中宵而寱寱彼大明宮神前有云

且曰太宗皇帝繚瀛啓居廓穹起盧圜然而畫隆　太宗

然而非乾窬乾隳永求帝宮帝詔吾司其宮　勑立

大明宮後高宗增修遂移仗焉下帝謂上帝

與日月終翼聖護難十有　天后即天下

六君蕩妖斬氛乾知吾勤吾當盧陵錫武真天下

可之

卷之一

汲古閣

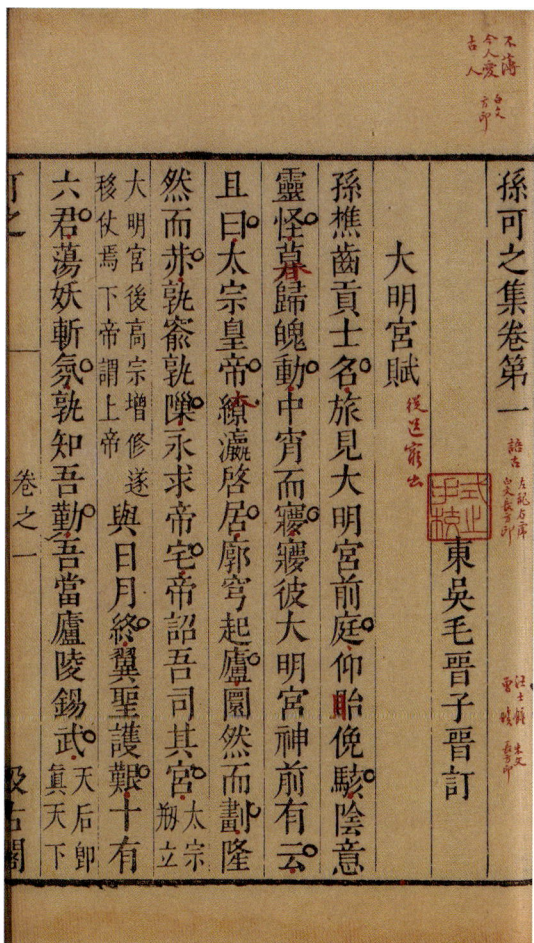

图 3-10 《三唐人文集》，中国国家图书馆藏明末毛氏汲古阁刻清嘉庆道光间重修本，索书号：SB14604。书中有章钰过录的何焯批校。此为《孙可之集》首半叶，有章钰临录的何焯、汪士钟两人之印鉴。

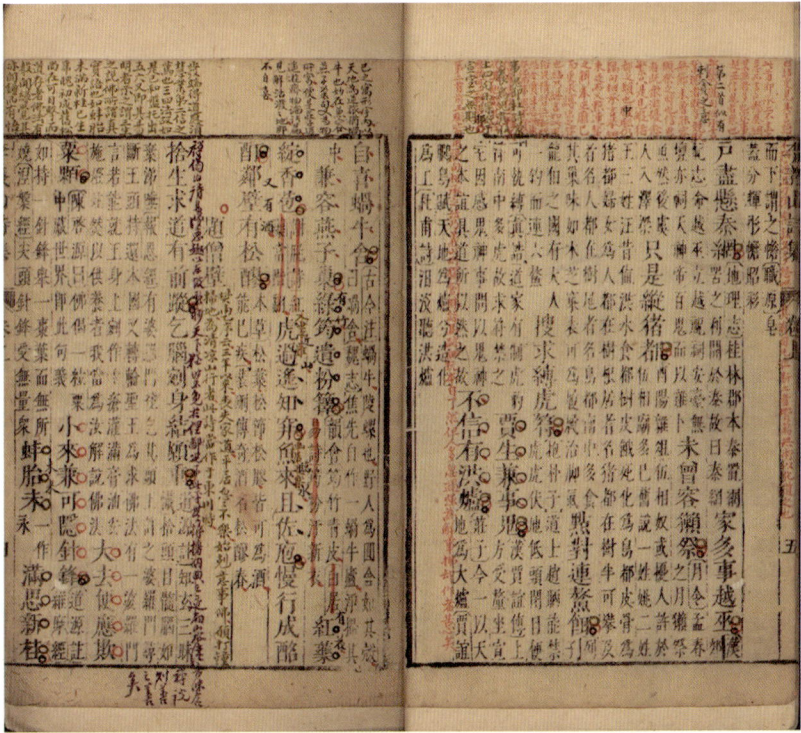

图 3-11 《李义山诗集》，卷一，叶 5b—6a，上海图书馆所藏清初刊本，索书号：线善 6889。书中何焯、陈崿、纪昀等人的批校分别以朱、墨、蓝、绿诸色过录。

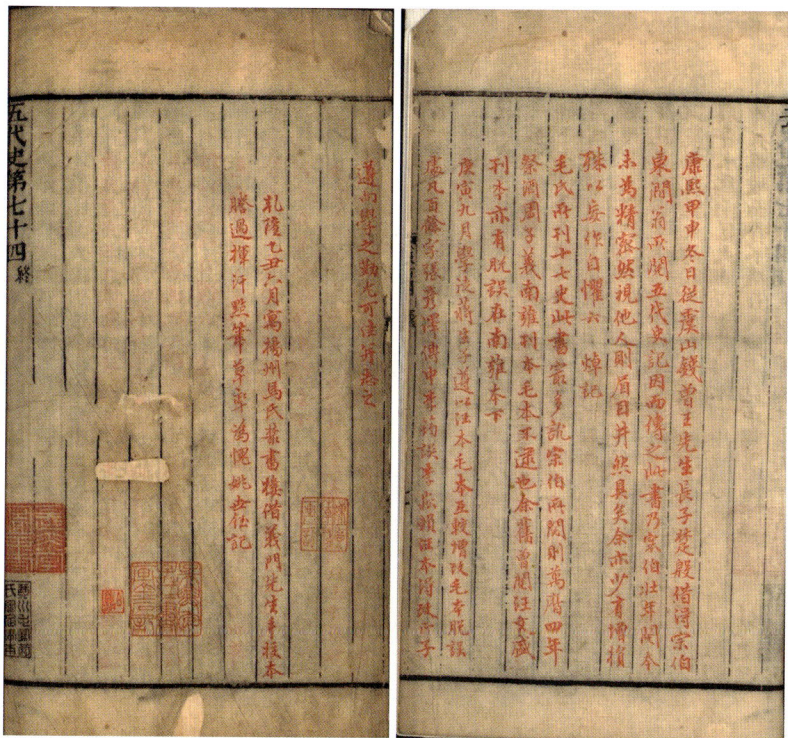

康熙甲申冬日從霞山錢曾王孫先生辰子楚殷殷得潯崇伯

東間道巡閲五代史記因西傳之此書乃宗伯壯年間本

永為精窯照視他人則眉目并然具矣永少有增損

孫以庚作曰懼六慄記

毛氏本刊十七史此書最多就宗伯所閲則萬曆四年

祭酒國子義南雍刊本毛本不通他余舊曾開阻真盛

刊本永有脫誤在南雍本下

康寅九月學筵得道以注本毛奉五鈑增改先本脫誤

氏凡百餘號張秀渾傳中字詢誤宗此頗同本脱改而子

蓮州學子之勒先何連潯氏乙

札陵乙巴六月寫楊州馬氏兼畫襲階義門先生辛豚本

騰過襍汗篆筆卓夺為愧姚世鈺記

五代史第七十四終

图4-1 《五代史記》书末姚世钰过录的何焯批校。上海图书馆藏明末
毛氏汲古阁刻本，索书号：线善847873—78。

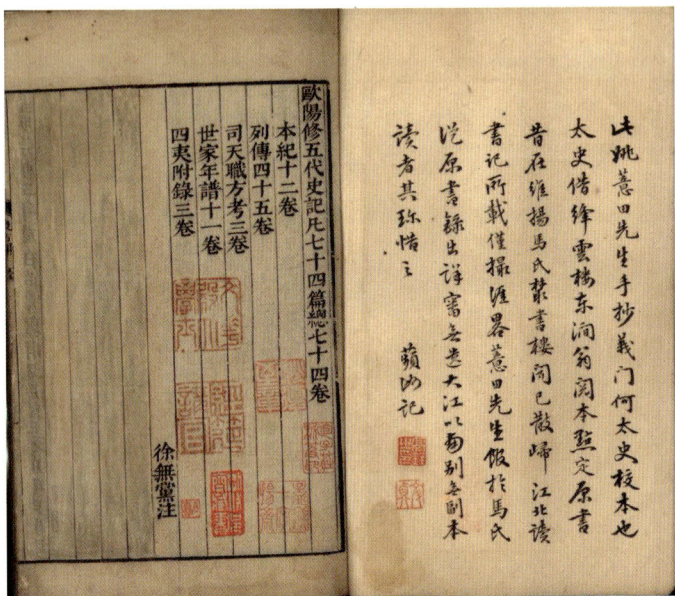

欧陽修五代史記凡七十四篇編為七十四卷
本紀十二卷
列傳四十五卷
司天職方考三卷
世家年譜十一卷
四夷附錄三卷

徐無黨注

氏姚蕙田先生手抄義門何太史校本也
太史借絳雲樓東涧閣本點定原書
昔在維揚馬氏藜書樓閟已散歸江北讀
書記所載僅操淮海蕙田先生假抄馬氏
汲原書錄出詳審各卷大江以南別無副本
讀者其珍惜之

頻伽記

图4-2 《五代史记》书前高铨跋。上海图书馆藏明末毛氏汲古阁刻本，
索书号：线善847873—78。

文選卷一

梁昭明太子撰　文林郎守太子右內率府錄事參軍事崇賢館直學士臣李善注上　長洲葉樹藩星彞氏參訂

賦甲

賦甲者舊題甲乙所以紀卷先後今卷既改故甲乙並除存其首題以明舊式

京都上

班孟堅兩都賦一首
張平子西京賦一首

兩都賦序

班孟堅

范蔚宗後漢書曰班固字孟堅九歲能屬文長而遂博貫載籍
班固周史遷書於是撰為漢書固字孟堅班北地人也年九歲能屬文
史遷為郎為上兩都賦大將軍竇憲出征匈奴以固為中護軍憲敗坐免官遂死獄中

或曰賦者古詩之流也

毛詩序曰詩有六義焉二曰賦故賦爲古詩之流也諸引詩作者必以祖述也他皆放此

昔成康没而頌聲寢王澤竭而詩不作

……昔周宣雅頌並闕作史記曰周武王克商成王少……太子誦立是爲成王成王……

目　录

序 / 1

第一章　注疏、评点和批校的文本性质与文本形态 / 1

　一、文本性质 :内容与特征 / 3

　二、文本形态 :载体与流传 / 34

　三、小结 / 59

第二章　读书种子何焯与他的批校 / 63

　一、何焯的生平 / 64

　二、何焯史评、史论的特点与价值 / 67

　三、何焯校勘学的特点与历史地位 / 82

　四、余论 / 104

第三章　过录 :学术关系的构建与学术知识的传播 / 107

　一、何焯的学术圈 / 108

　二、由批校本构建的学术关系 / 121

　三、书商与抄手的参与 / 134

　四、塑造文本 / 144

　五、批校文化 / 160

第四章　在阅读中表达 :批校中的题跋及其

　　　　对清人学术心态的书写 / 163

　一、时间与空间 / 164

　　二、学术的诗意 / 169

　　三、书斋内外 / 176

第五章　从批校本到刻本 / 185

　　一、《义门读书记》的刊刻 / 185

　　二、随文刊刻 / 204

　　三、"校勘记"的刊刻与出版 / 212

　　四、余论 / 220

附录一　阅读史：材料与方法 / 227

　　一、从书籍史到阅读史 / 228

　　二、阅读史研究的三个部分 / 233

　　三、批校：新的阅读史研究材料 / 248

附录二　何焯批校本目录 / 257

参考书目 / 291

新版后记 / 307

序

　　水中群鱼，天空群鸟，其整体体态往往变化万端，能随地形、水流、外敌等因素而变换形态，并以此朝着某一方向前进。其间或有一二具领袖气质者对群体之走向有先导之作用，但整个群体的变换进退，却是群体中每一个体的力量会合作用的结果，因此，要明了此一群体的进退，除了解其开创领导者之外，勾勒其群体的样态亦有重要的意义。这个道理也适用于群行群策的人类。以人的思想学术史而论，研究一代思想巨匠固然必要，而仔细勾勒整个群体的思想文化特征，或许更能得社会历史变迁之真实体相。

　　本书研究的主题是清代的学者群体与他们在阅读中所创作的批校。有清一代，学者群体数量庞大，但是目前进入学术史讨论的似乎只是非常少的几个大背影——由后人所构建起来的大背影。① 大部分的学者，都在被学术史所忽略。不仅如

----

① 《清儒学案》中，有正案的 179 人，附 922 人，诸儒案 68 人，凡 1169 人；张之洞《书目答问》后附有《国朝著述家姓名略》，录清代 "著述家" 五百余人（见徐世昌等编纂、沈芝盈、梁运华点校：《清儒学案》，北京：中华书局，2008 年；张之洞编撰、范希曾补正、孙文泱增订：《增订书目答问补正》，北京：中华书局，2011 年）。从广义上来讲，"儒" 与 "著述家" 都可纳入 "学者" 这一现代的范畴，若将传统学术史不甚（转下页）

此，清代学者在读书之时写下的批校，更是如漫天飞雪，数量巨大而各自分散。而且，由于批校皆写于书籍的天头地脚或者夹注于正文之间，因此其原始材料的收集与整理耗时费力，多劳而少成，这就造成了对于批校的研究长期滞后的情况。学者也好，批校也罢，在没有得到重视的情况下，只能是在历史中慢慢化为陈迹，及至被后人渐渐淡忘，那一派历史的动荡翻滚、那一群人物的喜怒哀乐，也渐渐成为真正的不可知的过去。学者与批校，都像是空中的游丝一般，一时飘荡摇曳，却随时可能稍纵即逝。

以前的史学家认为了解历史，须"观风察势"才能通古明变。①所谓"风"与"势"，类似于现在所讲的社会的整体面貌和人群的思想潮流，德语中有 zeitgeist 一词，颇与之相近；"观风察势"，就是看思想与文化的整体如何变迁推移，这也与现

（接上页）关注的筹人、医家、艺术鉴赏家等一并归入的话，清代的学者数量应该会更为巨大。而一些代表性的清代学术史专著讨论的对象却非常有限，比如，清人江藩《汉学师承记》有正传者 40 人，附传 17 人；近代学者钱穆《中国近三百年学术史》中，主讲 17 人，附列 34 人（见江藩纂，漆永祥笺释：《汉学师承记笺释》，上海：上海古籍出版社，2013 年；钱穆《中国近三百年学术史》，上海：商务印书馆，1937 年）。其实都是从某一角度对清代较为著名的学者之学脉的勾勒，很难算作全面的"学术史"。

① 关于"风"与"势"的概念，参见王汎森：《"风"——一种被忽略的史学观念》，见王汎森《执拗的低音：一些历史思考方式的反思》，北京：生活·读书·新知三联书店，2014 年，第 167—209 页；罗志田：《假物得姿：如何捕捉历史之风》，《南京大学学报（哲学·人文科学·社会科学）》，2016 年第 05 期，第 73—82 页。

今所流行的"文化史"颇有暗合之处。一般说人在时代的大潮中不知何去何从,从历史中某一个体身上来了解"风"与"势",也往往难以准确。虽说每一条游丝都知道风的方向,但也许只有将许多游丝会合起来,才能看清"风"与"势"的具体样貌。宋代学者吕祖谦有《游丝》一诗,前两句作:"游丝浩荡醉春光,倚赖微风故故长。"[1] 游丝若能会合而成浩荡之势,也能给人带来别开生面的春光,本书取其辞而定名"浩荡游丝",希望也能为认识清代的学术、思想与文化带来别样的春光。此处所谓"游丝"既指有清一代数量巨大的普通学者,也指他们所创作的批校——清代的学者群体,数量巨大,但他们大多数都未必可被视为历史中的大背影,而其批校,较之于鸿篇巨制的高文大册,每一条都显得纤细飘忽——而所谓"浩荡",则是说他们数量巨大,会合即成漫天之势,势成或可改变历史的走向。

路径

在过去的百年中,学者们对于清代学术史与思想史的认识、研究路径与方法都经历了比较巨大的变迁。大致来讲,各代学术领袖所重视者,起先为政治因素,再转为思想与精神因素,再转为社会经济因素,再转为文化因素。其中,重视思想

---

[1] 吕祖谦撰,黄灵庚、吴战垒主编:《吕祖谦全集》第一册《东莱吕太史集》,杭州:浙江古籍出版社,2008年,第5页。

与精神因素者，往往会强调自身所讨论者才是学术的"内部"（internal）方面，而视其他重视政治、社会经济或文化因素的研究为"外围"（external）研究。[①] 在这样的角度下，清代学术史的研究会被分为"内部研究"与"外围研究"两种路径。当然，这样的分类一般是从事"内部研究"者所声称，大部分的学者——即使是"内部研究"者——一般都是从比较综合的角度切入其研究主题的，既关注所谓的"内部"因素，也会涉及所谓的"外围"因素，只是对于不同因素的关注程度会有所不同。强制进行二分，并不符合事实。因此，本书不作这样的划分，而仅根据各种不同路径所关注的重心，分类辨析之。

最早对清代学术进行比较全面的总结的，是清末民初的一些学者。其时，中国社会正在经历千余年来未有之"大变局"，很多学者的学术中都杂有对于清王朝的批评，学术中政治因素占有极大的分量。其较著者如章炳麟（1869—1936）、刘师培（1884—1919）、梁启超（1873—1929）等，对于清代学术的讨论，都会显示出比较明显的排满情绪。章炳麟在《訄书·清儒》中说："（清儒）不以经术明治乱。"[②] 是说清政府实行思想高压，而清儒不能学经以致用。刘师培甚而批评清儒与满族政府合作，是其帮凶，他在《清儒得失论》中说"虏廷

①例如，余英时（Ying-shih Yü），"Some Preliminary Observations on the Rise of Ch'ing Confucian Intellectualism," *Ch'ing-hua hsueh-pao* 11（1975）：105—144.

②章炳麟：《清儒》，见章炳麟撰，徐复注《訄书详注》，上海：上海古籍出版社，2000年，第161页。

利用其术,而以朱学范民,则宰辅之臣,均以尊朱者备其位",指责清儒"失身权贵,以文词缘其奸,或伺候贵显之门,奔走形势之途"。[①]对于各类学者,刘师培也主要以其政治表现和道德操守来评判其得失,他说:

> 帖括之家,稍习宋明语录,束书不观,均得自居于理学;经世之谈,仅守才辩;词章之学,仅恃华藻;而校勘金石,必施征实之功;若疏理群经,讲明条贯,则非好学深思,不能理众说之分,以归一是。故惟经学为难,能甘为所难,所志必殊于流俗。……纯汉学者,率多高隐。金石校勘之流,虽已趋奔竞,然立身行己,犹不至荡检逾闲。及工于词章者,则外饰倨傲之行,中怀鄙佞之实,酒食会同,惟利是逐。况经世之学,假高名以营利;义理之学,借道德以沽名。卑者视为利禄之途,高者用为利权之饵。[②]

其中仅仅纯粹的汉学家因埋头学术而未蒙批驳,其他学者,皆被刘氏斥以严辞,批评不可谓不严苛!

梁启超没有刘师培那么激进,在其《中国近三百年学术史》和《清代学术概论》中,梁氏对有清一代的学术进行了较为全面的介绍,对于各类学者的学术贡献也有比较公正的评价。但当讨论清代中期考证学之盛行的时候,梁氏也将政治

---

① 刘师培:《清儒得失论》,见《刘师培史学论著选集》,上海:上海古籍出版社,2006年,第420页。
② 刘师培:《清儒得失论》,见《刘师培史学论著选集》,第427页。

因素置于重要的地位，他说："文字狱频兴，学者渐惴惴不自保，凡学术之触时讳者，不敢相讲习。然英拔之士，其聪明才力，终不能无所用也。诠释故训，究索名物，真所谓'于世无患、与人无争'，学者可以自藏焉。"① 这个观点，影响至今不息。当代学者讨论考据学的兴盛之时，仍然将清廷的思想高压政策作为重要因素。②

梁氏受西学影响颇深，又欲"启蒙"以求新民，因此对于学术演变的规律，持有一种"反动说"。他说："'清代思潮'果何物耶？简单言之，则对于宋明理学之一大反动，而以'复古'为其职志者也。其动机及其内容，皆与欧洲之'文艺复兴'绝相类。"③ 这种"反动"，实则是一种历史进化论的观点。他说："大抵甲派置全盛时必有流弊，有流弊斯有反动，而乙派与之代兴。乙派之由盛而弊，而反动亦然。然每经一度之反动再兴，则其派之内容，必革新焉而有以异乎其前。"④ 其说具有明显的革命色彩。

梁启超既将宋明理学当作清学反动的对象，他讨论清学之时，自然重此轻彼，对于理学着墨不多，因此招致诸多反对。

大约在梁氏《中国近三百年学术史》出版十年之后，钱穆

---

① 梁启超：《清代学术概论》，见《梁启超论清学史二种》，上海：复旦大学出版社，1985年，第23—24页。
② 例如孙钦善：《中国古文献学史》，北京：中华书局，1994年，第831—835页。
③ 梁启超：《清代学术概论》，第3页。
④ 梁启超：《清代学术概论》，第6页。

出版了同名著作，①大有与梁氏商榷之意。不同于梁氏的"理学反动说"，钱穆强调明清学术的连续性，指出"清初学风尽出东林"，②东林学风承自王阳明，而阳明学问源于宋明理学与心学。也就是说，清初诸大儒的学术并非如梁启超所说的具有对于理学的"反动性"或者"启蒙性"，而是远绍理学和心学。钱书凡十三章，重点论述了从黄宗羲到康有为的五十一位学者，其中大部分都是理学或心学中人，还有一部分是后来的所谓"今文学家"，汉学家、考据家等很少进入钱氏的论述。钱穆引出了一条由理学、心学到今文学的脉络，看似稍显突兀，实则有其内在因素。在《中国近三百年学术史》的自序中，他提到：

> 夫不为相则为师，得君行道，以天下为己任，此宋明学者之帜志也。今日"以天下治乱为己任尤大不可"，无怪乾嘉学术一趋训诂考订，以古书为消遣神明之林囿矣。③

盖钱穆认为真的"学术"是应该有政治诉求的，真正的学者应该"为相""为师"，"得君行道"，那些为学术而学术、以"求真"和现在所说的"科学"为鹄的的学术是遭到钱氏贬斥的。

---

①梁书大约作于 1923 年冬到 1925 年春之间，为梁氏任教于清华大学和南开大学时所编的讲义，说见朱维铮《校注引言》(《梁启超论清学史二种》)，第 2 页。钱书撰于 1930—1937 年之间，首版于 1937 年，见钱氏《自序》(《中国近三百年学术史》)，第 1—4 页。
②钱穆：《中国近三百年学术史》，第 20 页。
③钱穆：《中国近三百年学术史》，《自序》第 2 页。

儒学中的宋明理学、汉代今文学都曾为政府的主流意识形态，或立于学官，或为科举的核心内容，都有钱氏等人构建"新"儒学的思想元素。也就是说，钱穆的学术史在梁启超等人所重视的政治因素之上，又加上了思想因素，是一种以儒家理念为根本的政治思想史。对于乾嘉考据学之成因，钱穆其实与梁启超看法类似，都指出清廷政治高压之下学者借考据以遁世。只是二人对其态度迥异，梁启超指出清学的反动性和启蒙性，欲以学术为革新确立精神基础；而钱穆指出清学的继承性，想要藉以为其所信奉的（新）儒学政治思想立本。

在评价学者方面，钱穆与刘师培类似，都是以其政治表现作为评价的第一标准，只是二人观点几乎完全相反。刘师培对于考据学家颇少微词，而贬斥附庸清廷者；而钱穆则赞扬"为相""为师"甚而"得君行道"者。

钱穆重视儒学思想本身的演变，是一种以思想为核心的研究路径，其学生辈将其发展得更为完备，更加重视对思想本身之演变的爬梳和辨析，也更加重视对学术史的研究进行"内""外"区别。余英时即称其所论述者为"儒学的内在发展"（internal development of Neo-Confucianism）或者思想史的"内在理路"（inner logic），[①]并称自身研究"专门从思想史的内在发展着眼，撇开政治，经济及外面因素不

① 余英时，"Some Preliminary Observations on the Rise of Ch'ing Confucian Intellectualism," *Ch'ing-hua hsueh-pao* 11（1975）：105, 112, 128；《清代思想史的一个新解释》，见《中国思想传统的现代诠释》，南京：江苏人民出版社，1992年，第199页。

问"。①从这样的角度出发,余英时对于由宋到清的思想演变提出了一个新的理论框架,即从"智识主义"和"反智识主义"(intellectualism and anti-intellectualism)的斗争中认识思想的流变。这样的"内在发展"观,对于认识思想史和学术史具有一定的启发。只是,此种研究路径比较难以解释的是:思想的演变是否是脱离历史的概念系统的自身演绎?②

近年来,港台、日本,特别是西方的学者,纷纷将西方的新理论、新视角、新方法引入中国思想史和学术史的研究中,取得了可观的成就。本杰明·艾尔曼(Benjamin Elman)、倪文森(David Nivison)、滨口富士雄、林庆彰、黄进兴等人即指出,考据学家也有其思想层面的追求,也有处理实际问题的诸多讨论。这些研究也都提醒研究者不仅应该将政治、思想因素纳入学术史,还应该将社会、经济和文化等诸多因素也纳入研究的视野。例如,艾尔曼将社会经济因素作为讨论考据学与常州今文学发展和兴盛的主要因素,产生了不小的影响。③其他如劳伦斯·凯斯勒(Lawrence Kessler)、魏斐德(Frederic Wakeman)、盖博坚(Kent Guy)等人对于清代学者与政府之

①余英时:《清代思想史的一个新解释》,见《中国思想传统的现代诠释》,第199页。
②需要注意的是,余英时的研究路径也经历过多次变化,此处所论,仅代表其前期对于清代思想史研究的成果。
③艾尔曼著,赵刚译:《从理学到朴学——中华帝国晚期思想与社会生活面面观》,南京:江苏人民出版社,1995年;《经学、政治和宗族——中华帝国晚期常州今文学派研究》,南京:江苏人民出版社,1998年。

间关系的研究，^①托马斯·威尔逊（Thomas Wilson）和黄进兴等人对于儒家祭祀、孔庙和其他儒学实践的研究，^②王汎森等人对于清代政治文化与学术心态的探索等等，^③无一不是受到了西方新近史学理论的影响并综合了政治、思想、社会与经济诸因素对于清代学术史和思想史所作的新阐释。流风所及，一些大陆学者也纷纷选取他山之石以攻己之玉，比如杨念群《何处是"江南"：清朝正统观的确立与士林精神世界的变异》、葛兆光《中国思想史》等一系列著作，在在显示出对于西方汉学家的某种回应。^④

---

①Lawrence Kessler, "Chinese Scholars and the Early Manchu State," *Harvard Journal of Asiatic Studies* 31（1971）：179—200; Frederic Wakeman, "The Price of Autonomy: Intellectuals in Ming and Ch'ing Politics," *Daedalus* 101, no. 2（1972）：35—70; Kent Guy, *The Emperor's Four Treasures: Scholars and the State in the Late Ch'ienlung Era*, Cambridge: Harvard Council on East Asian Studies, 1987.

②Thomas Wilson, "The Ritual Formation of Confucian Orthodoxy and the Descendants of the Sage," *Journal of Asian Studies* 55.3（August 1996）：559—584. Thomas Wilson, ed., *On Sacred Grounds: Culture, Society, Politics, and the Formation of the Cult of Confucius in Imperial China*, Cambridge: Institute for East Asian Studies, Harvard University, 2002；黄进兴：《优入圣域——权力、信仰与正当性》，台北：允晨文化出版公司，1994 年。

③王汎森：《权力的毛细管作用：清代的思想、学术与心态》，台北：联经出版公司，2014 年。

④杨念群：《何处是"江南"：清朝正统观的确立与士林精神世界的变异》，北京：生活·读书·新知三联书店，2010 年；葛兆光：《中国思想史》，第二版，上海：复旦大学出版社，2013 年。

思想史的研究，若脱离学者（或称思想所有者）本人，很难有较为坚实的结论。学者的生活、情感、思想、信仰、实践、交游以及他们所生活的物质世界等等，都会对其思想产生影响，这是研究者不可回避的问题。因此，诸如政治环境、社会结构、经济状况、文化生态、阅读习惯等因素，都可以帮助我们了解学者的生存状态与学术生活，从而使得我们可以更为全面而深刻地理解学术与思想演变的样态与规律。前述学者的研究，多数在其中的一个方面取得了较大的突破，为我们进一步研究打下了坚实的基础。然而，在思想史的研究中，如何将诸多因素综合为一体，而非偏于一隅，却是我们应该仔细思考的问题。本书即欲在这一方面做一些尝试，以期抛砖引玉。

方法

本书将学者的"学术行为"（scholarly practice）当作一种人类的文化现象，所研究的对象则可以称为"学术文化"（scholarly culture）。

一般"文化史"（cultural history）所讨论者，大要有人类的行为层面（practice）与精神层面（thought）两途。前者可包括具体的行为，以及行为之表达（expression），如一些特定的符号（symbol）、书写（writing）等；后者一般有情感（emotion）、意义（meaning）、信仰（belief）和一些人所坚守的价值（value）等。研究者可以从行为层面出发，通过梳理前人所行之事，认识前人所造之符号与书写，来体会其情感，理解其行为与表达背后的意义和价值，从而进入其精神世界。也可以反过来，从精神层面入手，解释其一定的行为与表达。文化史的一般假设是，每一个人类的群体都有其特定的文化，而所谓文化，就是人们思考与行为的特定方式，是一种在各种因素之下逐渐形成的较为固定的思考模式与行为习惯；文化在形成之后，就变成一种无形的但是强大的力量，影响生活在其中的大多数个体，决定他们以某种特定的方式思考问题、表达自我与从事实践活动。文化史并不关注单个的政治、经济、社会、思想等因素，而是将所有与人的行为和精神有关的因素都纳入其考察的视域，多数情况下研究的是一个群体，是浩荡的游丝。

本书所要讨论的学术行为，大致可以包括以下内容：学者们如何收集书籍与其他文献，他们相互之间如何传递信息与文献资料，如何进行学术交流，如何阅读和理解文本，同代学者是否以类似的方法和路径来做学问，他们的阅读品味与阅读习惯如何与学术研究相互动，他们的学术生活如何与政治生活和社会生活发生关系，等等。可以看出，在学者的学术行为中，阅读与表达占有极为核心的地位，信息的传递、资料的搜集以及交游、政治社会生活等都可以看作是在服务于其阅读与表达，因此，考察学者对于他者的阅读和对于自身的表达，应该在我们的研究中占有重要的地位。而这却是先前的研究所最为缺乏的。一般的讨论，会以学者的著作为中心，根据其中引文和表述，描画其思想脉络。而事实上，从前代的文本,到某一学者的著作,中间有一个巨大的鸿沟,即阅读。若不知道学者如何阅读和理解前代的文本,我们便很难知道彼文本如何对此学者产生何种作用,这样,任何对于二者关系的描述,都会显得牵强。而关于阅读史的研究之所以较为滞后,一个重要的原因是材料难以收集。史学研究的基础就是史料,史料不足征,则研究举步维艰。然而史料不足,有时候不是因为往事皆如云烟散尽,而是因为我们对史料的认识不足,研究的路径需要更新,研究的视野需要扩大。以阅读史而论,以前不入史家法眼的日记、类书、各种选本、评点、批校等等,其实都是绝佳的材料。鉴于篇幅,本书即以清代的批校为材料,从阅读史的角度来认识清代的学术文化。

本书所论述的核心是清代的"批校文化"(marginalia culture),即清代学者与批校有关的一系列行为,这些行为所创造的学术成果、所反映的清人的学术心态,以及这种学术文化对更为广阔的社会与历史的影响。

本书的研究方法,受到近年来西方书籍史(history of the book)、阅读史(history of reading)与新文化史的启发颇多。近三十年来,西方的书籍史研究取得了非常大的进步。其领军人物之一、美国学者罗伯特·达恩顿(Robert Darnton)称自身所从事者为"新书籍史",并宣称新书籍史的研究"把史学家、文选研究专家、社会学家、图书学专家或任何对书籍在历史上的作用感兴趣的人组织到一起","用社会史和文化史的方法研究人类如何沟通和交流",并藉以理解"人们的想法和观念是怎样通过印刷品得到传播的,阅读又是怎样反过来影响人们的思想和行为"。[①] 也就是说，书籍史是融合了社会史、文化史、思想史甚至人类学和图像学等新方法的一个跨学科的研究领域。达恩顿的同时以及之后，又有麦肯锡（D. F. McKenzie）、罗杰·夏蒂埃（Roger Chartier）、安·布莱尔（Ann Blair）等一批书史学家，不仅将书籍史的研究领域继续深化，而且开辟出了阅读史等新的领域，[②] 这些都是值得我们借鉴的方法与路径。

以批校作为阅读史研究材料，也并非本书首创，西方已经有非常优秀的研究成果，代表作有美国学者希瑟·杰克森（Heather Jackson）的《批校：书籍中读者的书写》、威廉·霍华德·谢尔曼（William Howard Sherman）的《二手书：在文艺复兴时期的英格兰标记读者》以及安东尼·格拉夫顿（Antony Grafton）等诸多学者所写的单篇论文，[③] 这些作品都

---

①罗伯特·达恩顿：《书籍史话》，见达恩顿著，萧知维译《拉莫莱特之吻：有关文化史的思考》，上海：华东师范大学出版社，2010年，第85—96页。

②关于西方书籍史、阅读史研究状况的详细论述，参见本书附录一《阅读史：材料与方法》（原载《史学理论研究》2018年第3期，第109—117页）。

③Heather Jackson, *Marginalia: Readers Writing in Books*, New Haven and London: Yale University Press, 2001; William Howard Sherman, *Used Books: Marking Readers in Renaissance England*, Philadelphia: University of Pennsylvania Press, 2008; Antony Grafton, "Is the History of Reading a Marginal Enterprise?" *Papers of the Bibliographic Society of America*, Vol. 91, 1997, pp. 139—157. 关于这些作品的较为详细的评介，参见本书附录一《阅读史：材料与方法》。

是本书借鉴的对象。

结构

本书的主体部分以清代学者创作批校、过录批校和刊刻出版批校为专题，大致依照时间顺序展开，讨论这种"批校文化"的兴起与兴盛的过程，尝试揭示其对于清代学者与学术的影响以及对于我们所阅读的各类文本的塑造。

第一章将批校与另外两种更为传统和常见的次生文本注疏与评点进行对比，希望藉此说明批校的文本性质，以方便我们用更为合适的方式对待这种特殊的文本。

第二章以清初学者何焯的《后汉书》批校为中心，通过细致分析其批校的特点来说明其在学术史上的意义。何焯是清初著名学者和书法家，曾亲受康熙赐进士出身，供职于武英殿，又为皇八子胤禩伴读。他是目前可知最早的大量创作批校的学者，被康熙称为"读书种子"。经何焯所批之书不下百种，在何氏殁后广为流传，影响广泛。可以说，何焯是清代"批校文化"的先导者。

第三章和第四章追溯何焯批校本的流传与过录，考察与之相关的清代中、晚期之学术文化生态，藉以探索清代一般学术知识流传的模式、清代学者交往的特点，了解其间所反映出来的一般学者的学术生活与日常生活，窥探其思想与心态等。第五章讨论清代中期以后批校本的整理与刊刻，藉以说明"批校文化"对于清代学术文化的影响，及其对于后人所阅读的文本乃至于阅读方式的形塑作用。

本书所描述者，并非纯为政治作用在学术领域的反映，也非一定社会经济因素对于学术的促进作用，亦非单纯的思想理念的某种演变过程。本书所勾勒者，是学者的学术行为和学术心态，是一种学术文化的生成、演变和产生影响的过程。本书希望藉助对于学术文化的探索，使得我们对于清代的学术生态有一个更为质实甚至可触的认识。

本书涉及的清代学者，大多是今天的读者（甚至学者）比较陌生的一群人，但他们其实才是学术的真正创造者和践行者，万木成林，群体之力可以成"风"成"势"，他们对于当时乃至于今天的学术都有至关重要的影响，因此，他们应该成为学术史研究的主要对象。在这一方面，张舜徽先生的《清人笔记条辨》这一类著作具有很大的借鉴意义，可惜其书未能成为专门而系统的史著，此则有赖后辈学人完成之。本书仅是一个开端和尝试。书中错误、疏漏之处，还望方家指正。

韦胤宗

2019 年 8 月于珞珈山

第一章　注疏、评点和批校的
文本性质与文本形态

　　注疏、评点和批校是传统中国最为常见的三种"阐释性文本"（interpretive text），它们都是对已经存在的文本（pre-existing text）——或称"原文"、"正文"（main text）——的某种解释、阐发和回应，是属于在原文的基础上产生的次级文本（secondary text）。对于现代的读者来讲，三者具有一定的相似性，都可以纳入法国学者热奈特（Gérard Genette）所提出的"副文本"（paratext）这一概念的范畴。在热奈特的理论中，副文本包括了诸如标题、副标题、前言、后序、注释、题词、插图、封面，甚至于书评、私人信件等所有与文本正文相关的附加元素和次生元素，其功能是引导读者阅读和阐释正文，并在一定程度上控制正文的意义。热奈特强调读者与正文文本之间具有一种"交易"之特性，即阅读不仅仅是一种意义从正文文本流动到读者的过程，亦是一种读者与正文文本之间进行商讨和对话的实践，副文本则提供了这一商讨和对话的场域。[①]在热奈特所提到的一系列"副文本"中，"注释"这一类

①关于热奈特的"副文本"理论，参看 Gérard Genette, *Paratexts:* （转下页）

文本最具有"商讨和对话"的特性，它往往是后代阅读者特定的解释、阐发和回应，在与正文同行之后，又为后代的阅读者提供了进入正文的一个对话的场域，时至今日，已经成为研究经典文本不可绕过的元素。中西都有非常悠久的"注释"传统，产生了名目繁多的注释类型，为方便讨论，本书使用"阐释性文本"这一总名来概称之。

注疏、评点和批校为中国古代最常见的三种"阐释性文本"，三者虽偶有混同，但其产生和流行的时代不同，产生的历史背景有很大的差别，更重要的是，三者在阐释的角度、重点、方法，甚至于其本身与正文之关系、流传的方式上，皆有巨大的差异。对于这三者之同异，中国学者无需言明而自能分别，但由于中西隔膜，欧美学者不明三者之差别，往往混而用之，比如美国学者贾德讷（Daniel K. Gardner）与周启荣（Kai-wing Chow）使用"commentary"来指称儒家经典的注疏；黄卫总（Martin W. Huang）与陆大伟（David Rolston）同样使用"commentary"来指称小说与戏曲的评

（接上页）*Thresholds of Interpretation*, trans. Jane E. Lewin, Cambridge: Cambridge University Press, 1997; Gérard Genette, "The Proustian Paratext," in *Substance: a Review of Theory and Literary Criticism* 17.2（1988）: 63. 热奈特的"副文本"理论更加偏向于文学批评领域，主要是站在当代读者的角度来讨论原文之外的一切文本和符号对于我们阅读的影响。而本书则除了讨论阐释性文本对于后人阅读的影响之外，更要试图进入历史的语境中，认识这些阐释性文本的作者和编辑者本身。

点,还有学者使用"commentary"或者"annotation"来指称批校,^①这一混淆反映了学界对于这三种阐释性文本的认识还不充分。因此,有必要对三者的文本性质(即阐释的角度、重点、方法等内容)和文本形态(包括载体、流传方式等)进行辨析,以期使三者在现代学术的描述中有更为准确的界定,同时对批校这一本书所重点讨论的文本体裁有更明确的认识。

一、文本性质:内容与特征

1. 注疏——"依经起义"

中国最早的阐释性文本,亦即今日以"注疏"总名者,可以追溯到春秋战国时期。美国学者陆威仪(Mark Edward Lewis)在《早期中国的书写与权威》(*Writing and Authority in Early China*)一书中,提出了一个春秋战国时期的学派构成模式,即每一个学派由"诸子"(masters)、"弟子"

①见 Daniel K. Gardner, "Confucian Commentary and Chinese Intellectual History," *Journal of Asian Studies* 57:2(May 1998): 397—422; Kai-wing Chow, "Paratext: Commentaries, Ideology, and Politics," in *Publishing, Culture and Power in Early Modern China*, Stanford: Stanford University Press, 2004, pp. 149—188; Martin W. Huang, "Author(ity)and Reader in Traditional Chinese *Xiaoshuo* Commentary," *Chinese Literature: Essays, Articles, Reviews*(CLEAR)16(1994): 41—67; David Rolston, *Traditional Chinese Fiction and Fiction Commentary: Reading and Writing between the Lines*, Stanford: Stanford University Press, 1997.

（disciple）与“文本”（text）形成一个稳定的三角形结构。其中的“诸子”为每一学派所尊崇的开宗者或集大成者，亦即诸子书之相传的“作者”。学派中的“弟子”或曾从诸子学，或者纂辑其著作、传其著作，甚而造作其著作，形成此学派所传之具有一定权威之文本，亦即后世所传之诸子书。“文本”藉诸子之名而具有文化与政治之权威，“弟子”掌握文本，藉其权威以参与各国政事，同时扩张本派势力。陆氏强调，在一学派之中，文本具有至关重要的作用，它是连接弟子与先师之纽带，是权威得以传递的载体，每一个学派都形成一个“文本传统”（textual tradition）；甚至，在诸子殁后，诸子之名也只会“成为一个功能，或者一个步骤，其归宿是消失而作为基本的文本权威”①。在这一时期，由于书写与传播的不便，文本本身具有流动不拘的特性，而其阐释亦因口头流传而不具稳定性。阐释因需先确定文本及其意义，因而多训释字词，阐明音义，发明本旨，传道的过程亦是传递文本及其特定阐释的过程。这些阐释的首要目的就是发明文本的政教伦理意义，而很少讨论其文学特性。不仅如此，今日研究者对于中西经典阐释史的研究也指出，中西的早期文本本身就是“杂凑”而成的，经文之间具有难以弥合的裂缝，经文之意义也是模糊多义的，阐释的过程就是各个阐

---

① 见 Mark Edward Lewis, *Writing and Authority in Early China*, Albany: State University of New York Press, 1999, pp. 57—69.

释者宣传自身理念的过程。[①]章学诚称早期传经者为"依经起义"[②]，是为此类阐释性文本性质的绝好概括。在英文中，"annotation"与"scholasticism"较与之接近，可作为其译名；而在中国阐释史上，其名称异常繁多，但也有一个逐渐简化归并的过程。

最早的对于经典的解释称为"传"或"记"，后有"解"、"故"、"训"、"章句"、"说"、"说义"等名。《汉书·艺文志》载《易》有《周氏传》，有施、孟、梁丘三家《章句》；《书》有《传》，有欧阳、大小夏侯《章句》，又有大小夏侯《解故》《欧阳说义》；《诗》有《韩故》《韩说》《韩内传》《韩外传》，有《毛诗故训传》；《礼》有《记》，有《明堂阴阳说》，有《周官传》；《春秋》有《公羊》《穀梁》《左氏》《邹氏》《夹氏》诸传，又有《章句》《杂记》若干。[③]

"传"，《说文》曰："遽也。"段玉裁注曰："传遽，若今时乘

---

① 见 Daniel K. Gardner, "Confucian Commentary and Chinese Intellectual History," *Journal of Asian Studies* 57:2（May 1998）: 397—422. 关于中国注疏的特性，又可参见 John B. Henderson, *Scripture, Canon and Commentary: A Comparison of Confucian and Western Exegesis*. Princeton, N.J.: Princeton University Press, 1991; William G. Boltz, "The Composite Nature of Early Chinese Texts," in *Text and Ritual in Early China*, Martin Kern, ed. University of Washington Press, 2005, 50—78; Daniel Boyarin, *Intertextuality and the Reading of Midrash*, Bloomington & Indianapolis: Indiana University Press, 1990.

② 章学诚撰，叶瑛校注：《文史通义校注》卷三《传记》，北京：中华书局，1985 年，第 248 页。

③《汉书》卷三十《艺文志》，北京：中华书局，1962 年，第 1701—1784 页。

传骑驿而使者也。"朱骏声曰："以车曰传……以马曰遽……皆所以达急速之事。""传"之本义即今日所谓"传送"。段注又云："凡展转引伸之偁皆曰传，而传注、流传皆是也。"①也就是说，所谓"传"，即解说经典文本以传达其意义。"记"，本是记载、书写之意。《书·益稷》："挞以记之。"《传》："使记识其过也。"②《礼·王制》："太史典礼执简记。"《注》："国有礼事，则豫执简策，记载所当行之礼仪。"③各个经典之"记"，乃是记其师说，与"传"相似，因此，章学诚说："《春秋》三家之传，各记所闻，依经起义，虽谓之记可也。经《礼》二戴之记，各传其说，附经而行，虽谓之传可也。"④

"解"，《说文》曰："判也。从刀判牛角。"引申为分析。《礼记·经解疏》引皇氏曰："解者，分析之名。"⑤《史记·吕太后本纪》："君知其解乎？"张守节《正义》曰：解，"谓解说也"。⑥ "说"、"说义"，顾名思义，就是解释经典文本的意义。"训"，《说文》曰："说教也。"段注云："说教者，说释而教之。必顺其理。引伸之凡顺皆曰训。"邢昺《尔雅疏》曰："训，道

①许慎撰，段玉裁注：《说文解字注》卷八上，上海：上海古籍出版社，1981年，第377页上。朱骏声：《说文通训定声》，上海：商务印书馆，1937年，第3030页。后文凡引此两书，皆不再出注。
②《尚书注疏》，台北：艺文印书馆，2007年，卷五，第68页。
③《礼记注疏》，台北：艺文印书馆，2007年，卷十三，第262页。
④章学诚撰，叶瑛校注：《文史通义校注》卷三《传记》，第248页。
⑤《礼记注疏》卷五十《经解》，台北：艺文印书馆，2007年，第845页。
⑥《史记》卷九《吕太后本纪》，北京：中华书局，1963年，第399页。

也。道物之貌以告人也。"① "故"乃"诂"之古字,《说文》曰：
"诂,训古言也。"《汉书·艺文志》："诗经鲁故二十五卷。"颜
师古注："故者,通其指义也。"② "章句",《后汉书注》谓"离章
辨句",意即分析经典章旨句意。③

《汉书·艺文志》未有以"注"名书者,《汉书》亦未见称
经典注释为"注"者。《后汉书·郑玄传》始曰："凡玄所注
《周易》、《尚书》、《毛诗》、《仪礼》、《礼记》、《论语》、《孝经》、
《尚书大传》、《中候》、《乾象历》。"《张楷传》曰,楷"作尚书
注",然此"尚书注"未必为张楷书之书名。④《隋书·经籍志》
所载各经典汉魏晋六朝注疏,书名多无"注"字,仅在自注中
说明其为某氏所注。如"《周易》七卷"注曰"姚规注","《周
易》十三卷"有"崔觐注"、"傅氏注","《周易》一帙十卷"有
"庐氏注";"《史记》八十卷",注曰："宋南中郎外兵参军裴骃
注。""《水经》三卷"有"郭璞注","《水经》四十卷"有"郦
善长注",等等。⑤ 书名有"注"字者,如三国吴太常卿徐整之
《孝经默注》、南朝齐陆澄之《汉书注》、晋尚书郎晋灼之《汉书

①《尔雅注疏》卷一,台北：艺文印书馆,2007年,第4页上。
②《汉书》卷三十《艺文志》,第1708页。又参见《毛诗注疏》卷一《关
　雎》,台北：艺文印书馆,2007年,第11页上。
③《后汉书》卷二十八上《桓谭传》,北京：中华书局,1965年,第955页。
④《后汉书》卷三十六《张楷传》,第1243页;卷三十五《郑玄传》,第
　1212页。
⑤见《隋书》卷三十二《经籍志一》,北京：中华书局,1982年,第910
　页;卷三十三《经籍志二》,第953、982、984页。

集注》等，仅有少数几种。① 又依《隋书·经籍志》所载，汉末魏晋间，"音隐"、"集解"之书渐多，"义疏"大盛。② "注"，《说文》云："灌也。"段注云："注之云者，引之有所适也，故释经以明其义曰注。"《仪礼疏》曰："注者，注义于经下，若水之注物。"③ "疏"，《说文》曰："通也。""义疏"，即通释经典之义。"注"、"疏"，也都是以解释文辞、传达文意为指归。后来"注"、"疏"合称，成为注解、阐释经典的通称。唐以后注疏之书又有名为"正义"、"索隐"、"新义"等名者，也都是"依经起义"，并声称其所释之义或为正统，或有新意，不一而足。

由于注疏以通经传之义为其要务，因此，字词之训释成为其主要内容。陆宗达、王宁等学者指出先秦汉魏古注为研究和探求古代文献的词义提供了丰富的材料；但是，他们也指出，诚然由于去古未远，注疏时代接近文献产生的时代，因此解释更加准确，但使用这些材料时必须注意到，古注也不能成为立论的当然依据，因为经学家严守师承，训示词义有附会经义的情况，其中难免有以讹传讹的成见之谈。④ 也就是说，字词之解释仅是手段，传达一定的哲学、政治思想才是注家的根

① 见《隋书》卷三十二《经籍志一》，第 933 页；卷三十三《经籍志二》，第 953 页。
② 见《隋书》卷三十二至三十五《经籍志》，第 903—1104 页。
③ 《仪礼注疏》卷一，台北：艺文印书馆，2007 年，第 3 页上。
④ 见陆宗达、王宁：《训诂与训诂学》，太原：山西教育出版社，1994 年，第 17 页。

本任务,因此,王力先生才说:"(注疏的)作者借字义的解释来阐明一种哲理或政治主张。"①

清人皮锡瑞称汉代经学有"师法"、"家法",②即是承认对于同一经典的阐释,由于理解角度不同,会产生歧解。经典的歧解,与不同的政治团体结合,自然会形成不同的学派;学派之间,争义气,又往往会放大各家之歧解。这都是由于注疏的根本性质乃是解释文本之意义,传达圣人之旨。两汉有"师法"、"家法",经师们"各本师说,递相授受,毫不杂乱。在政府之设立博士,虽兼而存之,在师弟之口耳相传,则墨守一家之说",③汉末大儒郑玄,融通古今,遍注群经,虽号称兼收博采,然而其实乃是欲建立新的家法,《礼记·杂记疏》曰"礼是郑学",乔秀岩称"郑学为一体系,诸经郑注互相关连,构成一家学术"。④至于魏至唐之义疏学,乔秀岩云其"不为实事求是",而是"通理之学",甚至会因欲述说己意,不惜"每有傅会义理之言,多涉穿凿"。⑤宋人不满汉唐注疏,疑经改经,新注新疏大量涌现,并被印刷,广为流传,最终由于成为科举考试的标准"课本",而取代了汉唐注疏的社会地位。新、旧注疏之争,牵涉到所谓"道统",注疏的内容,自然不能单纯以

①王力:《中国语言学史》,《中国语文》,1963 年第 3 期,第 233 页。
②皮锡瑞:《经学历史》,香港:中华书局,1961 年,第 136 页。
③胡朴安:《中国训诂学史》,上海:上海三联书店,2014 年,第 3 页。
④《礼记注疏》卷四十《杂记上》,第 713 页下。乔秀岩:《义疏学衰亡史论》,台北:万卷楼,2013 年,第 177 页。亦可参考华喆:《礼是郑学:汉唐间经典诠释变迁史稿》,北京:生活·读书·新知三联书店,2018 年。
⑤见乔秀岩:《义疏学衰亡史论》,第 171—176 页。

简单的文辞训释来看待。^①清代考据学风行，考据学家推重汉学，不满宋明学术，与之斗争的武器，也是新注新疏。因此，清代考据学家的注疏和其他学术实践，自然也不能单纯以考据文辞来看待。^②

不仅儒家经典如此，诸子百家之学，莫不是以人传经，通过传承经典、解释经典而传播其学术。^③章学诚称汉人史注亦有家法，以人传书，《文史通义·史注》称：

> 史迁著百三十篇，乃云"藏之名山，传之其人"，其后外孙杨恽始布其书。班固《汉书》，自固卒后，一时学者，未能通晓，马融乃伏阁下，从其女弟受业，然后其学始显。夫马、班之书，今人见之悉矣，而当日传之必以其人，受读必有所自者，古人专门之学，必有法外传心，笔

①见 Kai-wing Chow, "Paratext: Commentaries, Ideology, and Politics," pp. 149—188; Thomas Wilson, *Genealogy of the Way: The Construction and Uses of the Confucian Tradition in Late Imperial China*, Stanford: Stanford University Press, 1995, pp. 47—59；顾永新：《经学文献的衍生和通俗化——以近古时代的传刻为中心》，北京：北京大学出版社，2014年。

②关于清代考据学的思想与义理，参见林庆彰、张寿安编：《乾嘉学者的义理学》，台北：中国文哲研究所，2003年；滨口富士雄：《清代考据学の思想史的研究》，东京：图书刊行会，1994年；葛兆光：《中国思想史第二卷：七世纪至十九世纪中国的知识、思想与信仰》，第二版，上海：复旦大学出版社，2013年。关于儒家文本的不同的阐释传统，参见前引亨德森、黄卫总等人的著作，又见 John Makeham, *Transmitters and Creators: Chinese Commentators and Commentaries on the Analects*, Cambridge: Harvard University Press, 2003.

③见 Lewis, *Writing and Authority in Early China*.

削之功所不及,则口授其徒,而相与传习其业,以垂永久
也。迁书自裴骃为注,固书自应劭作解,其后为之注者,
犹若干家,则皆阐其家学者也。①

章氏又称六朝史学家法尚未亡,六朝之前,经史传注"盖皆依
经起义,其实各自为书,与后世笺注自不同也"。②实则后世笺
注,亦多通过注释字句以传播经典的意义。而造成六朝以前
经与注"各自为书"的原因,则要归结于文本传播方式的改
变,特别是书写材料的进步,详见下节。

不同的家法师法,其所传的经典文本也有一定的差异。
倪其心先生称,儒家经典的文本"实际上是多层次的复杂重
叠构成";古代的一般古籍,其文本也是"简单重叠构成"。③而
古代许多校勘家不明此理,不区分不同注、疏所据的不同底
本,想当然认为所有注疏根据同样的文本展开,亦即"把典籍
内容的研究与作为载体的文字整理混同不分,结果是根据主
观理解的思想内容,修改了原著的文字,造成错误与混乱",从
而,对于古典文本的整理陷入一个越整理越复杂,越复杂越需
要整理,无休止地重复论证的怪圈。④段玉裁提出区别"底本
之是非"与"立说之是非",从而欲"以孔还孔"、"以贾还贾",

---

①章学诚撰,叶瑛校注:《文史通义校注》卷三《史注》,第237页。
②章学诚撰,叶瑛校注:《文史通义校注》卷三《传记》,第248页。
③倪其心:《校勘学大纲》,北京:北京大学出版社,2004年,第79—
　85页。
④参见倪其心:《"不校校之"与"有所不改"》,《校勘学大纲》,第307—
　308页。

其实是意识到了不同注疏的立说不同，所传的底本也不同。可他还是执拗于确定一个完美的经典文本，过于自信自己对义理的探求，想要以对于不同注疏的考证，确定同一文本，实际上违反了他自己提出的区别"底本"与注家"立说"的正确主张，自相矛盾。顾广圻提出"不校校之"，主张校而不改，保存各本原貌，其实是坚持了段玉裁提出的原则。[①]进行严肃的学术校勘的时候，应该充分认识到古籍的"重叠构成"，仔细分析不同异文的性质，尝试恢复不同历史时期的历史文本，而不应该再重复前人的错误——纠合不同文本进行校勘，美其名曰"参合众本"——从而产生新的错误文本，扰乱文本系统，陷入古籍整理的怪圈。

余嘉锡说："古今学术，其初无不因事实之需要而为之法，以便人用，传之久，研之精，而后义理著焉。必欲以《易》为卦歌、《春秋》为朝报，固未可，而谓其始本不为此而作，则亦非也。"[②]这是认识到了经典本义与经典的阐释义不同的有得之言。了解到注疏的性质乃是以一家之言述圣人之道，以注者之心释文本之意，我们在理解和使用注疏的时候，就应该充分考虑到一种注疏所述之"道"，其中必定掺杂了注者之意；应该意识到，同一经典的不同文本都有其自身的历史意义，是中国文本文化的重要组成部分；更应该明白文本传播

---

① 关于段、顾之争，见倪其心：《"不校校之"与"有所不改"》，《校勘学大纲》，第307—316页。
② 余嘉锡：《目录学发微》，北京：商务印书馆，2011年，第141页。

过程中不同注疏、不同阐释都有其社会、文化和思想影响，而不该孜孜于寻求所谓"真本"、"原本"或者作者的"本意"，而忽视了经典文本真正的历史作用。

此处还须说明，以上所讲的特性，符合几乎所有儒家经典和其他诸子百家文本的注疏，这种注疏，可以被称为"典型性注疏"，它占注疏类文本的大多数。而对于史书、古诗文的注疏，则可以称为"非典型性注疏"。这些文本的哲学意涵相对弱一些，可供注家阐释和发挥的余地也相对小一些，故而以文辞训释、补充史料为主，而且较少因政治、学风转变而产生颠覆性的新注新疏，故而与儒家和诸子经典文本的注疏略有不同。然而这些注疏也是以解释文义为指归，特别是诗文注疏，古人以为"诗言志"、"文以载道"，注家注解之时对于诗文作者（author）的"志"与"道"的理解，也影响了注释的内容和风格。但是，这些注疏很少对所注释文本的艺术特质进行评论，与下面要讲的"评点"，有性质上的区别。

2. 评点——"深得文理"

郭绍虞《中国文学批评史》中曾对明末的经学有一个总体的概括："假使说清代人对于六经看做都是史，那么明代人也不妨把六经看做都是文。"[1] 对于明代以"注疏"为名之著作，这样的评价自然不甚合适，学者们指出，晚明的一些注疏，已经有了挑战程朱的意味，此类注疏亦是"依经起义"，以注

---

[1] 郭绍虞：《中国文学批评史》，上海：上海古籍出版社，1979年，第441页。

经来表达自己的思想。[①] 但对于明代逐渐兴盛的"评点"之书来讲,郭氏的判断可谓切中要害。

评点,一般包括各类评论以及对于正文的圈点,其所关心的核心问题并非政教伦理意义,而是文本之"文理",英文中"commentary"一词与之最为相近。作为文学理论概念的"文理"一词,首先出现在刘勰的《文心雕龙》中。《文心雕龙·原道篇》称:"圣因文以明道。"[②] 明确指出圣道须以"文"来承载和表达,因此文章之写法与特征自然具有至关重要的地位。《宗经篇》讨论了"五经"的语言风格、体裁特征等文学要素,有曰:"(五经)义既埏乎性情,辞亦匠于文理,故能开学养正,昭明有融。"[③] 强调"义"与"辞"的兼美,可使经中之义更加显著鲜明,便于发挥其"开学养正"之功能。此处"义"指圣道,"辞"之"文理"即言辞之风格、篇章之结构、书写之理路等"文学特性"(literary features)。《梁书·文学传》载沈约评《文心雕龙》之言曰"深得文理"[④],则是指出了《文心雕龙》一书在文学批评与文学理论方面的独特成就。

章学诚曰:"评点之书,其源亦始钟氏《诗品》、刘氏《文

---

① 见周启荣,"Paratext: Commentaries, Ideology, and Politics," pp. 149—188.

② 刘勰:《文心雕龙》卷一《原道》,见范文澜《文心雕龙注》,北京:人民文学出版社,1962年,第3页。

③ 刘勰:《文心雕龙》卷一《宗经》,见范文澜《文心雕龙注》,第21页。

④《梁书》卷五十《刘勰传》,北京:中华书局,1973年,第712页。

心》。"① 称魏晋六朝时期的《文心雕龙》《诗品》等著作为评点
之滥觞,这是因为评点关注的核心内容亦是文本的文学特性,
重视的是对于文本之体裁、风格、语言、结构、修辞等文学范畴
的讨论与阐发。

　　诗文评点出现于宋代,其出现与发展都受到科举考试的
直接影响。现存最早的古文选评本为南宋吕祖谦所编的《古
文关键》,《四库总目》称其书是为了"示学者以门径";楼昉
《崇古文诀》,姚珤《序》称其书"抽其关键,以惠后学";王守
仁称谢枋得所编的《文章规范》"是独为举业者设耳"。② 都是
不仅仅关注"文理",而且重视写作的方法,即所谓为文的"法
式"。在这些评点家眼中,诗文的作法应该从前贤的文章中悟
得,因此,要学会写,先要会读。《古文关键》开篇就是《看文
字法》,而后才是《论作文法》。而正文当中,评点家也是通过
极为精密的品评,来分析作文的"法式",从而以达到"示学者
以门径"的目的。③ 到了明代中晚期,评点的阐释方法即不限
于诗文选本,而是逐渐扩大到四部的原典以及大量涌现的小
说和戏曲文本,其服务的对象也不限于科举考生,而是成为整

————————————

① 章学诚撰,王重民通解:《校雠通义通解》卷一《宗刘》,上海:上海古籍
　　出版社,1987 年,第 12 页。
② 见《四库全书总目》,北京:中华书局,1965 年,卷一八七,第 1689 页;
　　姚珤:《崇古文诀原序》,见楼昉《崇古文诀》,《四库全书》本;王守
　　仁:《文章轨范序》,见谢枋得编《文章轨范》,《四库全书》本。
③ 参见林岗:《明清小说评点》,北京:北京大学出版社,2012 年,第 44—
　　57 页;吴承学:《现存评点第一书——论〈古文关键〉的编选、评点及
　　其影响》,《文学遗产》,2003 年第 4 期,第 72—84 页。

个社会阅读和欣赏文本的指南。保定莲池书院藏有一部晚明时期刊刻的《诗经》评点本，名为《毛诗振雅》，为朱墨套印本；书叶分为三栏，上栏与下栏为各家点评，中栏为《诗经》原文与节选的毛传，中栏正文的行间亦夹刻评点，三栏皆有圈点；中栏的夹评与三栏的圈点皆为朱色，其余为墨色。评点的内容与宋代以来科举选文的评点类似，以分析"文理"为主，而对于作文之法讨论较少。比如《野有死麇》一诗下栏有评曰："'舒而脱脱'四字妙，甚于丽词。"① 提醒读者注意《诗》文之审美感觉。可见此书并非仅为科举士子所刻，而应该主要是提供一般读者阅读和欣赏的。

如果说古代经典的注疏是通过讲解文本所载之理、阐明所述之事来传达通常被认为是古圣先贤的文本作者之意的话，诗文评点则是尝试"从文本特性中领悟文学特性"，② 即撇开作者，从文本本身中领悟文本的意义，与经史注疏旨归不同，因此章学诚贬斥此类评点皆是"论文"、"品藻"，在目录中不应被归入经、史，而应附于文史评之下。③ 但是，撇开复古卫道的立场来看，评点毕竟"深得文理"，大大拓展了古代文学批评的方法与范畴，展示了一种新的阐释文本的可能性。当这种阐释方式运用到小说、戏曲的批评的时候，使得中国叙事文学的面貌发生了深刻的变化。

---

① 《毛诗振雅》卷一，保定莲池书院藏晚明刊朱墨套印本，叶 19b—20a。
② 林岗：《明清小说评点》，第 92 页。
③ 章学诚撰，王重民通解：《校雠通义通解》，第 13 页。

小说、戏曲在古代书写传统中地位低下，君子不齿为之，因此，其编著者也惯于不署名，造成了长期以来作者的缺席（absence）。[①] 诗以言志，文以载道，经史和诸子百家的著作，要么论古圣先贤之道，要么述古圣先贤之事迹，对这些文本的阅读与阐释，其实都是围绕着文本背后的述作者展开的。小说与戏曲作者的缺席，使得以作者为中心的阐释趋于无效。要改变这种状况，必须在阐释理论上取得突破。而这个突破，最终在明清时期由小说戏曲的评点完成。评点不再关注"圣人之道"，不再把文仅仅看作载道的工具。评点家强调道就在文本身之中，文学特质不再成为可有可无的附属品，相反，只有通过对文的特征的把握，才能真正理解文中之意。这一点，金圣叹说得最透彻：

> 某尝道《水浒》胜似《史记》，人都不肯信，殊不知某却不是乱说。其实《史记》是以文运事，《水浒》是因文生事。以文运事，是先有事生成如此如此，却要算计出一篇文字来，虽是史公高才，也毕竟是吃苦事。因文生事即不然，只是顺着笔性去，削高补低都由我。[②]

在金圣叹看来，《史记》之文只是记事的工具，而《水浒》刚好相反，其文是产生事的根源，文本本身居于第一位，文本的意义不存在于其所述之事和所讲之理，而是寓于文本的书写方

---

① 参见 Huang, "Author（ity）and Reader in Traditional Chinese *Xiaoshuo* Commentary," p. 51.

② 施耐庵著，金圣叹评点：《贯华堂第五才子书水浒传》，南京：江苏古籍出版社，1985 年，第 18 页。

式——体裁、修辞、结构，或称"文理"之中。[①] 如果文本重要于其所述之事与理的话，文本也重要于其作者。可以说，小说戏曲的批评真正把文本从作者的过分的控制中解放了出来。意义产生的场域从作者转移到了读者。读者读书须仔细揣摩体会，方有所得，因此金圣叹才有"看书人心苦"的叹息。新西兰奥克兰大学图书馆所藏金评《西厢记》上有佚名过录清初学者魏际瑞的一条眉批，曰："我谓看难于作，然圣叹此语亦是言看难于作。此惟我及圣叹自知之。圣叹闻之，必哑然骂我曰：'老贼，老贼！'"[②] 这也就是说，对于小说戏曲来讲，即使其作者可知，他也不会成为文本意义的重要来源；读者反而需要在评点的指引下，在生发文本意义的活动中发挥更为积极的作用。亦如黄卫总所指出，在评点这种批评方式中，读者具有支配性的地位（ascendancy）。[③]也是在这个意义上，美国学者苏源熙（Haun Saussy）称评点与英美新批评的理路较为类似，都是以"细读"（close

---

[①] 有趣的是，明清也有对于儒家经典和《史记》的评点，但到底与经史注疏旨归不同，而其实是一种对于文章的评点，因此，章学诚指责此类评点皆是"论文"、"品藻"，因而在目录中不应被归入经、史，而应附于文史评之下。见章学诚撰，王重民通解：《校雠通义通解》，第13页。

[②] 《楼外楼订正妥注第六才子书》卷二，叶5a—5b，新西兰奥克兰大学图书馆特藏室（University of Auckland Library Special Collections）藏清前期邹圣脉刻本。

[③] Huang, "Author（ity）and Reader in Traditional Chinese *Xiaoshuo* Commentary," pp. 50—51.

reading）的方式来对待文本的。[①]

小说戏曲评点的内容，继承了诗文评点的特征，重心在于文本的文学特性，即其语言、修辞、文理、结构等方面；即使是如经史注疏一般训释词句，其方式也有所不同。注疏重在传经、传道，以求得义理之真为鹄的，而经史、诸子的经典多为往圣先贤所作，因此注疏的一个核心任务就是考察词句在往圣先贤的历史语境中的意义，其方法一是探索语源，弄清楚其本意与可能的引申义；二是考证史实，了解语境，以期求得词句在文本中的确切含义。词义的探求是建立在严肃而可靠的历史文献的基础上的，其方法也是依照严格的历史逻辑进行考察和证明。因此，可以说，这种阐释方法本质上是一种历史主义的阐释路径。即使是宋明理学和心学，融合佛道，多谈"理"与"心"这样的玄学概念，然而其对于经典的阐释，仍然不能不基于对文辞的历史意义的考察，其方法大致来讲是一种历史与哲学相结合的方法。而评点则不同，评点家重在发明"文理"，因此其词句训释的重点不在通过历史考证说明其原始意义，而是更加重视词句在流传使用过程中所积累的文化内涵，以及由此而获得的审美意义。明清评点的文词训释大量引用笔记、杂说、佛经、道经、诗词、小说、戏剧等注疏家不屑一顾的文本；戏曲评点在注释之时，还会堆砌诗词，以表明

[①] 苏源熙，"The Age of Attribution: Or, How the 'Honglou meng' Finally Acquired an Author," *Chinese Literature: Essays, Articles, Reviews*（*CLEAR*），Vol. 25（2003）: 119—132.

戏词之所从来,藉以帮助读者体会戏曲之妙。这里再以邹圣脉编刻的金评《西厢记》为例,略作说明。

《西厢记》第一本第三折《酬韵》末句为:"再不向青琐闼梦儿中寻,则去那碧桃花树儿下等。"邹注"青琐闼"曰:

> 青琐闼　孟康曰:"门以青画户边镂中。"师古曰:"青琐者,刻为连琐文,而以青涂之也。"门内曰闼。范彦龙诗:"摄官青琐闼,遥望凤凰池。"闼,音獭。[1]

此处先引用《汉书注》释"青琐"之义,而后引用范云诗,最后并注"闼"之音。实则范云诗并不能起到解释词语的作用,然而若是将戏词与范诗两相对读,则会有不一样的审美体验。同时,范云是南朝著名诗人,与沈约、谢朓等并称为"竟陵八友",以范诗点明此戏词之来历,无疑具有一定的标榜之意。同样,邹注"贝叶经"曰:

> 贝叶经　西域佛经多以贝叶书之,故经名贝叶。骆宾王诗:"贝叶传金口。"柳宗元诗:"闲持贝叶书,步出东斋读。"[2]

先解释"贝叶经"之词义,再引用骆宾王、柳宗元诗。邹注"月轮高"曰:

> 王昌龄诗:"昨夜风闻露井梁,未央前殿月轮高。"[3]

此处并未说明词句的意思,而是仅仅引用了王昌龄诗。可见

---

[1]《楼外楼订正妥注第六才子书》卷一,叶32b。
[2]《楼外楼订正妥注第六才子书》卷一,叶34a。
[3]《楼外楼订正妥注第六才子书》卷一,叶34a。

小说戏曲评点的逻辑并非为了追根溯源，而是为了欣赏。因此，其分析的依据也不仅仅是历史文本和历史考据，而是更注重一套审美的概念，如《西厢记》第一本第四折《闹斋》起首说到二月十五日作道场，邹注辨其日期应为三月十五：

> 道场日期，宜作"三月十五"……今诸本皆作"二月"，疑亦传写之误，或后人据《会真记》之月日妄更之耳。不然，夫人初上场时，宜在二月上旬，何以便云"暮云天气"？双文亦云"人值残春"。圣叹疑此二调为后人所添，置之勿论可也。然寺□在二月十六日，亦纯写残春景象，何耶？岂以此景为与愁人相称欤？然愁人对前景，愈觉难堪，如《琵琶记》中秋望月一折，均一月也，出于牛氏之口，言言欢悦，出于伯喈之口，字字凄凉，一座两情，一情两事，合悲欢于一幅，真有左画员右画方之况。今人赏其神妙，未尝迁夫时景色以就之也。今《西厢》单写双文春闲，乃欲以便作季，即江郎不尽不应颠倒至此，况实甫乎？或又有以"二月春雷响殿角"之语，证其为二月，又不觉为之哑然。此乃比喻，若作即景语，无论于下文"侯门"等句神理索然，即本篇以月轮高起，月儿沉结，是日之无雷雨可知，又何得云"洒松梢向殿角"哉？ ①

邹注说，道场应为三月十五日的原因，是戏词中的"暮云天气"、"人值残春"都是实写暮春三月的景象，而非因剧中人之

---

① 《楼外楼订正妥注第六才子书》卷一，叶 34b—35b。

心态而强写二月盛春为三月残春。邹注并举《琵琶记》为例，说明同一景象，可以同时写尽悲欢二情，如此方显"神妙"，并推测以王实甫之才，不至于写出那么卑劣之笔。这里判定的标准，是"神妙"与否，也就是文本的艺术手法是否高妙。之后，邹注又称"二月春雷响殿角"为"比喻"，若看成是实写，则不仅与情理不符，而且"神理索然"。这其实也是以"文理"来论文辞，以文学特性来确定文本之是非。

小说戏曲评点，致力于挖掘文中之审美内涵，引导读者欣赏其"神妙"，乃至于为文所感，以文本特征来感发阅读者心中之情，甚而达到教化人心的作用。《三国志演义》第四十二回回评曰：

> 读书之乐，不大惊则不大喜，不大疑则不大快，不大急则不大慰。当子龙杀出重围，人困马乏之后，又遇文聘追来，是一急；而及见玄德之时，怀中阿斗不见声息，是一疑；至翼德断桥之后，玄德被曹操追至江边，更无去路，又一急；及云长旱路接应之后，忽见江上战船拦路，不知是刘琦，又一惊；及刘琦同载之后，忽又见战船拦路，不知是孔明，又一疑一急。令读者眼中，如猛电之一去一来，怒涛之一起一落。不意尺幅之内，乃有如此之幻也。①

《三国志演义》的批评者在一回的最前面即指出，《三国志演义》的文本通过疑问、悬念、转折等文本策略，刺激读者生发

---

① 罗贯中著，毛宗岗评：《三国志演义》，香港：商务印书馆，1974年，卷七，第25页。

大惊、大疑、大急等心情，甚至于产生"令读者眼中，如猛电之一去一来，怒涛之一起一落"这样一种比较极端的感官体验，从而达到大喜、大快、大慰的阅读效果。而这一切，批评者提醒读者，都是在"尺幅之内"产生的，要领略这种由文本刺激产生的情感享受，只能是通过对文本进行细读，在文字中间去揣摩和体会。冯梦龙在《古今小说序》中说："试今说话人当场描写，可喜可愕，可悲可泣，可歌可舞；再欲捉刀，再欲下拜，再欲决脰，再欲捐金；怯者勇，淫者贞，薄者敦，顽钝者汗下。虽小诵《孝经》《论语》，其感人未必如是之捷且深也。"①冯氏称小说感发人心的作用，比儒家经典还直接和深刻，这是对小说文本的意义和地位的肯定。而这一作用的实现，前提还是阅读者要会读。明清小说与戏曲的评点，书前一般都有《读法》一章，引导读者按照评点者所规划的方式来阅读；书中的圈点，以及有时只有"妙"、"妙妙"等字的批评，也都是在提醒读者，此处文字应当注意。评点者俨然已是读书专家，其评点也是这些读书专家的思想和文学观念的展现。或者可以说，评点者也在一定程度上控制了文本的意义——甚至文本本身——金圣叹即好改《水浒》文本，而声称自己所改乃是来自于一个并不存在的"古本"（ancient texts）。②从这个意义上讲，评点与注疏有一个极大的共同点，即它们都是通过发表

---

① 冯梦龙：《古今小说叙》，见冯梦龙编，许政扬校注：《古今小说》，北京：人民文学出版社，1958年，《叙》第1—2页。

② 参见 Rolston, *Traditional Chinese Fiction and Fiction Commentary*, p. 4.

对于已有文本的阐释而表达自己的政治、思想或文学主张，[1]
这点与下文将要讨论的批校则有极大的不同。

3. 批校——阅读反馈

批校，指的是读者写在所读书籍之上的文字。批指批语，
有眉批、旁批、夹批等；校则指校勘。狭义上来讲，批校仅指
读者写在书籍天头地脚、旁行侧里的评论、校勘性文字，但是
从古籍版本学的角度讲，一般将有批校文字（包括题跋、批评、
校语、题识等）的书籍统称为批校本，[2] 本书即使用批校的广
义含义，即读者手写在书籍之上的所有文字。目前学界对于
批校，特别是其中的校勘稍有利用，但对于批校文本的性质、
特征、流传方式以及与之相关的学术、文化等内容研究较少。

以批校作为对象，对其进行较为全面考察的研究著作，
首先出现于西方。美国学者安·布莱尔（Ann Blair）曾在
其《工具书的诞生》（*Too Much to Know: Managing Scholarly
Information before the Modern Age*）一书中讨论过十六、十七
世纪欧洲读者的读书笔记如何帮助自己与其他的读者阅读。
在读书笔记（包括一些批校）的基础之上，很多工具书得以编
纂，较为"近代"的学术风格也逐渐形成。[3] 读书笔记最直接的

---

① 参见 Huang, "Author（ity）and Reader in Traditional Chinese *Xiaoshuo*
Commentary," p. 53.

② 参见韦力：《批校本》，南京：凤凰出版社，2003 年，第 3 页；陈先行等编：
《中国古籍稿钞校本图录（校本）》，上海：上海书店出版社，2014 年。

③ Ann Blair, *Too Much to Know: Managing Scholarly Information before
the Modern Age*, New Haven: Yale University Press, 2010, pp. 62—116.

用处就是帮助读者阅读、再读和理解原文，大多数阅读笔记都并非为了出版以得名得利，而只是读者阅读的辅助，或者只是阅读的副产品。有一些阅读笔记，作者在创作之初即以将来出版为目的，有明确的创作意图，这可以视作注疏、评点的稿本。但大多数读书笔记都并非如此，而是读有所得，随手记下阅读时的所思所想，因而其内容零零碎碎而无一主题，包罗万象。这一点，中西相同。而且，中西读书笔记的书写载体都有两种形式：一者以别纸（包括兽皮纸以及现代定义的纸）书写，即古人所谓摘钞；一者直接书写在所读之书上，即本书所论之"批校"。

拉丁文中有 *marginale* 一词，其复数形式为 marginalia，意指写在书边上的文字，也就是汉语中的"批校"。学者认为，marginalia 一词在十九世纪早期进入英文，且包括书籍中所有读者手写的文字和符号，书写位置不限于书边，还可在书前、书后、原文的行间等书中所有的空白之处。[①] 美国学者海瑟·杰克森指出，批校的首要特性就是手写在已经存在的文本之旁，如她所说："在历史上，批校的本质的和具有界定意义的特征就是，它是一种回应性的文字，并且永远地附着在已经存在的文本之旁。"[②] 根据中西学者的研究可以总结出批

---

① Jackson, *Marginalia*, pp. 7, 13.

② Jackson, *Marginalia*, p. 81. 相关讨论和意见又见 Sherman, *Used Books*; Grafton, "Is the History of Reading a Marginal Enterprise?" Monique Hulvey, "Not So Marginal: Manuscript Annotations in the Folger Incunabula," *Papers of the Bibliographical Society of America* 92（1998）: 159—176.

校有四个基本特性：手写；回应原文又不为原文所限制；私人性；独特性。依据这四个基本特性，可以对批校与注疏、评点作出有效的区分，现分别述之。

（1）在欧美学者的定义中，手写是批校的一个最基本的属性。手写的批校，可以保证批校为读者读书时的所思所想，是对于原文的某种阅读反应，因此可以在一定程度上展现阅读的过程与读者的阅读心态，具有稿本的性质。在中国明清时期，学者有传抄前人批校的习惯，称为"过录"，过录前人批校之时，亦会修改所传之批校，创作新的批校，补充新的内容，使得批校文本不断增殖，其意义愈发丰富，功能愈发复杂，形成了一种独特的学术文化，对明清以降之学术、文化、文本都有深刻的影响。本书第三、四两章将讨论批校的过录及清代的批校文化。

批校亦有被刊刻出版者，但都会经过择录、删改和编辑，使得原始批校文本面目全非，而更为接近注疏或评点的风格，不能全面展示读者的阅读过程与阅读心态，甚而更多展现的是编辑出版者的意图。[①] 关于清代批校的刊刻出版，将在本书第五章详述。

（2）批校的第二个基本特性就是回应性，但与注疏、评点不同，批校文本往往会溢出其所依附的正文，看似与其没有意

---

① 相关讨论参见 Raymond Clemens and Timothy Graham, *Introduction to Manuscript Studies*, Ithaca: Cornell University Press, 2007, pp. 35—48, 181—191.

义的直接关联，亦即不被正文所限。训释、音义、校勘、章句、评论、引用对比等与正文有关者一般是批校的主要部分，但批校也会包括更多其他信息：读者有时会将正文中的丽词佳句摘抄到书眉或页脚，而不仅仅是圈点评论；会在书中空白处写下自己的回忆或者其他非常个人化的经历与感受，这些内容看起来与正文内容无关，却是正文所激发；读者还会在书眉练习书法，讨论当时的天气，绘制一些非文字的符号或图画；或是如一些欧洲中世纪抄本的书边所载，读经（或抄经）的僧侣也会在书中写下对于在书旁撒尿的猫的诅咒——这些猫本来是专门养起来以备鼠患的。总之，从这些批校中可以发现，阅读者与书的关系是很复杂的，他们会阅读和思考其内容，也会以其他的方式"使用"这本书。

一般来讲，注疏与评点都旨在与其正文及其作者建立某种对话：要么尝试找回并解释最"准确"的文本，挖掘作者"创作之原意"，以使得文本按照某一特定的方式被理解；要么补充或者"订正"原文以澄清某种不合时宜的解释。它们都是具有特定创作意图，期望流传以广布的。与之相反，批校多数情况下并未有如此强烈而明晰的创作意图，它们仅仅是读者随手所记，多数都是极为个人化的意见，会比较激进、苛刻、模糊，甚至悖逆或者看起来无任何意义，并不适合公开发表，但可以展示一个别样的阅读的历史。举例来讲，美国历史学家安东尼·格拉夫敦曾研究过文艺复兴时期法国学者比代（Guillaume Budé，1468—1540）写在普林尼（Pliny）、维特鲁威（Vitruvius）与荷马（Homer）等人的著作上的批校，指出近代之前读者对于文本与书籍的使用与今日有所区别。格拉夫敦说：

> 比代的案例说明……阅读至少有两个核心的目的，二者皆是实用性的，但都是我们所陌生的。第一种是记录性的，甚至是档案性质的：学者们不仅与古圣先贤对话，利用古典传统，而且将这个对话与利用的过程记录下来。他将所读之书变成自己学术的纪念碑，就像自己所著之书一样杰出且个人化。……在众多事务之中，阅读是他们自己、朋友与家族积累文化资本的雄心勃勃并且有力的方法。……比代同时也为写作而阅读。他所掌握者，他皆可以引用与解释；他所注释者，他可以再加工。在早期近代的欧洲，阅读——起码是学习阅读——意味着抄写、搜索与分类。[1]

格拉夫敦此处所描述的近代之前的欧洲学者阅读之时对所读之文本进行分类、摘抄并记录下自己阅读过程的做法，实则在中国明清时期也是学者读书的普遍习惯。以清初学者何焯（号义门，1661—1722）为例，北京大学图书馆藏有何焯批校之《后汉书》，中有何焯批校三千七百余条，除校勘、史评史论之外，还有很多内容与《后汉书》之内容并无关系。这些批校，一部分可以展示何焯如何读书与积累资料，一部分透露何焯如何利用《后汉书》之文字以创作诗句或对联。如卷

---

[1] Grafton, "Is the History of Reading a Marginal Enterprise?" pp. 155—156.

四十三,《后汉书》正文曰:

> 初,光武与晖父岑俱学长安,有旧故,及即位,求问岑,时已卒,乃召晖拜为郎。[1]

何焯在书眉写到:"朱岑可对张充,岑有子,充有孙。"《后汉书》卷四十五《张酺传》曰:"酺少从祖父充受《尚书》,能传其业。"注引《东观汉记》曰:"充与光武同门学,光武即位,求问充,充已死。"[2]张酺曾从其祖父张充学经,而张充曾与光武帝同学。则朱岑与张充皆曾与光武同学,朱岑之子与张充之孙俱为东汉名臣,因此何焯称"朱岑可对张充",是发现了历史人物具有类似的命运,因此可以以其名作对。有时何焯会将做好的对句写在书眉,如《后汉书》卷三十三《郑弘传》载:"弘师同郡河东太守焦贶。楚王英谋反发觉,以疏引贶,贶被收捕,疾病于道亡没,妻子闭系诏狱,掠考连年。诸生故人惧相连及,皆改变名姓,以逃其祸,弘独髡头负铁锧,诣阙上章,为贶讼罪。显宗觉悟,即赦其家属,弘躬送贶丧及妻子还乡里,由是显名。"卷三十一《廉范传》载廉范初诣京师受业,事博士薛汉,后"薛汉坐楚王事诛,故人门生莫敢视,范独往收敛之。吏以闻,显宗大怒,召范入,诘责曰:'薛汉与楚王同谋,交乱天下,范公府掾,不与朝廷同心,而反收敛罪人,何也?'范叩头曰:'臣无状愚戆,以为汉等皆已伏诛,不胜师资

---

① 本章中《后汉书》之引文及何焯批校若不特别注明,则来自于北京大学图书馆藏明末毛氏汲古阁本,索书号:LSB/7288,下同。
② 《后汉书》卷四十五《张酺传》,第1528—1529页。

之情，罪当万坐。'帝怒稍解，问范曰：'卿廉颇后邪？与右将军襃、大司马丹有亲属乎？'范对曰：'襃，臣之曾祖；丹，臣之祖也。'帝曰：'怪卿志胆敢尔！'因贳之，由是显名"。郑弘与廉范皆因为其师讼罪而显名，何焯发现了二者之同，因此在《郑弘传》中页眉处书："廉范敛薛汉，郑弘讼焦贶。"这种批校在北大本《后汉书》中并不鲜见。这些内容本与《后汉书》之史事无关，但确为何焯读书时所考虑之内容，可见古人阅读时情况之多样。

（3）前引格拉夫敦的论文还提到批校可以将一本普通的书变成独特的、"承载了读者作为一个学者的社会地位与超凡技艺的、个人化的所有物"。[1]这就涉及批校的第三和第四个特性：私人性与独特性。

私人性是一个相对的概念，较难讨论。前述格拉夫敦提到了批校的私人性，而杰克森曾说："如果'私人性'意味着个人独有的，那么阅读就不是一个私人的活动，而是一个社会化的经历，而且事实上某一特定时间和地点的任何读者都与他人具有相同的典型性。"[2]杰克森并非完全将批校视为社会性的和公开的，而是具有"半公开性"（semi-public），她说道：

> 在浪漫主义时期，没有批校是在完全私密的情境下写就的。……批校多数情况下并非当时人们的私密的

---

① Grafton, "Is the History of Reading a Marginal Enterprise?" pp. 147—148.

② Jackson, *Marginalia*, p. 256.

表达，而是一种半公开的记录。……这些记录是被设计出来以使用、展示和说服的；他们被引向他者，而非自身。它们并不提供通向读者欣赏文本时的心态的直接路径。①

这都是在强调看似极具私人化特性的批校，也有其公开性的特性。实则"私人性"——及其反面"公开性"——都是相对的概念，与日记、私人信件等相较，批校无疑更具有公开性，但与注疏、评点、著作等文本比较起来，批校则有更多私人化特征。前文已经论及，注疏与评点皆有明确的作者意图，以广布为务，注疏者与评点者往往会强调自己所用之原文及所传之意义的权威性与准确性，以期顺利将对于文本的阐释导向特定的目的。但大多数批校并没有此类顾虑。在数量巨大的明清批校材料中，极为私人化的、激进、苛刻、随意的描述俯拾皆是，而在晚清民国时期，当一些批校被编辑出版之后，其中私人化的描述几乎被删削殆尽，文本的整体意图更为凝练和集中，文本的整体意义也更为单一，甚至单薄，换句话说，批校被改编成注疏或者评点类的文本，其文本性质发生了彻底的改变。

（4）批校文本由于往往是作者所手写，因此本身具有独一无二的特性，而且它也可以使得所载的书籍变成独一无二

---

①Heather Jackson, "Marginal Frivolities," in *Owners, Annotators and the Signs of Reading*, Robin Myers et al. eds. New Castle, DE: Oak Knoll; London: British Library, 2005, p. 145.

的。一般情况下，一个读者只会在同一书的一部之中书写同样的批校一次，因此，载有批校的书籍对于读者来说会具有独特的意义。历史学家周一良曾在一封信中说道："一良藏书本区区不足道，唯其中多朝夕摩挲，手加批注者，是以辄念念不能忘耳"，"一良藏书无珍本，但经校读批写后，便觉恋恋如故人，不忍舍弃之矣"。①

由于其独一无二的特性，批校本对于一些学者和藏家也会有独特的意义，名家批校本更是藏书家追求和珍藏的对象。晚清学者庞钟璐（字缊山，1822—1876）曾向翁同龢（字叔平，1830—1904）借得一部《三国志》，并持有其书两年之久，因为此书有其友人翁同书（字祖庚，1810—1865）的批校。此书现存中国国家图书馆，书中有大量佚名朱笔过录的何焯批校，墨笔为翁同书批校，翁批多补正何批，且有题记载其阅读的经历。书后有庞钟璐跋，跋文先介绍何批之始末，而后曰：

> 此本翁文勤得于寿春，及入狱犹以自随，复加评勘，墨笔其手书也。公长于两汉之学，尝为余言："《三国志》出入汉、晋，必合二书并勘，乃见首尾。"今观所评，贯串三史，兼能发明承祚苦心，使义门见之，必得首肯。岁丁卯冬，从公弟叔平祭酒假得，在案头者二年，每一展阅，如见故人。今录副已毕，爰重装而归之。他日将公所评

<hr>

① 周一良：致傅斯年（1939.4.24、1940.11.13），《周一良全集》，北京：高等教育出版社，2015年，第10卷，第17、20页。

《两汉》与此合刊,定与《读书记》并传也。同治九年庚
午正月同里世侍生庞钟璐附识。[①]

庞氏不仅赞誉翁氏学行,将翁批过录了副本,而且云"每一展
阅,如见故人",则是将对翁氏的思念寄托在了此书及其中的
批校之上。

以上四点,是中西批校所共有之特性。中国明清时期的
批校还有一个非常突出的特性:校勘占据极为重要的地位。
总体来讲,有清一代之学术以考据学闻名,而其考据学又以
文本校勘为基础,因此,校勘学在清代取得了长足发展。清
儒讲"书非校不能读",校勘是多数清代学者都会力行的学
术实践。清人校勘重版本,重视早期的宋元刻本,但对一些
学者来讲,即使是劣本,若其上有名家校语,也会价值倍增。
比如,上海图书藏有一部晚明坊刻本《后汉书》(索书号:线
善 816534—73),在清人眼中并非善本,但是晚清民国时期
藏书家章钰(字式之,1864—1937)过录了多种清人批校,并
亲自校过之后,在书后题曰:"余之勤勤于是书也,不又为天
壤间增一善本乎?"清代学者所撰写的校勘记、从现已亡佚
的古本旧抄之上过录的大量异文,无疑是今日整理古籍的重
要参考。

---

① 见《三国志》书末,明末毛氏汲古阁刻本,中国国家图书馆藏,索书号:
SB06068。

二、文本形态：载体与流传

注疏、评点与批校不仅在文本性质上有巨大差异，而且在历史上，三者的物质载体和流传方式也有所区别，现分述之。

1. 注疏——从口耳相传到写为定本，从"各自为书"到注疏合刻

前文已经提及，汉以前，经典的传注主要是在师、弟之间口耳相传，有师法，有家学，有派别。因为"缣贵而简重"，可以"书于竹帛"者，多为经典文本本身，战国秦汉时期，《春秋》三传、《易传》等文本被经典化，才能被书于竹帛。胡朴安说：西汉今文学的传承，"各有家法，各本师说，递相传授，毫不杂乱。在政府之设立博士，虽兼而存之，在师弟之口耳相传，则墨守一家之说。此今文家时代，虽有训诂，而无需训诂者"。[①] 此处所言"无需训诂"，实则应意为"无需写定之训诂"，因为训释字词，疏解章句，已经在师、弟口耳相传之时完成，无需别立文字。

经典传注的大量写为定本，大约始于东汉，而盛于六朝。以《史记》、《汉书》的《儒林传》等与《汉书·艺文志》对读，就会发现，儒家经典的传人远远多于写为定本的传注。例如，以西汉以前今文《易》的传播而论，依照《史》《汉》的《儒林传》，可得以下传播授受图：

---

① 胡朴安：《中国训诂学史》，第 3 页。

```
孔子—商瞿子木—桥庇子庸—馯臂子弓—周丑子家—孙虞子乘 ─────┐
┌──────────────────────────────────────────────────────────────┘
│       ┌─ 王同──杨何
│       │
│       ├─ 周王孙
├─ 田何 ┤
│       │                    ┌─ 施雠字长卿 ──── 梁丘临
│       │                    │                      ┌─ 彭宣
│       │                    │            ┌─ 张禹 ──┤
│       │                    │            │          └─ 戴崇
│       │                    │            │          ┌─ 毛莫如
│       │                    │            └─ 鲁伯 ──┤
│       │                    │                      └─ 邴丹
│       ├─ 丁宽──田王孙 ────┤            ┌─ 白光
│       │                    │ 孟喜字长卿─┤ 翟牧         ┌─ 殷嘉
│       │                    │            └─ 焦延寿 ─京房─┤ 姚平
│       │                    │                          └─ 乘弘
│       │                    │                ┌─ 王骏
│       │                    └─ 梁丘贺─梁丘临 ┤         ┌─ 士孙张
│       │                                    └─ 五鹿充宗 ┤ 彭祖
├─ 服生                                                  └─ 衡咸
└─ 项生
```

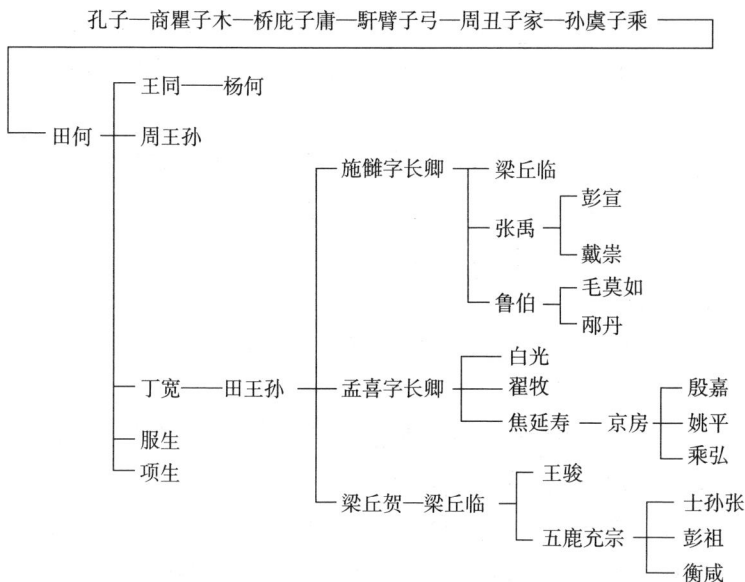

图 1-1　西汉前期今文《易》流传授受图，材料来源为《史记》《汉书》之《儒林传》

　　而《汉书·艺文志》载《易》仅"十三家，二百九十四篇"，[①] 项生、张禹、王吉等人，未闻有注传世。《隋书·经籍志》则载《易》"六十九部，五百五十一卷"，自注曰："通计亡书，合九十四部，八百二十九卷。"[②] 则写定者数量大增。

────────────

① 《汉书》卷三十《艺文志》，第 1703—1704 页。按：《史记》《汉书》所记经书授受并不完整，而《汉书·艺文志》所载典籍亦不完整，此处只做大概的估计。
② 《隋书》卷三十二《经籍一》，第 912 页。

　　六朝时期,经典传注的写为定本,乃至于义疏的盛行,应该归因于纸作为廉价、轻便的书写材料,开始大量推广使用并逐步取代简帛成为主要的书写材料。① 然而即使是在六朝隋唐,经典的注疏可以非常容易地写为定本,经典文本本身与注,特别是疏合抄于一书的情况也并不常见。从现存六朝隋唐的写本来看,此时期的写本有经、注合抄的情况,但经、注、疏合抄则并未发现。② "疏"是在佛教格义的影响之下产生的新的注释方式,一般既解释经文亦解释注文,但在其从出现到盛行的六朝隋唐时期,疏文并不与经、注同行。经典文本与注疏文本的大规模汇合——儒家经典的"经注疏合刻"——发生在雕版印刷,特别是商业出版开始盛行,科举考试成为官员选拔主要途径的南宋时代。雕版印刷为书籍的大量生产提供了技术支持;由科举考试带来的经典文本的通俗化趋势,则是经注疏合刻的市场要求。③ 总之,每一次书籍生产技术的进步和社会的变革,都会对注疏的生产和流传方式产生影响。

---

① 参见钱存训(Tsien Tsuen-Hsuin), *Paper and Printing*. Vol. 5, part I of *Science and Civilisation in China*, edited by Joseph Needham, Cambridge: Cambridge University Press, 1985, pp. 23—84; Tsien Tsuen-Hsuin, *Written on Bamboo & Silk: The Beginnings of Chinese Books & Inscriptions*, second edition, Chicago: University of Chicago Press, 2004, pp. 145—152.

② 见张丽娟 :《宋代经书注疏刊刻研究》,北京 :北京大学出版社,2013年,第 5 页。

③ 见张丽娟 :《宋代经书注疏刊刻研究》,第 228—402 页 ;顾永新 :《经学文献的衍生和通俗化——以近古时代的传刻为中心》,第 1—16、38—122 页。

雕版印刷普及之后，中国古籍的版式基本定型，而且继承
了写本时代写卷的版式特征，只是较写卷更为标准化和固定
化。从现存敦煌卷子等材料来看，写本中经文和注文或使用
大、小不同字号，从右向左，从上到下书写，或有界栏，同一文
本使用不同颜色抄写的情况较为少见（见图1-2）。雕版印刷
不易雕印长版，而以一定尺寸的长方形版片雕刻，印在书叶之
上，书叶中经、注或使用大、小字号，文字下行，从右向左，从上
到下书写，与写本版式类似。只是宋以后，册子装（蝴蝶装、包

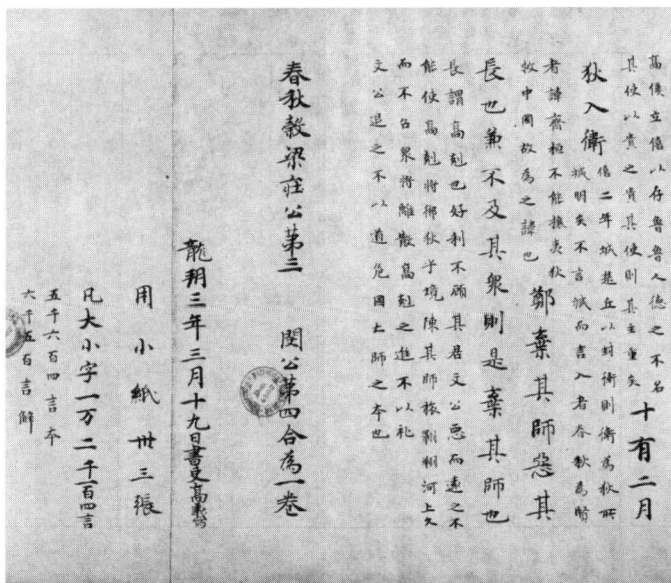

图1-2　唐龙朔三年（663）写本，现藏中国国家图书馆。图片来源：《第
二批国家珍贵古籍名录图录》，北京：国家图书馆出版社，2010年，图
2539。

背装等）通行，书叶为便于对折而有版心，有鱼尾等，是为雕版版式之新特征（见图1–3）。

经注疏合刻的古籍，经文大字单行，注与疏多是小字双行，在同一维度之下，以同样的逻辑，依照同样的版式编排。本来注疏"依经起义"，严肃的注疏都是注家思想的体现，注家的文本可以有不同的来源，注疏文本可以有不同的"层次"，但即使最后不能有确定的意见，注家秉承"多闻阙疑"的精神，罗列众家意见，而这一罗列本身，也是注家意见的一种体现，而且注家本身其实往往对其罗列的说法有所偏向。因

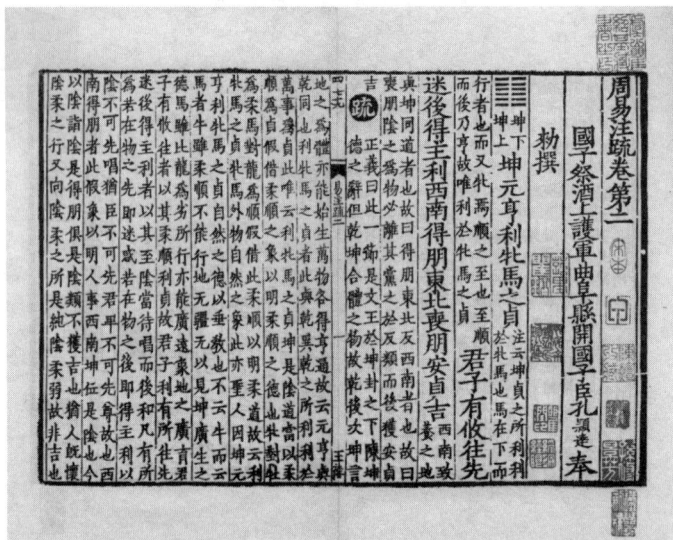

图1–3 《周易注疏》卷二之首叶，《中华再造善本》据南宋初期两浙东路茶盐司刻本影印本。

此,注疏文本是不同层次的文本"层累叠加"起来的,它是一种依时间轴纵向展开的文本,本身比较排斥各种意见的简单横向并排。比如唐代所修《五经正义》,疏对于经文的阐释建立在对汉魏古注的阐释之上,不管经文与注文的关系多么复杂乃至于龃龉,疏也要秉持"疏不破注"的原则,努力弥合各种矛盾,然后取得一个看起来圆融的解释。不同人所作的注释,层次不同,每一层文本都是相互独立的,甚至可以从经文独立出去。南宋以后,经、注、疏合刻,合刻的版本,每一段经文之后,先注后疏,注是第一层注解,疏是第二层,层次分明。清人编有《校勘记》之后,《校勘记》就是第三层阐释性文本,南昌府学刻本《十三经注疏》在每卷卷末列《校勘记》,有注有疏有《校勘记》,层次井然。不仅儒家经典如此,一些重要的史、子文本也都遵循此种模式。日本学者泷川资言编撰的《史记会注考证》参考汇集了极为丰富的《史记》注释材料,但汇集各家说法之后,仍然有泷川氏自己的考证,每一条《会注》加上《考证》,都可以看成一篇小论文,有证据、有结论。①

　　南宋科举考试发展、科举士子的增加,为科举类书籍以及与此相关的书籍拓展了很大的市场空间。无良书商为了射利,会为所刻之书增加各种卖点,其中一种,便是汇集多种注疏合刻于一书之内。比如,南宋庆元黄善夫刻本《史记》,就是将南朝裴骃的《集解》、唐司马贞的《索隐》和唐张守节的

---

① 参见泷川资言考证,杨海峥点校:《史记会注考证》,上海:上海古籍出版社,2016年。

《正义》三种注释合刻于一书。合刻之时，书商对三家注解进行了简单的编辑，对《正义》进行了大量的删削，而且，三家注所依据的底本其实都不完全相同，应该算是将三本原先各自独立的注书强行合刻到了一起。这是一种商业行为，并非某一个注家的注疏作品，因此与一般的注疏书籍稍有不同，但其形式还是仿照一般的注疏，将三家注释依次排列于正文之后（见图1-4）。这反映了政治与商业对于书籍版式、注疏流传方式的影响；商业出版对于评点的影响也至为深刻，此即下

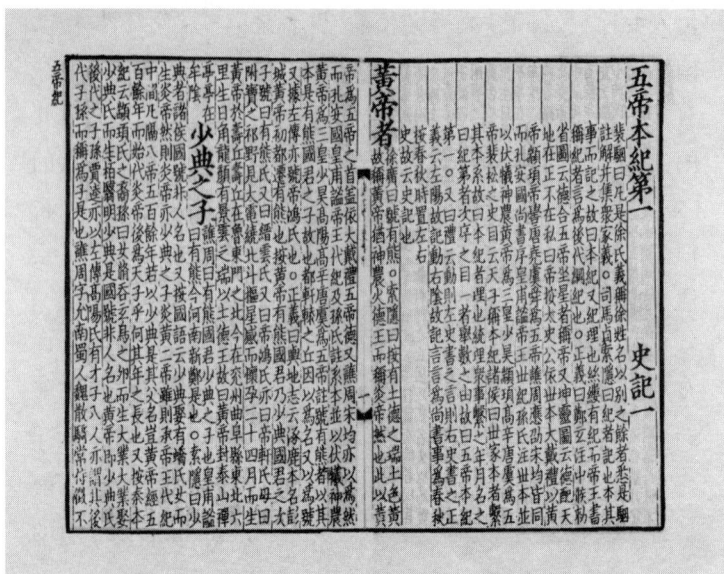

图1-4 《史记》卷一首叶，《中华再造善本》据南宋庆元黄善夫刻本影印。在此"三家注"本中，"集解"、"索隐"与"正义"以双行小字按照时间顺序依次排列在正文相应的位置。

节之内容。

2. 评点 :书籍版式的丰富化

商业行为对于经典文本的改造并不让人满意,因此后人批评不断。但是商业行为对于诗文,特别是小说和戏剧评点的介入,却产生出了非常有意义的效果。

评点重视文法,但是词句训释也占了一部分内容,因此,其文本也有纵向的"层累叠加"的特征。但是,不同批评的横向排列却是更为引人注目的现象。这种现象的产生,当然与评点文本的性质有关。首先,一般来讲,评点不能与所评之文本"各自成书"。评点重在分析文章的结构、脉络、修辞等,本身就是讨论文本本身,脱离了原文的评点将会毫无着落。试想,如果单独摘出"妙"、"妙妙",读者该如何理解其意义? 其次,不同评点家的评点之间互相排斥的情况较少。评点本质上来讲是欣赏文本,而非求得历史之真或者哲学之理,因此给阐释者的空间更大,不同阐释者之间的矛盾也没有那么剑拔弩张。同一文本,既可以从这个角度欣赏,也可以从那个角度理解,各种阐释相互参看,不但很少龃龉,很多时候反倒会产生更加丰富的审美体验。所以,诗文、小说和戏曲的评点,非常乐意将各家评点排列刊刻。——如果插图也算一种阐释的话,则明清小说戏曲的插图也与评点并列刊刻,非常积极地参与进了小说戏曲意义场域的构建[①]——此时,出版者非但不

———————

① 关于插图与文本的互动关系,参见何予明(Yuming He), *Home and the World : Editing the "Glorious Ming" in Woodblock-Printed Books of the Sixteenth and Seventeenth Centuries*, Cambridge: Harvard （转下页）

会消弭各个评点的界线，反倒用各种出版策略将其区分开来。在诗文评点、科举、类书、小说、戏曲等通俗文本大盛的晚明时期，书籍的出版由很多亦文人、亦商人，或者说以出版业为生的文人进行。他们一方面读书、懂书，一方面编书、刻书、售书。因此，他们不但对于商业操作并不排斥，反而熟谙其中三昧，并且尝试了多种策略以收录各类评点而有效地将其区分开来，从而大大丰富了中国古籍的版式样貌。[1]

出版者最常用的的策略之一就是分栏（registers）。比如前面提到的邹圣脉所刻金圣叹评点《西厢记》，其正文文本分了上下两栏，下栏占据整个版面的五分之四，单行大字是《西厢记》的正文，单行中字是金圣叹的批评，少量双行小字是王矵山等人的评点。上栏占据整个版面的五分之一，是邹圣脉的评注（见图 1–5）。不仅邹圣脉的评注与金圣叹等人的评点被区分开来，金圣叹的评点也与王矵山等人的评点以文字大小区别开来。

若是将插图也看作一种对于文本的阐释的话，元明清小说戏曲文本中常见的"上图下文"，其实也是一种两栏结构（图 1–6）。

（接上页）University Asia Center, 2013, pp. 142—150；何谷理（Robert Hegel），*Reading Illustrated Fiction in Late Imperial China*, Stanford, CA: University of California Press, 1998, pp. 312—326.

[1] 参见贾晋珠（Lucille Chia），*Printing for Profit: The Commercial Publishers of Jianyang, Fujian（11th—17th Centuries）*, Cambridge: Harvard University Asia Center, 2002；大木康：《明末江南的出版文化》，上海：上海古籍出版社，2014 年。

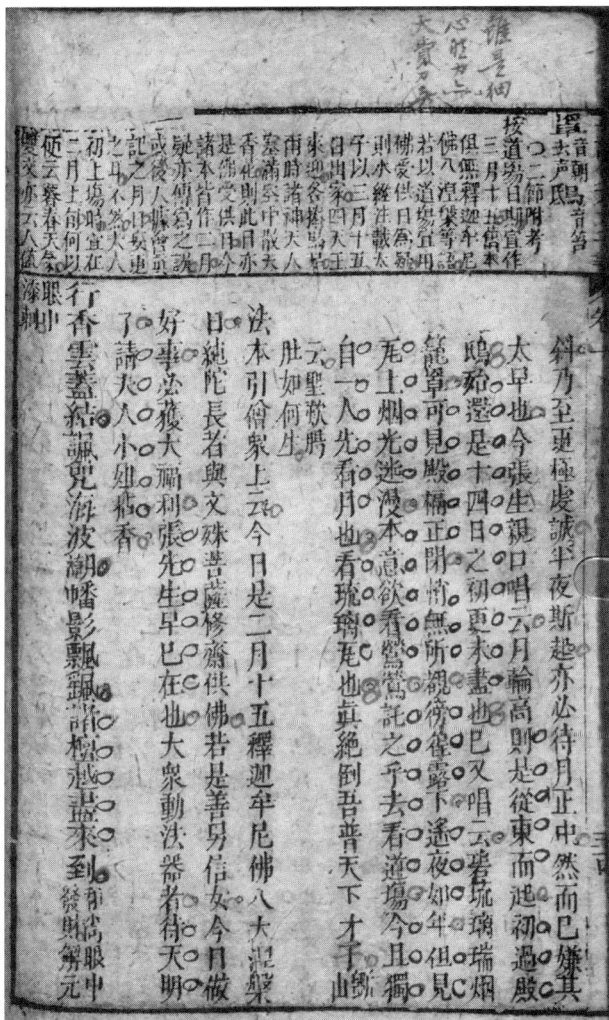

图 1-5　《西厢记》卷一，叶 34b，清代前期邹圣脉刻本，现藏新西兰奥克兰大学图书馆，索书号：PL2693.H472。

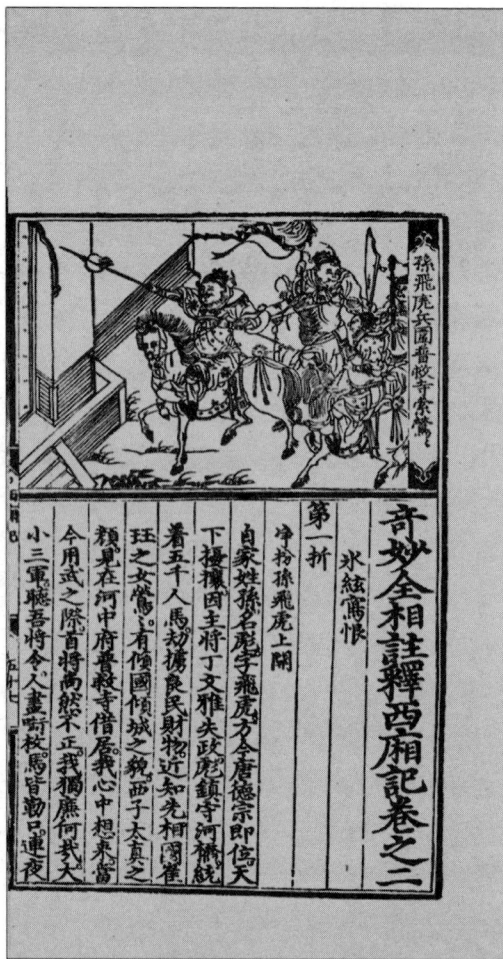

图 1-6 《奇妙全相注释西厢记》，北京大学图书馆藏明弘治十一年（1498）刻本。图片来源：《奇妙全相注释西厢记》，据明刻本影印本，上海：商务印书馆，1955年，卷二，叶57a。

上文提到的保定莲池书院藏晚明刻本《毛诗振雅》书叶亦分为三栏，且为朱墨套印本（见图 1-7）。彩色套印也是一种有效的将不同评点家的意见区分开来的办法。王重民称彩色套印技术是在明末起源于徽州，其出现即是由文学评点促成的，[①] 这个结论已为学术界普遍接受。——现存更早的彩

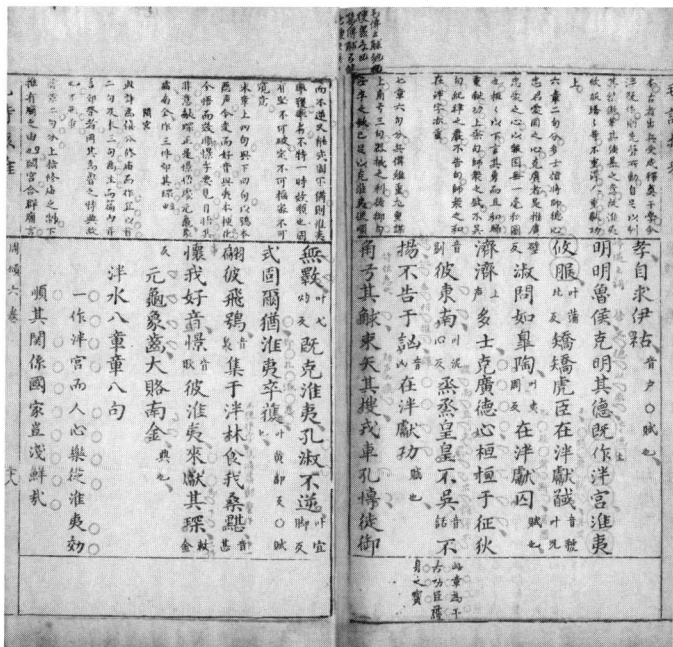

图 1-7 《毛诗振雅》，保定莲池书院藏晚明刻朱墨套印本，图片来源：《保定莲池书院善本图录》，北京：国家图书馆出版社，2014 年，第 27 页。

[①] 王重民：《套版印刷法起源于徽州说》，见氏著《冷庐文薮》，上海：上海古籍出版社，1992 年，第 69—92 页。

色印本有元至元六年（1340）中兴路资福寺朱墨套印本《无闻和尚金刚经注》（现藏于台北"国家"图书馆），但明代中期以前套印并未通行，仅零星可见。——王重民又称在写本时代，经书传、注等的抄写已经有了用不同颜色加以区分的需求，[①]这个看法则仍需商榷。在写本时代，将注与疏分别用不同颜色来书写的情况的确偶有发生，然而注疏旨在传义，注家应该力求做到注与经，以及注疏的内部都是趋于圆融统一的，分别经、注、疏的要求并不强烈。而评点则不同。评点类书籍，许多评点家本就好用各种不同的颜色来表达不同的意义，这类评点要刊刻出版之时，出版者就迫切需要将其区分开来；特别是坊刻评点类书籍，由于利润驱使，既想合刻多家评点，又不能强行将各家评点混同，想要将其区分开来。因此，在技术和经济条件允许的情况下，使用不同的颜色来区分，不仅清楚明白，而且较分栏要美观优雅许多。前文已述，评点重在探讨"文理"，指导阅读者欣赏文本，因此，商家必定对文本的视觉形态也有所重视，插图、彩色套印等自然也会成为出版商使用的营销策略。晚明著名出版家闵齐伋在其所刻《春秋左传》的凡例中说道：

> 旧刻凡有批评圈点者，俱就原版墨印，艺林厌之。今另刻一版，经传用墨，批评以朱，校雠不啻三五，而钱刀之靡，非所计矣。置之帐中，当无不心赏。其初学课

---

① 王重民：《套版印刷法起源于徽州说》，第70—72页。

业,无取批评,则有墨本在。①

此书的经和传用的是墨刻,批评为朱刻,经传与批评的文本地位有显著的差别。初学者可以"无取批评",也就是说批评只是一种引导,不在对经文和注疏的阐释中占有多么重要地位。这些颜色夺目的批评,更重要的是具有便人"心赏"之功能(见图1–8)。

明清的商业出版中,套印、插图与分栏也会结合起来使用,北京师范大学图书馆藏有一部明刻朱墨套印评点本《诗经》,即是此类评点本的一个典型。此书又题为《新刻顾邻初太史朱批诗经》,卷首有《毛诗正变指南图》,包括《作诗世次》、《十五国风地理图》、《公刘相阴阳图》、《四诗传授图》等各类图表,其叶面随图表而有多种面貌;正文部分的叶面多数平分为上下两栏,前半部分上栏是《诗经金丹汇考》,下栏是《诗经难字》;后半部分下栏为朱熹《诗集传》,上栏是明代出版家顾起元的评语(见图1–9)。全书可谓图文并茂、版式多样、内容丰富、色彩夺目,不仅对于年轻士子,即使对于一般市民来讲也足具吸引力。

3. 批校:丹黄溢目

批校是阅读者读书有得,随手记录的,因此,可以想到,其文本所在的位置具有无比巨大的自由度,很多经过多个读者读过并批过的书籍,其上往往充满了各种颜色的批校,清人一

---

①闵齐伋:《闵氏家刻分次春秋左传凡例》,见《春秋左传》,哈佛燕京图书馆藏明刻朱墨套印本。

夫學者載籍極博猶考信於六藝詩書雖缺然虞
夏之文可知也堯將遜位讓於虞舜舜禹之間岳
牧咸薦乃試之於位典職數十年功用既興然後
授政示天下重器王者大統傳天下若斯之難也
而說者曰堯讓天下於許由許由不受恥之逃隱

末世爭利維彼奔義讓國餓死天下稱之作伯夷
列傳第一

史記鈔卷之三十三

以譏論敘事傳之變體也

乾極曲折詞極
工緻若斷若續
超玄入妙處德

與文如神龍變
化可以意求難
以言盡
借許由楊光以
發妍波媚郎虞
令人悵怳斷腸

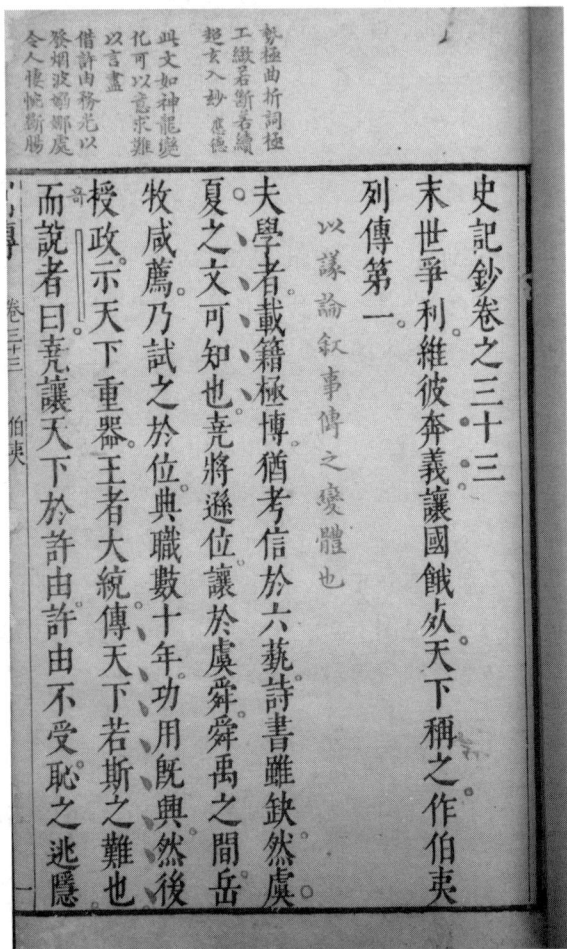

图1-8 《史记钞》卷三十三之首页，加拿大不列颠哥伦比亚大学
图书馆藏明泰昌元年（1620）闵振业朱墨套印本。

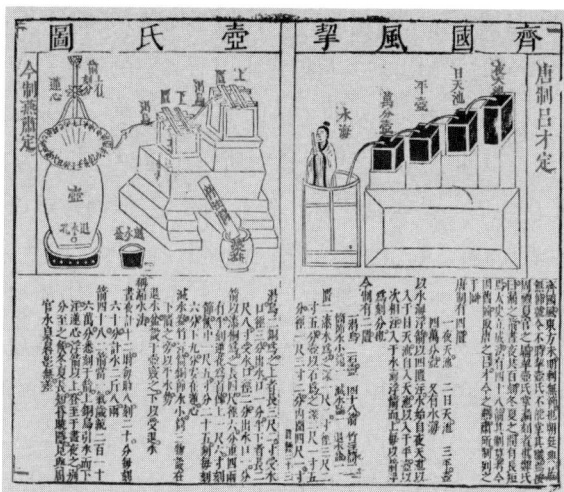

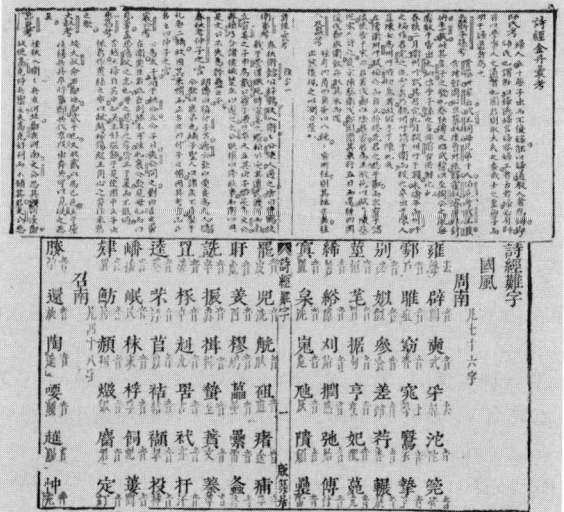

图1-9　《新刻顾邻初太史朱批诗经》,《中华再造善本(明清编)》据明版筑居刻朱墨套印本影印本。

般称其"丹黄溢目"，直观地反映了批校本的视觉特征。

批校何时开始出现？目前还难以有确定的答案。现有的材料表明，春秋战国时期的一些简书之上存在一些非文字的符号，但难以知悉这些符号是读者所作还是抄写者所为。[①] 敦煌卷子中也有一些类似于标点符号的标记，但同样难以确定是否读者所作。[②]《三国志注》引《魏略》，载三国时期董遇"善治《老子》，为《老子》作训注；又善《左氏传》，更为作朱墨别异"。[③] 若此朱墨别异是写在《左传》书中的话，则董遇就是迄今可知最早的撰写批校之人，且其批校以朱、墨双色书写。史载宋人有于书中作校改、圈点者，其中一些为丹、黄等色。[④] 但宋人批校未见留存。晚明以后，批校才大量出现，晚明清代之批校为今日古籍批校之主体，也是本书讨论的主要对象。清代批校大盛，其创作、过录、流传、刊刻等皆为清代学者习见的学术实践，也是当时学术、思想领域最流行的文化现象。它不仅反映了清人读书治学的特征，也在一定程度上塑造了清代的文本、阅读、学术乃至文化面貌。

---

① 李零：《简帛古书与学术源流》，北京：生活·读书·新知三联书店，2004 年，第 121—122 页。

② 吴承学：《评点之兴：文学评点的形成与南宋的诗文评点》，《文学评论》，1995 年第 1 期，第 24—33 页；李正宇：《敦煌遗书中的标点符号》，《文史知识》，1988 年第 8 期，第 98—101 页。

③《三国志》卷十三，《钟繇华歆王朗传》，北京：中华书局，1964 年，第 420 页。

④ 吴承学：《评点之兴：文学评点的形成与南宋的诗文评点》，第 326—327 页。

批校为读书时随手而写,因此其在书中的位置非常自由,或在天头地脚,或在字里行间,或在书前卷后,或在浮签夹叶,甚至会在书衣、函套之上。一些古籍递经流传,读者众多,若有多位读者曾留下批校的话,不同读者往往会使用不同的颜色以示区别。批校最通用的颜色为朱、墨二色,有朱批者、墨批者,有朱墨批校者;蓝、黄、绿、紫等色也较为常见,有朱墨蓝三色批校者,有朱墨蓝黄四色批校者,等等(见图 1–10、1–11)。清人往往称其"朱墨灿然"、"丹黄溢目",并非夸张之言。

不同位置书写的批校有时会有所差别,这一点,杰克森曾有所讨论,她说:

> 在位置上与原文最为接近的笔记是行间的注记,这种注记传统上与原文——对应,翻译、界定或是总结原文,有协助读者阅读之功用。……但是,同一页中,书边之上的记号和评注要么表达对于原文的支持或是反对的意见,要么提供补充性的他书材料,如文学性的互文性材料或是额外的证据。书后的索引仅从原文中提取读者想要回看的段落;书前或书后的总评表达确属读者的而非作者的意见。[①]

中国明清批校本的情况与之略有不同,其原因一是中西书籍形制有别,二是学术习惯不同。西方书籍,从公元四世纪开始以兽皮为纸所制作的册子本的比例就逐渐增大,中世纪之后,册子本一统天下,延续至今,虽期间略有改进,但大体形制

---

①Jackson, *Marginalia*, p. 49.

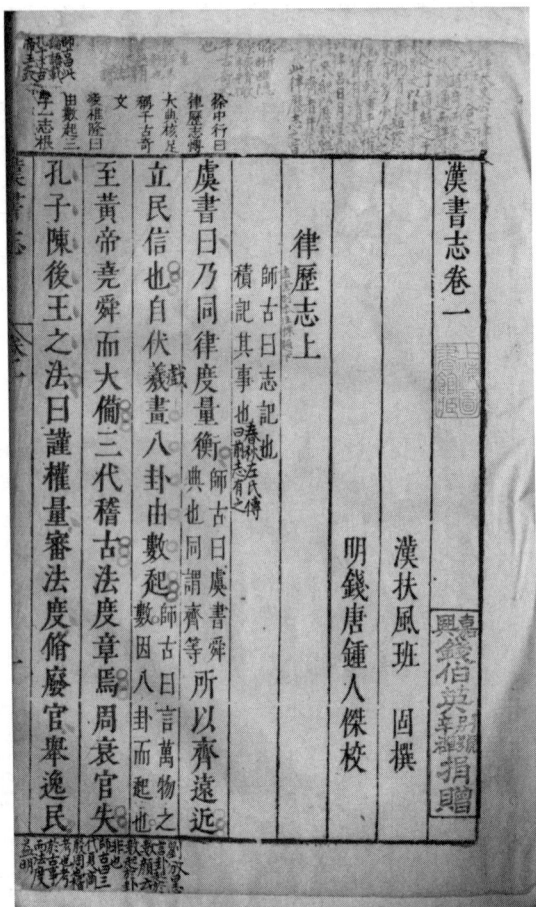

图 1-10　明万历刻本《汉书》，上海图书馆藏，索书号：线善
816474—513。书中有大量朱、墨、蓝、黄四色批校。

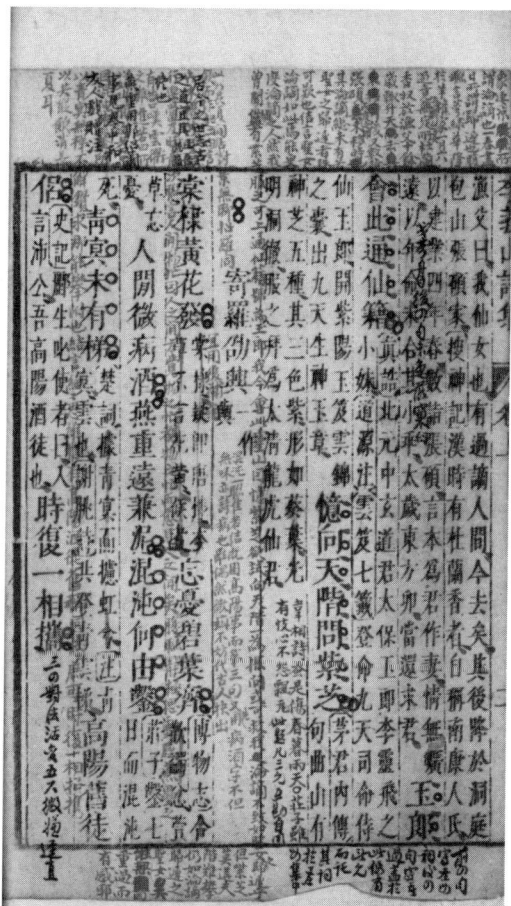

图 1-11　清顺治间刻本《李义山诗集》,上海图书馆藏,索书号:线善6889。书中有大量朱、墨、绿、紫四色批校。

未有太多变化。[①] 依此，西方传统书页之版式亦与现代书籍类似，每页有上边、下边、左或右边三个书边；而其左右边往往更为宽大，是书写批语的主要位置。中国书籍之装帧，自晚明之后以线装和包背装为主流，书叶版心在外，没有左右边，只能在上书边和下书边书写，上书边称"天头"或"书眉"，下书边称"地脚"，有时天头数倍于地脚。因此，较长的批语——甚至题跋等——往往都写在天头，而地脚多写较为简短之校勘文字。西方经典多由希伯来文、希腊文等古文字译成，训释、疏解较多转译之问题；中国古代经典虽无转译问题，但流传既久，文字脱讹严重，因此多校勘之问题，书叶之地脚、行间有非常丰富的校勘材料，天头亦有对于校勘之讨论。

校勘之问题有时关乎文本的版式，因此清人批校中亦多有勾稽行款者。比如，上海图书馆藏有一部何焯批校本明末毛氏汲古阁所刻《唐人选唐诗》八种二十三卷（索书号：线善839789—96），包括《御览诗》一卷、《箧中集》一卷、《国秀集》三卷、《河岳英灵集》三卷、《中兴间气集》二卷、《搜玉小集》一卷、《极玄集》二卷和《才调集》十卷。何焯可能得见多种宋本或旧抄本，因此对于毛氏刻本中与之不合者即有所批改，如《极玄集》毛氏刻本为八行行十九字，目录叶每行仅一个人名，并录收诗数目。目录叶天头有何批曰："抄本十行行十六字，每行四人名，不载几首。"并对目录页进行了圈改（见图1-12）。

---

① 见罗伯茨（Colin H. Roberts）、斯基特（T. C. Skeat）著，高峰枫译：《册子本起源考》，北京：北京大学出版社，2015年。

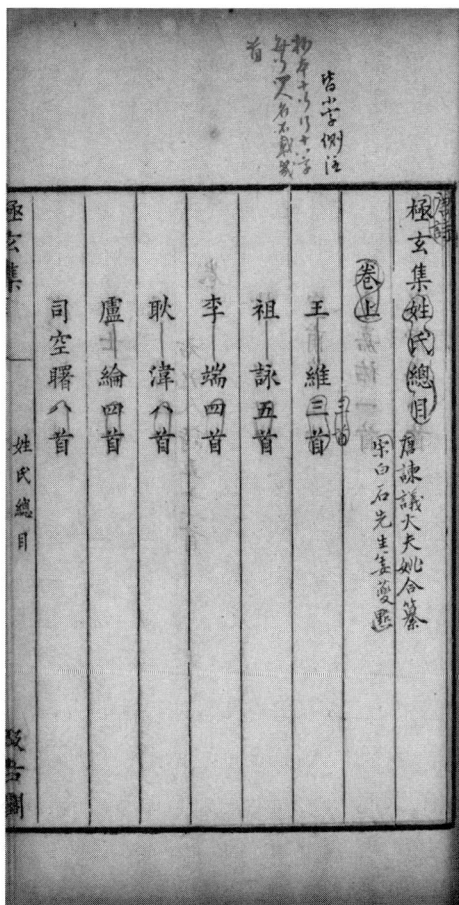

图 1-12 《极玄集》目录叶,见《唐人选唐诗》,明末毛氏汲古阁刻本,上海图书馆藏,索书号:线善 839789—96.

有时，读者亦会对书籍之抬头等版式特征发表意见。例如，加拿大不列颠哥伦比亚大学（University of British Columbia）图书馆古籍特藏部（Rare Book and Special Collections）藏有一部清康熙二十九年（1690）刻本《黔书》，中有佚名批校，其内容多与正文内容无关，而几乎全在讨论文本版式，且以抬头为主。如卷上第一叶之后半叶，页眉有批语：“‘朝’另行顶格写。”（见图 1-13）第二叶后半叶页眉批曰：“‘圣天子’另行顶格。”后皆类此，都是对文中未抬头处而发，似乎是要重刻，新的编刻者所做的改版标记。

由于其文本性质和文本特征较为特殊，批校的流传方式也与注疏和评点有异。在晚明清代以及民国时期，批校主要以三种方式流传：其一是随其所在的书籍流传，其读者是书籍的收藏者或个别有幸得以寓目者；二是从一书过录到多书，进而在一个或几个学术圈子之内流传；三是被删削、编辑并刊刻出版，读者群体得以扩大，但其文本性质也随着编辑整理而发生相应的变化。

批校的随书流传，其实是具有独特性的古籍之流传。批校为读者手写，具有私人性和独特性，会使得所批之书具有独一无二的价值，因此，每一部含有批校的古籍都应该被视为善本。从书籍史和阅读史的角度来看，一部书是在何种环境下由何人雕版印刷，其特征如何，如何流传，读者为谁，如何被阅读，对该读者有何种影响，该读者的批校又对后代读者有何种影响等，这一系列的问题都可以从书中的批校中找到回答

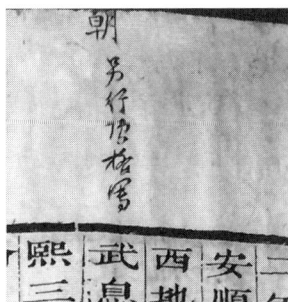

图 1-13　《黔书》卷上第一叶后半叶，加拿大不列颠哥伦比亚大学图书馆古籍特藏部藏清康熙二十九年（1690）刻本。

的线索。① 特别是一些含有名家批校的古籍，古人一般称其为
"某某阅本"、"某某批本"、"某某所读之本"，并对其珍爱有加，
是因为此类古籍不仅有大量的学术资料，还有与此批校的名
家相关的个人资料，一些书还会因其书法、印鉴等而具有艺术
价值。可以说，批校增加了古籍的学术价值、艺术价值和文物
价值。

批校的过录是清代学术文化中一个非常引人注意的学术
实践。清学向来有"朴学"之称，以考据闻名，学者们好学深
思，手不释卷，大部分学者都有批校传世，而且很多学者都曾
过录过前人的批校。对他们来讲，过录前人批校，既可积累学
术资料，临摹前辈书法，又是学习和修身的过程。因此，清代
很多批校都有多种过录本传世，很多名家批校又递经名家过
录，批语、校文、题跋等层次极为复杂；最初之批校、过录之批
校、过录者之商榷等又形成极为多样的学术对话，这是我们研
究清代学术不可略过的重要内容。

与过录相比，批校的刊刻出现和流行相对较晚，清代中叶
开始才有一些批校被择录刊刻，晚清民国时期有很多校勘记

---

① 关于书籍与信息流传的研究，参见美国学者罗伯特·达恩顿（Robert
Darnton）的"交流回路"（communication circuit）、法国学者罗杰·夏
蒂埃（Roger Chartier）的"阐释回路"（interpretation circuit）等研
究的模型，见 Robert Darnton, "What is the History of Books," in *The
Kiss of Lamourette: Reflections in Cultural History*, New York: Norton,
1990, pp. 107—135; Roger Chartier, "Texts, Printing, Reading," in *The
New Cultural History*, ed. Lynn Hunt, Berkeley: University of California
Press, 1989, pp. 154—175.

被整理出版,反映了批校文化对于文本、学术和阅读文化的影响。关于此,本书第五章将详细讨论。

三、小结

注疏、评点与批校是三种不同性质的阐释性文本。注疏旨在通过训释字词、疏解章句、阐发文义以讲明注释者所理解的正文之意义与作者"著作之本意"。由于早期文本的构成比较复杂,意义往往不甚明朗,因此注疏很早就出现,以"传"、"记"、"笺"、"训"、"故"等为名,"依经起义",主要通过口头的方式流传,成为授受经典的必要组成部分。后代注疏也被用于史、子、集部典籍,但其文本性质和注释方式并未发生大的变化,仍然以发明文义为要。注疏虽是依正文而生的次生性文本,但其以发明文义为要,具有一定的独立性,并不必须在形体上附丽于正文,故而经史正文与注、疏的汇合抄写与刊刻经历了一个非常长期的过程,而且经、注、疏合刻的完成,有赖于科举考试的普及与商业出版的发展。

评点是南宋时期在科举考试的刺激之下产生的一种新的文本阐释方式,最初主要为科举士子指示"门径"而设,通过分析文章之语言、结构、修辞等来提供作文的"法式"。但由于其便于"论文"和"品藻",故而"深得文理",可以从文本特性中发掘文学特性,因此,在元明时期逐渐被用于一般的诗词、小说、戏曲,甚至于一些文质兼美的经史文本,成为不同于注疏的一种新的阐释方式。而且,论文和品藻喜从多个角度切入，更易于兼容并包，出版者往往藉助分栏、插图、套印等方式汇集多家意见。在商业出版的介入下，评点大大地丰富了中国古籍的版式。

批校指的是读者在所读书籍空白处书写的文字和绘制的符号，一般包括批评、校勘、题跋以及各类图表、标点符号等，内容庞杂而丰富。批校是读者的阅读反映，相较于注疏和评点来讲，包含更多极具读者私人化特色的元素，其本身及其所在的书籍都是具有独特价值的文献。批校为读书时随手而写，其在书中的位置非常自由，或在天头地脚，或在字里行间，或在书前卷后，或在浮签夹叶、书衣、函套之上；同一书中不同读者的批校会用不同的颜色或字体、大小以示区别。读书时创作批校、过录前人批校是多数清代学者都会进行的学术行为，是当时学术、思想领域最流行的文化现象。它不仅反映了清人读书治学的特征，也在一定程度上塑造了清代的文本、阅读、学术乃至文化面貌。

本书对于注疏、评点和批校的讨论，采用了"文本性质"与"文本形态"两个分析角度。文本性质，主要指文本的内容与特征；文本形态，主要指文本的载体与流传方式。以阐释性文本来讲，前者包括文本与正文的关系、阐释的方式与角度、阐释者的意图及所达到的效果等；后者包括次生文本与正文的空间关系、在书籍中的位置、视觉特征、流传方式，等等。每一种文本都是在特定的社会背景与文化环境之下产生的，有其特定的创作者、流传者、与之对话的早期文本、关注的问题、意欲阐明和传播的思想、情感和意识，也会产生特定的社会文化影响。比如,古代经典的注疏和校勘即是注者在一定的政教意图之下与经典文本的对话,即所谓"依经起义"、"六经注我",在很大程度上阐发的是注者自己的思想,懂得了这一点,在利用古人的注疏和校勘之时,就不会犯以注律经或是武断地以后人之校勘修改往古之经文的错误,而是认识到特定时期的经文、注疏,都反映的是这一时代的文本面貌与阅读历史。不同的文本皆有其个性,不能一概而论。从文本性质与文本形态两个角度来分析文本,可以区别不同之文本,深化对于各类文本的认识,是使用文本之前必须先行讨论的内容。

第二章　读书种子何焯与他的批校

　　"读书种子"，指的是好读书，并且可以传递一定的思想、文化、精神或者古人所谓"文"与"道"的读书人。黄庭坚（1045—1105）曾曰："四民皆当世业，士大夫家子弟能知忠信孝友，斯可矣，然不可令读书种子断绝，有才气者出，便名世矣。"[1] 史载南宋周必大（1126—1204）之言曰："汉二献皆好书，而其传国皆最远。士大夫家，其可使读书种子衰息乎？"[2] 是说一国之文化与其国运息息相关，读书种子则是肩负着弘扬与传承文化这一重任的中流砥柱。

　　明成祖"靖难"之时，姚广孝曾劝成祖毋杀方孝孺，曰："杀孝孺，天下读书种子绝矣。"[3] 及成祖兵入南京，欲令方孝孺草诏登基，孝孺"投笔于地，且骂且哭"，并作绝命词曰："天降乱离兮孰知其由，奸臣得计兮谋国用犹。忠臣发愤兮血泪交流，以此殉君兮抑又何求？呜呼哀哉兮庶不我尤。"[4] 遂为

---

①黄庭坚：《黄庭坚全集·别集》卷第十一《戒读书》，成都：四川大学出版社，2001年，第1683页。

②见罗大经：《鹤林玉露》，北京：中华书局，1983年，第212页。

③《明史》卷一四一，北京：中华书局，1974年，第4019页。

④《明史》卷一四一，第4019页。

成祖所杀。姚广孝称方孝孺为"读书种子"，当然不单是因其学术成就，而是认识到方氏身上所具备的一种由儒家经典所培养出来的精神和文化素质。在古人心目中，熟读经典之读书人，浸淫于古圣先贤所述作之"文"与"道"的传统之中，就像是保有文化与精神的种子，不仅可以在适当的时候发芽、开花、结果，乃至于散发出精神之光辉，并且可以将此种光辉流传于后世。

如方氏一般腾其姓氏以悬诸日月者，固然为读书种子之典范，但天下众多声名未显的读书人，也未尝不是炳曜垂文，有所建树。这样一个读书种子的群体，应该才是保有文化的基石。不仅如此，各时各代的读书种子，所行之事与所坚守之价值也并非全同，而是因世更事异而有所变革与损益，形成不同的学术文化。本书即将通过考察清代读书种子的行事、思想与心态，勾勒有清一代学术文化之面貌；此一考察，以清代学术形成之先驱者之一何焯为始。

一、何焯的生平

何焯（1661—1722），初字润千，号元友，后字屺瞻，晚号茶仙，江苏长洲（今苏州）人。何焯祖辈在元元统年间以"义行"旌门，他便取"义门"二字名书塾，学者因称"义门先生"。

何焯一生，与康熙朝相始终，他博闻强识，少负盛名，却因生性耿直，得罪权贵，而际遇坎坷。康熙二十五年（1686）他以拔贡生进京，先后被尚书徐乾学、祭酒翁叔元收为门生，但因遇事直言强辩,不久就与徐、翁两人交恶,因此潦倒场屋,直到不惑之年也没能博得半点功名。康熙四十一年(1702),经李光地推荐,才得以在南书房供职。第二年御赐举人,参加礼部考试,未取,又赐为进士,改庶吉士,仍在南书房供职。不久,奉旨在皇八子贝勒府侍读,兼任武英殿纂修。三年后,因父亲去世,离官回乡。康熙五十一年(1712),再经李光地推荐,二次入武英殿校书,第二年授编修。康熙五十三年(1714)秋,受人诬陷入狱,圣祖览其邸中书信、典籍,查无失职觖望语,并称其为"读书种子",尽还其书,仅免官,仍在武英殿供职。出狱后,何焯修纂更加勤奋,即使严寒酷暑,也不懈怠。康熙六十一年(1722)去世,康熙赞美他"修书勤,学问好",追复原官,并赐侍讲学士。[①]

何焯著述宏富,然散佚尤多,其《诗文古籍》《语古斋识小录》《道古录》等书都已不传,现在传世的有《义门读书记》(以下简称《读书记》)五十八卷、《义门先生集》十二卷、《义门家书》四卷、《义门小集》一卷、《分类字锦》六十四卷(何焯、陈鹏年等奉敕撰)等。何焯批校的《文选》《困学纪闻》等书也有多个刻本。除此之外,还有数量巨大的批、校、题跋

①何焯生平见全祖望:《翰林院编修赠学士长洲何公墓碑铭》(见何焯著,崔高维点校《义门读书记》,北京:中华书局,1987年,第1278—1280页);沈彤:《翰林院编修赠侍读学士义门何先生行状》(见《义门读书记》,第1275—1277页);《清史稿》卷四百八十四《文苑一》(北京:中华书局,1977年,第13368—13369页);《清史列传》卷七十一《文苑传二》(见周骏富辑《清代传记丛刊》,台北:艺文印书馆,1986年,第104册,第837—840页)。

等资料，保存在相关古籍中。

何焯是清初著名的文献学家，平生尤其喜欢藏书、校书，他与藏书名家徐乾学、毛扆等人交往密切，因此能够见到许多孤本秘笈。他在吴中的时候，又经常与书贾来往，访购不少宋元旧椠及故家抄本，因此对于古籍版本很熟悉，用以作为校勘的材料也很丰富。且何焯通经史百家之学，其批校有很高的学术价值，全祖望称："其读书茧丝牛毛，其旁推而交通之，必审必核，凡所持论，考之无一语无根据。"① 因此，清人很早就开始吸收何焯的研究成果。清代最早大量采用何焯成果的是殿本两《汉书》和《三国志》，殿本《考证》中引用何焯之语不在少数。方苞于《奏重刻十三经廿一史事宜札子》中曰："前翰林院侍读学士何焯曾博访宋板校正《前汉书》《后汉书》、《三国志》遗讹，臣曾见其书，并求下江苏巡抚向其家索取原书，照式改注，别本送馆，原本仍还其家，毋得损坏。"②

何焯长于史部，其校勘、训释、史评、史论多为清代史家所注意。清沈钦韩《汉书疏证》引用何焯批校十九条，清王先谦《汉书补注》引用何焯批校四百六十余条，清吴卓信《汉书地理志补注》引用何焯《读书记》批校十二条，清周寿昌《汉书注校补》引用何焯批校十七条。清惠栋《后汉书补注》引用何焯批

---

① 全祖望：《翰林院编修赠学士长洲何公墓碑铭》，见《义门读书记》，第1278页。
② 方苞：《望溪先生文集》集外文卷二《奏重刻十三经廿一史事宜札子》，《续修四库全书》，上海：上海古籍出版社，2002年，第1420册，第565页。

校一百八十余条,清沈钦韩《后汉书疏证》引用何焯批校十二条,清王先谦《后汉书集解》引用何焯批校二百五十余条,清周寿昌《后汉书注补正》引用何焯批校十一条。清赵一清《三国志补注》引用何焯批校六百五十余条,卢弼《三国志集解》引用何焯评点近千条。钱大昕、梁履绳、陈立、李慈铭等学者也都对何焯的批校进行过引用和评论。[①] 将上列书籍中的何焯批校与《读书记》进行比对,就可以发现大部分的批校都是《读书记》中所没有的,这些清代学者所使用的资料,应该都来源于何焯批校本,或者何焯批校的过录本。

《读书记》中收《后汉书》批校七百余条,而北京大学图书馆所藏明崇祯十六年毛氏汲古阁刻本《后汉书》(索书号:LSB/7288)之上,有佚名过录何焯批校三千七百余条,差距悬殊。下文即根据北大本《后汉书》中的批校,讨论何焯史学评点、校勘的特点和价值,以期通过何焯了解清代前期学术发展的基本样貌。

二、何焯史评、史论的特点与价值

一般认为,古文评点是在宋代出现的一种文本批评方式,其基本特点有二:一是从细处着眼,品评文本的字句、章法,

_____

① 以上数据,均为笔者统计的结果。其中关于何焯《三国志》批校的数据,参见李铭《〈三国志〉何焯批校研究》,复旦大学硕士论文,2010年5月,第2页。

其品评往往非常精细,甚至到了琐碎的程度;二是这种分析有很强的实用目的,即揣测古人的作文之法以应付科举。从南宋时候开始,评点也逐渐被用于批评诗歌、笔记、小说,乃至于一些历史典籍。[①] 由于评点本为举业而设,因此历来对此评价不高。比如,明代古文大家归有光有一部五色圈点的《史记》行世,章学诚讥之曰:"偶于良宇案间见《史记》录本,取观之,乃用五色圈点,各为段落。反覆审之,不解所谓。询之良宇,哑然失笑,以谓己亦厌观之矣。其书云出自前明震川氏,五色标识,各为义例,不相混乱。若者为全篇结构,若者为逐段精彩,若者为意度波澜,若者为精神气魄,以例分类,便于拳服揣摩,号为古文秘传。"[②]

何焯的批校受到了宋明评点的影响,是评点传统的一种延续和发展。何焯早年曾醉心制义,与阎若璩都是海内选文名家,《清稗类钞·考试类》载:"阎潜丘,名若璩,初交何义门。何年二十四岁,日与议论时文。"[③] 因此其批校中偶尔有八股评文的习气,招致了后人很多批评。北京大学图书馆藏清刻本《义门先生集》卷三有眉批曰:"(何焯)一生喜读八股制义,于古今人学术不能窥其高远,好为讥评,多不中肯,故为

---

① 参见吴承学:《评点之兴——文学评点的形成和南宋的诗文评点》;林岗:《评点学的渊源》,见氏著《明清小说评点》,北京:北京大学出版社,2012年,第44—57页。

② 章学诚著,叶瑛校注:《文史通义校注》卷三《文理》,第286页。

③ 徐珂:《清稗类钞·考试类·何义门为不殿试之翰林》,北京:中华书局,1984年,第683页。

谢山、竹汀两先生所薄耳。"卷十二末批语曰："先生学术每为通人所诮,观全谢山、俞理初集所载,正不堪也。"[1]俞正燮《癸巳存稿》卷十四曰："何焯以时文名满天下,用批时文法批书。《读书记》中批《论语》'舜有臣五人'一章,云:'《大全》采陈定宇说,唐、虞、周平放,然后徐徐找出惟字、乃字口气,为下文二句收足难字转掖地,始八面俱到。《蒙引》存疑,以为主周言,斯者周也。妄生穿凿,试取经文一再读,果如伊所言否也。'阅至此令人失笑。……何又尝批有《困学纪闻》,于'天道千四百六十一分里之三百四十八'句批云:'句读未详。'按前文有三分里之一、四分度之一,句读相同,若未详,则先已未详,而独于此句批之,知其生平多欺心之学矣。"[2]

事实上,这样的评价并不符合实际情况。何焯博涉经史,学识广博,以《后汉书》批校来看,何焯批语内容包罗万象:有对于史实、历史人物的考论,对于史籍体例的评价,对于史文字句的训释笺疏,对于文旨的阐发,对于史注的补正,还有对于词章的评点等;其批语往往广引各家之说,在其基础上进行更进一步的研究和论述。可以说,何焯的《后汉书》批语,是一种重要的历史评论,而非简单的八股陈言。现对其基本

---

[1] 见何焯:《义门先生集》卷三,叶3b;卷十二,叶12。按,此处"竹汀"当为"竹垞"之误。钱大昕(号竹汀)未尝贬斥义门,反而肯定其功,《清史列传》卷七十一《文苑传二》(周骏富辑《清代传记丛刊》第104册,第838页)载:"钱大昕尝称其(何焯)考证《汉书》最有功。"而朱彝尊(号竹垞)与何焯颇有交恶。

[2] 俞正燮:《癸巳存稿》卷十四,《丛书集成初编》据连筠簃丛书本排印,上海:商务印书馆,1935年,第430—431页。

特点进行扼要地介绍。

（一）"知世论人"

历史是人物的历史，人物是历史的人物。《后汉书》是纪传体史书，人物是写作的重心。在何焯的批语中，有很多对于历史人物的评论。何焯评论历史人物，往往会将其置入历史事件中去；同时，何焯论史事，也往往不忘通过对人物的讨论来揭示历史的真相。此两者实则相辅相成。沈彤《义门何先生行状》中评何焯史论曰："凡题识中有论人者，必迹其世，彻其表里；论事者，必通其首尾，尽其变；论经时大略者，必本其国势民俗，以悉其利病，尤超轶数百年评者之林。盖先生才气豪迈，而心细虑周，每读书论古，辄思为用天下之具，故详审绝伦若此。"① 其讨论何焯史论特点极为肯綮，其评价何焯史论成就，也无虚美之嫌。

以论人讲，所谓"迹其世，彻其表里"，其实就是"知世论人"。比如，《后汉书》卷六十下《蔡邕传》云："中平六年，灵帝崩，董卓为司空，闻邕名高，辟之，称疾不就。卓大怒，詈曰：'我力能族人，蔡邕遂偃蹇者，不旋踵矣。'又切敕州郡举邕诣府，邕不得已，到，署祭酒。"对于蔡邕的不得已应征，何焯眉批曰：

> 陈留去洛阳近，伯喈所以不免于污染也。慈明之不

---

① 沈彤：《翰林院编修赠侍读学士义门何先生行状》，见《义门读书记》，第 1277 页。

得为康成也同。

蔡邕(伯喈)、荀爽(慈明)、郑玄(康成)俱为东汉末名士,董卓征召,蔡、荀不得已应之,而郑玄终未受招而保持了名士的清节。何焯以地理因素对此事进行了解释。据《后汉书》本传,蔡邕、荀爽皆有拒征的清名。荀爽甚至在党锢祸时"隐于海上,又南遁汉滨,积十余年",党祸解,"五府并招"而不应,[①] 排斥征召如此。然蔡邕乃陈留(今河南省开封市)人,荀爽为颍阴(今河南省许昌市)人,距洛阳近,因此较易在董卓的威胁下不得已而应招。而郑玄为北海高密(今山东省高密市)人,距洛阳、长安较远。《后汉书》曰:"董卓迁都长安,公卿举玄为赵相,道断不至。"[②] 亦以地理因素作为郑玄未得应招的原因。或许何焯对此语记忆尤深,则见其读书之细、记忆之强。何焯以地理因素作为汉末名士应招与否的重要原因,不简单以应招受污罪其人,可谓"迹其世,彻其表里"。

(二)善于进行历史归纳

以史为鉴,最难者不在于如何熟悉历史,而在于如何从纷繁复杂的历史事件中抽绎出历史的规律,即司马迁所谓"通古今之变"。唯有如此,才能在世事变迁之后,还可以通过对"故事"的分析解决"新事"。历史归纳,是何焯史论中比较精

---

① 见《后汉书》卷六十二《荀爽传》,第 2057 页。
② 《后汉书》卷三十五《郑玄传》,第 1209 页。

彩之处，然不同于赵翼《廿二史札记》的专门通过归纳法解明历史变迁，何焯的归纳往往随手为之，深度不够，也没有专门归纳形成专题，因此《义门读书记》所收不多，学者也都不甚重视。其实，若没有广博的学识，没有对历史的熟悉，没有一定的专注，那些文字背后的规律，一般阅读者是很难发现的。因此，何焯这些简单的归纳，往往对阅读者，甚至一些大学者都很有启发。沈彤谓何焯论史实"必通其首尾，尽其变"，不是虚言。如《续汉志》第二十六《百官志三》"少府"条载："御史中丞一人，千石。"本注曰："御史大夫之丞也。旧别监御史在殿中，密举非法。及御史大夫转为司空，因别留中，为御史台率，后又属少府。"对于御史中丞职属之变，何焯在眉批中论曰：

> 《魏志·鲍勋传》："黄初四年为宫正。"宫正即御史中丞也。是亦沿《周官·小宰》之意，特大夫不领，名实乖耳。西京属副相，犹得《周官》遗法，至东京转属少府，则三公不得问天子左右之人事，任轻而体统亵矣。

《续汉志》此处刘昭注曰："《周礼》：'(小宰)掌建邦之宫刑，以主治王宫之政令。'干宝注曰：'若御史中丞。'"[1] 又此处本注曰"旧别监御史在殿中，密举非法"，则西汉以前，御史中丞为御史大夫之副，实有督察百僚之权。西汉时，御史大夫变为司空，为外朝百官之统率；御史中丞留在内朝为御史台率。《后汉书》注引《汉书》曰："御史中丞，秦官，秩千石，在殿中兰

---

①《后汉书》志第二十六《百官三》，第3599页。

台,掌图籍秘书,外都部刺史,内领侍御史,纠察百寮。"①《续汉志》刘昭注引蔡质《汉仪》曰:"丞,故二千石为之,或选侍御史高第,执宪中司,朝会独坐,内掌兰台,督诸州刺史,纠察百寮,出为二千石。"② 按,"独坐"乃朝廷尊崇之意,《宣秉传》曰:"光武特诏御史中丞与司隶校尉、尚书令会同并专席而坐,故京师号曰'三独坐'。"③ 则汉御史中丞执行旧御史大夫之职权,权重位尊,何焯称为"副相",是也。东汉之后,御史中丞实为御史台长官,权位益重。然而改隶少府,成为皇帝之私,遂将三公架空。何焯谓"三公不得问天子左右之人事,任轻而体统褻矣",是也。御史中丞之主要权责是督查百官,而其一经改属少府,皇帝将此权收至己身,即有集权之趋势,反而为御史中丞权位之削弱埋下种子。周一良称:"自宋至梁,御史中丞之职迄不受重视。"④ 其不受重视,实则始于东汉其权势最盛之时。《后汉书》卷六十一《黄琼传》曰:梁冀被诛,"(黄)琼首居公位,举奏州郡素行贪污至死徙者十余人,海内由是翕然望之。寻而五侯擅权,倾动内外,自度力不能匡,乃称疾不起"。⑤ 前有外戚骄横,后有宦官专权,黄琼以"首居公位"而不能匡正,可见大势已去,难以挽回。

何焯明于制度,对东汉时百官职权之演变往往特别注意。

①《后汉书》卷二十七《宣秉传》,第 927 页。
②《续汉志》第二十六《百官三》,第 3600 页。
③《后汉书》卷二十七《宣秉传》,第 927 页。
④周一良:《魏晋南北朝史札记》,北京:中华书局,1985 年,第 148 页。
⑤《后汉书》卷六十一《黄琼传》,第 2036—2037 页。

如《续汉志》第二十五《百官志二》"光禄勋"条："旧有左右曹，秩以二千石，上殿中，主受尚书奏事，平省之。"何批曰：

> 左右曹省，而尚书之权归宦寺矣。

此条可与卷二十六《百官志三》进行对比，《百官志三》曰："侍中，比二千石。"何批曰：

> 侍中得人，则宦者之权自然抑损。

两条都是从制度上对东汉宦官专权的原因进行探索。按《汉书》卷十九上《百官公卿表》曰："侍中、左右曹、诸吏、散骑、中常侍，皆加官。……给事中亦加官，所加或大夫、博士、议郎，掌顾问应对，位次中常侍。"晋灼曰："《汉仪注》诸吏、给事中日上朝谒，平尚书奏事，分为左右曹。"① 据此，则左右曹以诸吏和给事中充任。给事中多为大夫、议郎、博士，且职供皇帝顾问应对，理应以士人为之。省左右曹，自然"平尚书奏事"的职责会旁落。何焯所谓"尚书之权归宦寺"，有一定的道理，却不尽然。钱大昕《三史拾遗》曰："昭宣之世，大将军权兼中外，又置前后左右将军，在内朝预闻政事。而由庶僚加侍中给事中者，皆自托为腹心之臣矣。"大将军权盛之时，可以庶僚加侍中、给事中，与闻政事，则制度上所谓"多为大夫、议郎、博士"，实际操作起来还是有所变通。制度之变迁，多是木已成舟，有其不得已处，而非制度先变，才对历史造成影响。这里有一个逻辑倒置的问题。集权制下，权力向心之势不可逆转。左右曹省并，实际由于尚书之责已经落于更亲近于皇帝之郎

---

① 《汉书》卷十九上《百官公卿表第七》，第739页。

官，左右曹已经形同虚设，而非如何焯所言。相对来讲，何批第二条就合理得多。《续汉志》第二十六《百官三》曰："侍中，掌侍左右，赞导众事，顾问应对。"刘昭注引蔡质《汉仪》曰："侍中、常伯，选旧儒高德，博学渊懿。仰占俯视，切问近对，喻旨公卿，上殿称制。"① 侍中得人，自可夺宦者之权。

又如，卷四十六《郭躬传》："躬少传父业，讲授徒众常数百人。"何批曰：

> 律亦讲授，故汉之吏治精。自明法之科罢，此风衰矣。

东汉虽称独尊儒术，然法制仍为吏治之根基，且与儒术独立，少受其影响。学者称汉时有"儒法合流"之倾向，法家势力自然可与儒者抗礼。疑汉朝法律自有其授受系统，何焯谓"律亦讲授"，是也。同卷前文曰："父弘习小杜律。"何焯眉批仅"小杜律"三字，说明此处应该注意。与前条相对，说明律法或亦如儒术，有家法、师承。后文曰："其后莽复征咸，遂称病笃。于是乃收敛其家律令书文，皆壁藏之。"何批曰：

> 伏生藏经，陈咸藏律。

益见儒、法之关系。东汉号称以儒术治国，然吏治苛刻一直是其痼疾。有学者称此或因为东汉遍地豪强，光武为抑制豪强，不得已而重用酷吏，重用法家。② 这种说法很有道理。然而，

---

① 《续汉志》卷二十六《百官三》，第 3593 页。
② 见陈苏镇：《〈春秋〉与"汉道"：两汉政治与政治文化研究》，北京：中华书局，2011 年，第 486—513 页。

或许还有一个重要的原因，使得"以法治国"成为可能，那就是秦以来绵延不绝之法家传统，《后汉书》卷六十二《钟皓传》曰其"为郡著姓，世善刑律"，当时传刑律之家应不在少数。即法家还有非常强大的社会根基，并不像某些人所想像的那样全然"独尊儒术"。

此时儒术是逐渐由上至下向社会渗透的，这个趋势也为何焯所察觉。卷七十七，何焯在《董宣传》之末尾批曰：

> 董宣、何并之流不当列之《酷吏》，李章亦惟在千乘时诛斩盗贼过滥，非任喜怒、多诛灭也。而范首及此三人，盖以建武吏事刻深，上好下甚，则必有入于酷者。明中兴之美，坐是未尽耳。然窃谓东京《酷吏传》可以不立。

此条主体乃是评论范晔《酷吏传》的体例，属于"评史籍"的内容，但史书体例的变化多是由于历史本身发生了变化。何焯以为"东京《酷吏传》可以不立"，并称董宣、何并、李章等皆非"任喜怒、多诛灭"的真正的酷吏，这显然是将东汉与西汉进行了对比，发现东汉时酷吏不仅数量开始减少，而且有习儒之趋势。阎步克《士大夫政治演生史稿》说："这里还可做一个有趣的比较。《史记》《汉书》所载西汉之酷吏约十五人，其中郅都等十一人在景、武时，此后仅田广明等四人，他们全为文吏。而《后汉书·酷吏传》记酷吏七人，为西汉之一半不足。而且其中董宣以刚直著称，号'强项令'，下狱后'晨夜讽诵'，当系儒生；李章'习《严氏春秋》，经明教授'，黄昌曾'就经学'，王吉'好诵读书传'。只有樊晔、周纡、阳球，好申韩。

而且周缌、阳球搏击宦官,与儒生实近一党。何焯论此《传》,'董宣、何并之流,不当列之酷吏',甚至'窃谓东京《酷吏传》可以不立'。酷吏之儒生化,也不妨说成是儒生的酷吏化。儒生不但掌握了文吏之技能,甚至有时还表现出了类似的执法不苟、严苛酷烈之风。较之西汉,他们已'纠之以猛'了。"[①] 所言较何焯为深刻,然亦不能说没有受到何焯的启发。

(三)评骘史文

何焯的批语中,还有很多批评《后汉书》的历史书写的。历来评论史籍,不外乎评其占有、甄别、剪裁史料的能力和书写记事的技巧,以及分析史家对于历史事件和历史人物所持的观点、态度等。刘知几将这些评论史学著述的标准总结成"才、学、识"三端,[②] 后学虽有补益者,然亦不出此范畴。以《后汉书》批语来看,何焯对于《后汉书》的评价,大致也是以此展开的。

如卷七十八《宦者列传》:"诏宦官养子悉听得为后,袭封爵,定著乎令。"何批曰:

> 郑众已养子袭封,至是又十九人皆然。此衰亡之本,曹氏基以代汉者也。宜书于纪。

外戚、宦官专权是东汉中后期中央政治的最大问题,其后果就

---

①阎步克:《士大夫政治演生史稿》,北京:北京大学出版社,1996 年,第450—451 页。
②《旧唐书》卷一百二《刘子玄传》,北京:中华书局,1975 年,第3173 页。

是使得三公被架空，逐渐沦为外朝官，不得与闻朝野大政；中朝、内朝尚书，权势渐隆。此实乃中国官制变迁之一重要关口。东汉宦官权势之盛，权舆于郑众之"养子袭封"，[①] 何焯称此乃"衰亡之本"，且"宜书于纪"，很有见地。

这是对于史籍体例的评论，讨论的是如何编排史料。同样的批语还有同卷卷末，何焯对范晔《宦者列传》有个整体的评价：

> 董贤负乘，莽得窃柄，故西京佞幸，关系存亡。东都则黄巾蚁聚，群雄龙战，皆由宦者流毒。废马班佞幸前例，独著宦官，庶乎识变。

称范晔废《佞幸传》而著《宦者传》，乃是"庶乎识变"，是也。至于何焯所言"东都则黄巾蚁聚，群雄龙战，皆由宦者流毒"，赵翼《廿二史札记》卷五"宦官之害民"条曰："由是流毒遍天下，黄巾贼张角等，遂因民之怨起兵为逆矣。"[②] 所言也与何焯之论相当。

所谓"史识"，多指史家对于历史人物、历史事件所持的观点和态度，一般在史书论赞中有集中的体现。何焯对于范晔论赞的批评不少。如卷四十七《班梁传论》曰："时政平则文德用，而武略之士无所奋其力能，故汉世有发奋张胆，争膏身于夷狄以要功名，多矣。祭肜、耿秉启匈奴之权，班超、梁慬

---

① 《廿二史札记校证》卷五"东汉宦官"条亦曰："和帝……乃独与宦者郑众定谋收宪，宦官有权自此始。"赵翼撰，王树民校证：《廿二史札记校证》，北京：中华书局，2010年，第108页。

② 《廿二史札记校证》卷五，第112页。

奋西域之略,卒能成功立名,享受爵位,荐功祖庙,勒勋于后,亦一时之志士也。"①不论班超治夷之法,专言"享受爵位"、"勒勋"、"荐功"之事,立论亦不甚高,因此何焯曰:

> 梁慬有战功无将略,非仲升之伦。其在西域尚不及宜僚也。

何焯所言很有道理。范晔将班、梁并列,不知其高下,亦见其无识。大概范晔以成功立名作论,初无意于班超之治策与将略。相似者,又如卷十三《隗嚣传论》,何焯批曰:

> 范氏所见如此,故终以判诛。

此处范《论》的核心是表彰隗嚣能以区区陇西、天水两郡,抵御光武之锋芒,身殁众解,至死不屈,并称隗嚣若生能逢时,"虽坐论西伯,岂多嗤乎"。②对隗嚣评价颇高。其实,根据范晔《隗嚣传》,根本得不出此种结论。一、隗嚣初起兵于天水之时,因好经书,素有名而被推为将军。嚣又能谦恭下士,因此,能得郑兴、王遵、王元等人,隗嚣一生善政,可谓止于此。二、隗嚣生性疑忌,胆小寡恩,非霸王之器。更始帝君臣残暴,不改盗贼之旧,败亡之迹显著,隗嚣投奔之,方望固止,而隗嚣不听。其季父隗崔、兄隗义谋欲叛更始归,"嚣惧及祸,即以事告之,崔、义诛死"。③更始败,隗嚣反复于光武、公孙述之间,不知去就,亦不图远略。其子在汉为质,而侵三辅,败退,与汉书

---

①《后汉书》卷四十七《班梁列传》,第1594页。
②《后汉书》卷十三《隗嚣传》,第532页。
③《后汉书》卷十三《隗嚣传》,第520页。

曰："昔虞舜事父，大杖则走，小杖则受。"自以为虞舜，以光武为瞽叟，轻慢狡诈，竟使汉诛杀其子。全然小人行径，郑兴、王遵，前后去焉，宜乎其不得令终也。三、隗嚣并无将略，数次成功，皆赖王遵、王元之力。光武讨之，不能遽竟其业，乃因陇地"表里河山"，[①] 得其地利也。四、隗嚣不明去就。嚣初起兵时，在方望建议下才"神道设教"，以"兴辅刘宗"为名。后投更始而更始败，光武再三招纳，而徘徊于蜀、汉之间。苏辙曰："隗嚣初据陇坻，谦恭下士，豪杰归之，刑政修举，兵甲富盛，一时窃据之中，有贤将之风矣。然圣公乘王莽之败，拥众入关，君臣贪暴，不改盗贼之旧，败亡之势，匹夫匹妇皆知之矣。而嚣举大众，束手称臣，违方望之言，陷诸父于死地，仅以身免。及光武自河北入洛，政修民附，贤士满朝，群盗十去六七，而嚣惩既往之祸，方拥兵自固，为六国之计，谋臣去之，义士笑之。而嚣与王元、王捷一二人，以死守之。始从圣公而不吝，终背光武而不悔，去就之计，无一得者，至于杀身亡国，盖不足怪也。……隗嚣、刘表，雍容风议，皆得长者之誉，然其败也，皆以去就不明失之。"[②] 同卷中，何焯引李光地论隗嚣曰：

归更始逐时太急，背光武观几太迟，两失之。

亦是说隗嚣不明去就。如此隗嚣，何以"作论西伯"？何焯评范晔"所见如此，故终以判诛"，对于范晔行了非常严厉的批评。

---

① 《后汉书》卷十三《隗嚣传》，第 525 页。
② 苏辙撰，曾枣庄、马德富校点：《栾城后集》卷八，上海：上海古籍出版社，1987 年，第 1230—1231 页。

（四）补正史注

《后汉书》李贤注与《续汉志》刘昭注补素来号称史注之善者，然亦白璧微瑕，偶有漏误。何焯批语中多有补正。如《续汉志》第二十六，少府之官有"兰台令史，六百石"，何焯眉批曰：

> 《前书·百官公卿表》御史中丞在殿中，兰台掌图籍秘书。《桓纪》延熹二年初置秘书监官，注引《汉官仪》"秘书监一人，秩六百石"。其官当列中丞下，属于少府。而此志遗之，刘氏注补于太常博士之下，则非也。

《百官志》无"秘书监"。《桓帝纪》延熹二年："初置秘书监官。"李贤注引《汉官仪》曰："秘书监一人，秩六百石。"皆不言秘书监之所属。《百官二》太常博士官，刘昭注曰："《本纪》桓帝延熹二年，置秘书监。"意在说明秘书监当属太常。何焯引《百官公卿表》说明秘书监官当属少府，刘昭补注于太常博士下，非。《后汉书》卷六十二《荀悦传》："献帝颇好文学，悦与彧及少府孔融侍讲禁中，旦夕谈论。累迁秘书监、侍中。"不言太常，亦未闻以博士领秘书监，则秘书监似应属少府。又魏时置秘书监，专掌艺文图集之事，初属少府，应是沿袭东汉之旧。《通典》曰秘书监属太常，不知所据，或以刘昭注系之于太常博士而言也。[1]何焯此条，虽不能遽论其是非，然提示学者当重新思考此问题。

---

[1] 杜佑撰，王文锦等点校：《通典》卷二十六《职官八》，北京：中华书局，1992年，第732—733页。

除《后汉书》以外，何焯还曾批过《史记》《汉书》《三国志》《南史》《北史》《五代史》等正史，《史通》等史学理论著作，《华阳国志》《中吴纪闻》等其他史书和《水经注》等地理著作，其中的史评史论往往不乏真知灼见。这些史评、史论，不仅对我们阅读和理解史书有所帮助，更是研究明清一般学者史学理论和史学思想的重要材料，具有极高的史料价值。

从学术史的角度来看，清代学术的代表一般认为是考据学，即依托于文字、音韵、训诂等小学上的高超成就，以版本、目录、校勘为基本的学术手段，通过考订文本来辨证是非。史学考据的代表作有钱大昕的《廿二史考异》、王念孙《读书杂志》中的《国策》《史记》《汉书》部分等。而像王夫之《读通鉴论》《宋论》、赵翼《廿二史札记》等书，则是纵论史事、人物、制度、史学等内容，可以看做宋明史学评论的延续和发展。从这个角度来讲，何焯也是宋明史评史论传统的继承者，他的评论，对于后代研究者都颇有启发，值得我们作更完备的发掘和整理。

三、何焯校勘学的特点与历史地位

除史评、史论之外，何焯也在校勘学上取得了一定的成绩，张之洞《书目答问》"校勘之学家"以何焯为首，① 汪绍楹

---

① 张之洞撰，范希曾补正：《书目答问补正》附录二《国朝著述诸家姓名略总目》，上海：上海古籍出版社，2001年，第267页。

曰 :"清儒……校勘,实衍义门昆仲之绪余。"[1]邓之诚曰 :"何
焯校勘之学,实为精绝,非后来对本宣科者所能梦见。"[2]都肯
定了何焯在校勘学上的开创之功。下文以北大本《后汉书》
中的批校为例,讨论何焯校勘学的特点。在讨论何焯的校勘
学之前,需要先对何焯所阅读和批校的《后汉书》的底本进行
简单的介绍。

目前较易见的何焯批校本《后汉书》一共有五部,分
别是 :

(1)北京大学图书馆藏明崇祯十六年毛氏汲古阁刻本 :
这是本章要重点评述的本子。该书上的批校都是用朱笔过录
来的,分析笔迹,过录者有三人 :卷首至卷八十三、志第十五
至三十为一人所录,其书法较劣;卷八十四至九十为第二人
所录,字迹端妍;志第一至十四为第三人过录,字迹瘦硬精
工。另外,本书卷五十八,卷七十一至七十五等处还有一些
墨笔过录的惠栋《后汉书补注》的文字,这几卷中也有一些朱
批,颜色鲜红,不同于原过录笔迹的暗红,应该是后来加上的。
期间偶尔有 "蠡舟按" 云云,据此推测这些朱批可能是清代道
咸年间的书画家汪范(字蠡舟)所为。

(2)上海图书馆藏明嘉靖(1522—1566)汪文盛刻本(索
书号 :线善 T10343—62):存《后汉书》五十八卷(《帝纪》卷

---

①汪绍楹 :《阮氏重刻宋本十三经注疏考》,《文史》第 3 辑,第 54 页。
②邓之诚 :《清诗纪事初编》卷三,周骏富辑《清代传记丛刊》,第 20 册,
　　第 353 页。

1—12、《列 传》卷 1—5、27—29、33—48、51—52、55—59、64—88)，存《续汉志》二十四卷（卷 1—11、18—30)。题"清何焯校"，但仅有数条批语，字迹颇不类何焯书法，应非何焯手批。

（3）上海图书馆藏明天启七年（1627）云林积秀堂刻明陈仁锡评本（索书号：线善 797327)：此书上的朱笔何批是清谢浦泰（1676—? ）所过录，谢氏小楷精工，极为悦目。书后有谢氏蓝笔题跋，曰：

> 《后汉书》一百二十卷，有吴郡善本，系义门何先生批阅。金星辂借得义门藏本，宋尉如复借得星辂藏本，转相临摹，余复借宋子藏本，亲自点勘，始于甲寅之春，至乙卯之秋□竟，圈点引据，□我滋多。其中七十三卷至七十九卷系门人黄肇锡所阅。一卷至十卷，一百十三卷至一百十九卷系男安澜所阅。重阳前一日闻□□下旬大行骑龙，皇帝登宝，而恤民勤政之诏络绎而下，草野老人，不觉感恩泣下。此书适成，并志。时雍正十三年九月十九日。太仓谢浦泰惺廑氏书。时年六十岁。

跋后有谢氏"得闲居士"朱方印。谢氏详述辗转临摹何批的经过，可知此本上的何批其来有自。这个本子上的何焯批校与北大本的基本相同，两者应该都比较接近何批的本来面目。

（4）上海图书馆藏明天启七年（1627）云林积秀堂刻明陈仁锡评本（索书号：线善 816534—73)：该书上有朱墨蓝三色批校，根据书中题跋，墨笔、蓝笔都是过录者校录其他刻本的佚文，朱笔一部分是过录的何焯批校，一部分是过录者自己的批校，《续汉志》部分还引用了大量卢文弨批校，有很高的文献价值。过录者署名"吾尽因"，生平不详。此本所录何焯批校的内容，也与北大本基本相同。

（5）国家图书馆藏明崇祯十六年（1643）毛氏汲古阁刻本（索书号：S0726）：题"清王秉恩过录钱泰吉临何焯校"，然而批校并不多。

以上五种版本都是过录本，何焯手校本恐早已散佚，但何焯批校的底本可以确定是晚明毛氏汲古阁刻本。北大藏汲古阁本末尾有何焯跋文曰：

> 康熙辛巳（康熙四十年，1701）首夏，于召伯舟中阅完《续汉志》三十卷，毛氏《后汉书》所据之本远不逮班书，舟行，又无从假他本互校，姑俟南归再阅云。焯识。

此跋即说明何焯所阅者为汲古阁本。南宋刻麻沙本乃汲古阁本的底本，因此两本相合者多，这恐是何焯对校中仅有 5 条麻沙本异文的原因。北大本目录后有何焯朱批：

> 本宅依监本写作小
>
> 板大字鼎新开雕的
>
> 无只字舛讹幸天下
>
> 学士精鉴隆兴二祀
>
> 冬至麻沙刘仲立咨

第一卷末有何焯朱批：

> 武夷　吴　骥　仲逸　校正

这两处题记都是麻沙本所有，何焯定然得见麻沙本，且认为汲古阁本应该保留这两处记载。

　　据此牌记可知麻沙本的底本是监本，许利平定其为熙宁监本（或称"嘉祐本"），[①] 则此本和百衲本所用南宋绍兴本（或称"两淮江东转运司本"）为同一底本。一般认为，坊刻本乃商人趋利所为，其质量难以保证。然为吸引买者，坊本往往有其他参校本，则其异文是刊刻疏忽所致还是别有所据，很难定夺，坊本的质量，也不可一概而论。比如《后汉书》汲古阁本源于绍兴本，但从张元济《后汉书校勘记》来看，此两本文字互有异同且各有短长，其实很难遽断孰优孰劣。汲古阁本可能已是何焯所能见到的最佳版本了。清末王先谦作《后汉书集解》亦用汲古阁本作底本，且多引何焯批校，可见何焯校读《后汉书》的底本选取是受到学者认可的。本章选择北大所藏何焯批校本《后汉书》作为研究对象，首先是因为这个本子上何焯的批校比较接近何批原貌，其次就是因为这个《后汉书》的版本也是何焯当时阅读的版本。

　　北大本《后汉书》卷九十的卷末有一条何焯题跋，曰：

　　　　初读此书，嫌其讹谬为多，及观刘氏《刊误》诸条，乃知在北宋即罕善本，缘前人重之不如班书故也。

指出，相对于《汉书》来说，《后汉书》较为不受后人重视，因此善本罕见，文字谬误颇多。因此，何焯为校勘《后汉书》花费了很大的精力。北大本《后汉书》上的三千七百余条何焯批校中，有一千六百余条是关于校勘的，以这些材料来看，何

---

①许利平：《后汉书版本研究》，西北大学历史学系硕士论文，2009年，第39页。

焯校勘的特点和成就有：

（一）广求众本，尤重宋椠

何焯与藏书家毛扆、徐乾学等人交往密切，又在武英殿校书二十多年，因此能够见到许多孤本秘笈，他在吴中的时候，又经常与书贾来往，访购不少宋元旧椠及故家抄本，因此对古籍版本很熟悉，用来校勘的材料也很丰富。

在《后汉书》的批校中，何焯使用的底本是汲古阁本，最主要的参校本是几个残宋本，何焯以这几个残宋本与汲古阁本对校，校出异文218条。这几个残宋本今天皆已亡佚，我们仅能根据何焯过录的异文了解其概貌。除几个北宋本外，何焯还以南宋蔡琪一经堂刻本校出异文52条，以南宋麻沙本校出异文5条，以一种元刻本校出异文2条，以明代嘉靖南监本校出异文23条，以明代汪文盛刻本校出异文24条。另有一些参校本未写明版本，只说"一刻作某"、"他本作某"或"近刻作某"，何焯以这些本子校出异文50条。以上这些异文大都不载于《义门读书记》。《读书记》中的七百余条《后汉书》批校中，关于校勘的仅有九十余条，《读书记·凡例》曰：

> 义门校勘最精，一字一画都不放过。然坊本承讹袭谬，苦难逐一举正。惟《河东》、《南丰》二集善本难得，不厌从详。[1]

说得很明白，编者嫌其烦多，并未将这些校勘材料收入书中，

---

[1]《义门读书记·凡例》，见《义门读书记》，第1页。

因此，我们当然就不能仅据《读书记》对何焯的校勘学进行评价了。

这些批校中，最有价值的就是何焯记录的几个残宋本异文。何焯每次用宋本校毕，皆有题跋记其事。卷九末批语曰：

> 康熙甲午，心友弟得包山叶氏所藏残宋本第三卷至此卷之半，以所校字写寄，因改正数十处。[①]

卷五十七末批语曰：

> 自四十五卷至此，以北宋残本灯下手校。时康熙癸巳阳日义门潜夫记。[②]

志第六卷末批语曰：

> 自《律历志》至此卷，康熙癸巳偶得北宋小字残本，冬日灯下手校一过，版至精好，尤明小学，有"孝友之家"、"凤来斋"藏书印，不知出于谁氏也。义门何焯记。[③]

志第三十卷末批语曰：

> 自二十三卷至此，癸巳冬日得北宋残本校。

根据这些题跋和批校原文可知，何焯据残宋本校勘者凡二十五卷：

---

① 本跋又见于《义门先生集》卷九，文字稍异。此处所谓"第三卷"，实乃《后汉书》卷二，因卷一分上下，故何焯以卷二为第三卷。且第三卷有据宋本参校多处可证。

② 何焯所称为《列传》之四十五，其实即《后汉书》卷五十五、五十六、五十七。

③ 本跋又见于《义门先生集》（北京大学图书馆藏清道光三十年姑苏刻本）卷九，文字稍异。

卷2—9八卷,康熙甲午(康熙五十三年,1714)据包山叶氏所藏残宋本校;

卷55—57三卷,康熙癸巳(康熙五十二年,1713)据北宋残本校;

志1—6六卷,康熙癸巳(康熙五十二年,1713)据北宋小字残本校;

志23—30八卷,康熙癸巳(康熙五十二年,1713)据北宋残本校。

其中,卷2—9何焯所用乃其弟何煃残宋本的校字,[①]亦即今日所谓"校勘记",并非直接对校。后十七卷皆是何焯在康熙五十二年据"北宋残本"对校,何焯评价此宋本"版至精好,尤明小学",对待其异文也非常审慎。

(二)备列异文,谨慎改字

由于何焯校读的是明末刻本的书,对他来讲算是近刻,并不珍贵,因此,校读之时,他会在原文用朱笔径直改字,比如《后汉书》卷七《桓帝纪》曰"和平元年春,正月甲子,大赦天下。改元和平,己亥,诏曰"云云,何焯改"亥"为"丑",并在书眉批曰:

若以甲子赦,则己亥归政当在二月,疑日有误。○宋本"己丑"。

---

① 何煃(1668—1745),字心友,一字仲友,号小山,一号何仲子,清代藏书家,校勘学家。

以何焯语气，似乎是先发现史文之误，而后见宋本而改字。张元济《后汉书校勘记》载，汲本、殿本、汪本、北监本、大德本、正统本皆作"己亥"，唯绍兴本作"己丑"，备注："上言甲子，不应有己亥，宋本是。○《考证》疑日讹。"[1] 黄山《后汉书集解校补》曰："袁《纪》作'己丑'，《通鉴》作'乙丑'，当以《通鉴》为正。"[2] 中华点校本即从《校补》说，改绍兴本"己丑"作"乙丑"。[3] 然宋本及袁宏《后汉纪》皆作"己丑"，恐自有来历，何焯改从宋本，有理有据，是也。《通鉴》"乙丑"不知所据何书。然匡正《后汉书》文字，当以本书异文为主，以他书异文为辅，《校补》及中华本据《通鉴》改《后汉书》，未必可从。此处宋本异文，有很高的文献价值。

然而，多数情况下，何焯并未改字，而是备列异文。如《后汉书》卷四《殇帝纪》曰："光禄勋河南吕盖为司徒。"注曰："盖字君上，宛陵人也。"何焯在"宛"字右上角标"⌐"，并批曰：

　　　　宋本"宛"作"苑"。

中华本以绍兴本为底本，第201页《校勘记》曰："'宛'，原讹'苑'，径改正。"《郡国志》河南尹有菀陵，丹阳郡有宛陵。[4] 吕

---

① 张元济：《后汉书校勘记》，北京：商务印书馆，1999年，第41页。张氏所谓《考证》，为殿本二十一史之《考证》，又称《殿本考证》。
② 见王先谦《后汉书集解》卷七《桓帝纪》之《校补》，叶1b，王氏虚受堂民国四年（1915）刻本。
③《后汉书》卷七《桓帝纪》，第295、322页。
④《续汉志》第十九《郡国一》，第3389页；《续汉志》第二十二《郡国四》，第3486页。

盖为河南人,当作"菀陵"。古"菀"与"苑"通。作"宛陵"则为丹阳郡人,非。两宋本是。何焯虽未改字,然保留宋本异文,对于后人校勘,弥足珍贵。

又如卷二《明帝纪》曰:"石椁广一丈二尺,长二丈五尺,无得起坟。"注曰:"长三丈,五步外为小厨,财足祠祀。"何焯眉批曰:

"外"上宋本有"出"字。

张元济《校勘记》21页载:"绍兴本有'出'字,殿本无。"中华本128页《校勘记》曰:"各本无'出'字。"中华本底本为绍兴本,则今所见各宋本唯绍兴本有"出"字,何焯此处所谓"宋本",或即绍兴本。此处各家无说,中华本《校勘记》唯列异文,是因为其文字难以取舍。有"出"无"出",似乎于文意并无太大影响。然何焯列出异文,亦有助于后人得见宋本面貌。

又如,卷四《殇帝纪》:"秋七月庚寅,敕司隶校尉、部刺史。"注曰:"十二人各主一州。"何焯眉批曰:

"十二",宋本作"十一"。

张元济《校勘记》第29页载:"绍兴本、汪本、正统本作'十一',北监本、汲本、大德本作'十二'。"备注曰:"宋本(绍兴本)似亦作'二',但板损减一,《百官志》作'十二人'。"据《郡国志》东汉有十二州刺史部,分别是:豫州、冀州、兖州、徐州、青州、荆州、扬州、益州、凉州、并州、幽州、交州。此处原文曰:"孝武帝初置刺史十三人,秩六百石,成帝更为牧,秩二千石。建武十八年复为刺史,十二人各主一州,其一州属司隶校尉。"又据《百官志》，则此处当作"十二"，原文不误，不应改字。何焯未改字，是也。

　　这里即可以看出，何焯对于宋本，既重视，又不像后来一些版本学家那样佞宋。《续汉志》第二十二卷末，何焯关于宋蔡琪一经堂本（以下简称"蔡本"）的题跋，可以很清楚地说明何焯不迷信宋本的态度。其跋曰：

　　　　自十九卷至二十二卷，康熙丁酉祗役武英书局，偶见不全宋嘉定戊辰建安蔡琪纯父一经堂开雕大字本，有丛书堂印，心以为必佳，因从典掌者乞以校对，则舛误可为愤叹。又《律历志》之前直删去刘宣卿注补本序，每卷平列大字二行云"宋宣城太守范晔撰，唐章怀太子贤注"，竟不知诸志从孙宣公之请，始取司马绍统《续汉志》补蔚宗之阙，章怀但注纪传，淳化所刊止于九十卷尔，其愦愦贻误后人，真市贾之下劣者。识之以见宋本亦有不足据信如此，非敢为讦激也。七月既望，义门老民书。①

蔡本（八行行十六字）是南宋庆元黄善夫、刘元起本（八行行十八字，简称"庆元本"）的翻刻本，之后的元代白鹭洲书院本是蔡本的覆刻本，在这一版本系统中，蔡琪本承上启下，具有一定的研究价值。但是单从异文的角度来说，因庆元本还多有留存，因此此本价值自然削弱许多。而且以《续汉志》卷19—22何焯记载的蔡本异文来看，蔡本质量确实不高。何焯

————————
① 本跋又见于《义门先生集》卷九，然误字较多。

对蔡本进行了猛烈的抨击,至乃称其为"市贾之下劣者",实乃实事求是之言。北大本同叶又有无名氏眉批曰:

> 近日知此者不足为博,以诸先生记之者多耳。在彼时能作此语,足见其考证之精。

何焯生于清前期,能够不佞宋,对版本做出科学可靠的评价,足见其在版本、校勘学上都有颇深的造诣。

以上讨论的是宋本的情况。何焯用于参校的除宋本外,还有几个明本,主要是嘉靖南监本(以下简称"嘉靖本",何焯批校中或称"嘉靖南监本"、"嘉靖南雍本"、"雍本")和汪文盛刻本(以下简称"汪本")。

嘉靖新刊《三史》(《史记》、《汉书》、《后汉书》)的底本都是庆元本,且对庆元本的注文有删削。北大本《后汉书》卷九十末何焯题跋曰:

> 嘉靖中南京国子监刊者,注经删削,此(指汲古阁本)犹完书,故是一长。其旧本不差,此复滋谬之字,略为随文改定云。康熙辛巳中秋后题于保定行台西序。焯。

其间已经指出了嘉靖本之短。何焯校出的异文,嘉靖本有 23 条,汪本有 24 条,而今日以此两本与汲古阁本对校,其异文的数量远远大于这两个数字。这都说明何焯不甚重视此两本,因此未做仔细的校勘。

(三)四种校勘方法的熟练使用

除了何焯最擅长的对校以外,何焯还能够熟练使用本校、他校和理校法。特别是,何焯长于史学,尤其熟于两《汉书》

和《三国志》，因此，在本校的时候，能够得心应手。比如，《后汉书》卷四十一《宋均传》："宋均，字叔庠，南阳安众人也。"何焯以朱笔改"宋"为"宗"，并有眉批曰：

> 按：《党锢传》注引《谢承书》云："宗资字叔都，南阳安众人也。家世代为汉将相名臣。祖父均自有传。"则"宋"字传写讹也。《南蛮传》中叙受降事，正作谒者宗均，此即见于本书，可参校定之。

此是据《后汉书》卷八十六《南蛮传》之本证，及卷六十七《党锢传》注引《谢承书》改《后汉书》原文，后者亦可看做本证。王先谦《集解》曰："《通鉴》胡注：'宗均，《后汉书》作宋均。赵明诚《金石录》有《汉司空宗俱碑》。按《后汉·宋均传》，均族子意，意孙俱，灵帝时为司空。余尝得宗资墓前碑龟膊上刻字，因以《后汉·帝纪》及《姓苑》、《姓纂》诸书参考，以谓自均以下，其姓皆作宗，而列传转写为宋，误也。后得此碑，益知前言之不缪。'《党锢传》注引《谢承书》云：'宗资字叔都，南阳安众人也。家世为汉将相名臣，祖父均，自有传。'则'宋'字传写误也。《南蛮传》中叙受降事，正作'谒者宗均'。此即见于本书可参校者。《广韵》宗姓，周卿宗伯之后，出南阳。《论衡·程才篇》东海宗叔犀，即此宗叔庠也。张说《宋璟遗爱颂》：'尚书东汉之雅望，黄门北齐之令德。宋氏世名，公济其美。'盖指均与宋钦道也。然则此传'宗均'讹为'宋均'，自唐已然。"[1] 王氏之言自"宗均，《后汉书》作宋均"

---

[1]王先谦：《后汉书集解》卷四十一《宋均传》，叶 13b—14a。

至"益知前言之不缪"乃引自《通鉴》卷四四之胡注。《党锢传》注"至"可参校者",显系引自殿本《考证》何焯说,而王氏未注明出处。《广韵》宗姓"之后,乃王氏之语。王氏据张说《宋璟遗爱颂》证明"宗"讹为"宋"自唐已然。中华本《校勘记》曰:《通鉴》胡注引张说《宋璟遗爱颂》,证明'宗均'之讹为'宋均',自唐已然。"①这是未检《通鉴》原文,而误以王说为胡注。《后汉书》"宗"之讹为"宋",可成定论。②何焯的校勘意见,显然对于是正《后汉书》的史文有很大的助益。

又如,卷六《冲帝纪》:"永嘉元年春正月戊戌,帝崩于玉堂前殿。"何焯曰:

> 永嘉,宋史庆长以邛州蒲江县发地所得石刻作"永熹",定为"永喜"之误。案:《左雄传》中有"迄于永熹,察选清平"之文,则"永嘉"者,"永熹"之误也。

本条是据宋史中所载石刻史料及《后汉书·左雄传》的本书材料以断史文之讹。此出土石刻不见于《宋史》,王先谦《集解》引何校,又引钱大昕曰:"史绳祖《学斋占毕》记淳熙二年邛州蒲江县上乘院僧辟地,得古窆封石,有文二十九字,云:'永熹元年二月十二日,蜀郡临邛汉安乡安定里公乘校官橡王幽,字珍儒。'绳祖大夫勒斋先生子坚跋之,略云:'永熹之号,

---

① 《后汉书》卷四十一之《校勘记》,第 1422 页。

② 又可参考岑仲勉《元和姓纂四校记》卷一上平声二冬"宗"(上海:商务印书馆,1948 年,第 97 页);陈垣《中国佛教史籍概论》卷一《历代三宝记》(北京:科学出版社,1955 年,第 8—10 页);牟发松《汉唐间的荆州宗氏》(《文史》第 44 辑)。

不见于《史》《汉》。冲帝即位改元，史传相承以为永嘉，熹、嘉文字易乱，一年而改，见于它传者几希，非此刻出于今日，孰知冲帝永嘉之为永熹也？'"又引惠栋曰："袁宏《纪》作'元嘉'。"①则何焯所见，或与钱大昕同。冲帝一年改元，《后汉书》记为"永嘉"，袁宏《后汉纪》讹为桓帝之年号"元嘉"。出土石刻乃汉人故物，可以信从；又《左雄传》作"永熹"，据此可断定史文之讹。然何焯未改字，可能是因为没有直接的版本依据。

何焯素来以博学著称，他用来校勘《后汉书》的他书材料主要有《汉书》《三国志》《魏书》《后汉纪》《魏氏春秋》《通鉴》《汉官仪》、旧抄《广川书跋》《水经注》《说文解字》《广韵》《文选》，偶尔还有吉金、石刻材料等。何焯据他书改字者很少，且其改字多有版本依据，或为讹误明显的情况。如卷九《献帝纪》曰："董卓部曲将李傕、郭汜、樊稠、张济等反。"何焯改"汜"为"氾"，并有眉批曰：

> 潘岳《西征赋》作"傕、泛"，则"氾"字从"巳"，从"巳"者非。

张元济《校勘记》第 50 页曰："绍兴本、汲本、汪本、北监本、正统本、大德本作'汜'，殿本作'氾'。"备注："殿本后亦作'汜'。"今日所见各汲本皆作"汜"。而王先谦《集解》作"氾"，②且未出任何校记。中华本《校勘记》曰："汲本'汜'

①见王先谦《后汉书集解》卷六《冲帝纪》，叶 14b。
②见《后汉书集解》卷九《献帝纪》，叶 3b。

作'汜'，殿本前作'汜'，后又作'汜'，不一律。按：《通鉴》作'汜'，胡注汜音祀，又孚梵反。然则作'汜'或'汜'，初无一定，亦犹汜水之又作汜水矣。"①中华本与《集解》本所见之"汲本"不知藏于何处？或者《集解》误，中华本因之？何焯此处引西晋文学家潘岳的《西征赋》来证明汲古阁本史文之非。《西征赋》各本皆作"泛"，"泛"、"汜"皆"泛"的异体，可通。古"已"、"巳"、"己"等字往往因形近而误，何焯此处有他校为据，又说明致误之由，因而改字。中华本曰"初无一定"，乃是古人用字不规范所致。此种易致误之字，错讹明显，又有版本依据者，可以径改；错讹隐晦者，则需考证，证据确凿，然后改字。何焯的处理，比较合理。

又卷三十六《贾逵传》曰："父徽，从刘歆受《左氏春秋》，兼习《国语》、《周官》，又受《古文尚书》于涂恽。"注曰："恽字子真，受《尚书》于胡常，见《前书》。"何焯改"恽"为"恽"，并曰：

《前书》作"涂恽"，"恽"字误。汪本"恽"。

据其语气，何焯当是先以《汉书》他校，再以汪本对校，有据而改字也。今所见宋绍兴本作"恽"，汲本"恽"显为讹字。《汉书》卷八十八《儒林》曰："(胡)常授虢徐敖。敖为右扶风掾，又传《毛诗》，授王璜、平陵涂恽子真。子真授河南桑钦君长王。"②正作"恽"字。何焯改字，是。

————————————

① 见中华本《后汉书》，第393页。
② 《汉书》卷八十八《儒林传》，第3607页。

何焯没有说明版本、本书或他书依据的校勘，在其一千六百余条校勘中，约占三分之一。此即一般所谓之"理校"。他的一般做法是：若原字讹误，则划掉原文，在其旁或本叶的天头、地脚书写正字；若有脱文，则在所脱之处补上脱文；衍文与倒乙与之相同。多数情况下何焯并未说明改字之缘由和依据，这就是所谓"径改"。有时何焯会在天头或地脚简单记下校改之缘由，大多三言两语，此即所谓"约言以记之"，这种情况下，何焯往往在原文误字旁标"┗"，然后在天头、地脚写明正字及缘由。无论是径改还是约言，都是说何焯没有交代校改的版本或他书依据，或其依据不必说明，所校内容即通常所说的"显系讹误"。[1]如卷一《光武纪上》："伯升又破王莽纳言将军严尤、秩宗将军陈茂于淯阳。"注曰："淯阳县，属南郡，故城在今邓州南阳县南，淯水之阳。"何焯在"南郡"之"南"下增一"阳"字。——中华书局点校本与何焯的处理相同，其《校勘记》曰："张熷谓'南'下当有'阳'字。今据补。"[2]亦未言根据。张熷（1705—1750）晚于何焯，中华本此条校记似当引何焯之言。——《续汉志》第二十二《郡国志四》荆州南阳郡有比阳，有育阳邑，据其注，为甄阜、梁丘赐与汉军作战处。此"育阳"、"比阳"，当即《光武纪上》之"淯阳"与"泌阳"。《光武纪》正文本句前曰"汉军复与甄阜、梁

---

①径改中亦有许多何焯正字的情况，如目录及正文中改"季"为"孝"，卷十八第15条改"秭"为"秭"等等，然此非校勘，此处不论。
②《后汉书》卷一上《光武纪》，第42页。

丘赐战于沘水西,大破之,斩阜、赐",后曰"进围宛城",据《汉书·地理志》与《续汉书·郡国志》,宛城、淯水、泌水俱在南阳郡,淯水、泌水与南阳郡相合注于汉水,不入南郡界,淯阳、泌阳二城在二水之北,俱与《光武纪》之文相合,则作"南阳郡"是。何焯读书、校勘之细,可见一斑。

又如,卷二十七《赵温传》曰:"操怒,奏温辟忠臣子弟,选举不实,免官。"何焯曰:

"忠"字衍。

王先谦《集解》引何焯曰:"'忠'字衍。"又引惠栋曰:"何说非也。'忠臣'犹'中臣',古字通用。谓中朝臣也。《李固传》云诏书禁侍中、尚书、中臣子弟不得为吏,故操以是奏免温也。"①《后汉书》此处前文曰"建安十三年,以辟曹操子丕为掾,操怒"云云,同年六月,曹操即罢三公官,置丞相、御史大夫。可见曹操奏赵温选举不实,只是找个藉口将其罢免而已。此处"辟臣子弟,选举不实"应该是曹操奏书之文,"臣"代指曹操自己,"臣子弟"代指曹丕。建安元年,曹操迁献帝于许昌时,已录尚书事,虽可称为中臣,然其奏疏自称如此,似乎不甚合适,惠栋之说似是而非。《三国志》卷二《魏志·文帝纪》注引《献帝起居注》曰:"建安十三年,为司徒赵温所辟。太祖表温'辟臣子弟,选举故不以实',使侍中守光禄勋郗虑持节奉策免温官。"②亦无"忠"字,何焯之说可从,中华本即据何

---

① 王先谦:《后汉书集解》卷二十七,叶 15a。
② 《三国志》卷二《文帝纪》,北京:中华书局,1956 年,第 57 页。

说删掉了"忠"字。[①]

（四）广泛吸收前人的校勘成果

何焯校勘之时，特别注意吸收前人的校勘成果。引用较多的有刘攽的《东汉刊误》、吴仁杰的《补遗》，还有顾炎武、李光地、阎若璩等人的观点。在北大藏汲古阁本《后汉书》的批校中，何焯引用刘攽《刊误》及吴仁杰《补遗》凡236条，数量较大。刘攽生于北宋真宗乾兴元年（1022），卒于哲宗元祐三年（1088）。其时《后汉书》刻本当仅有官刻景德本、景祐本，刘攽作《刊误》的底本不知是否此两本，或者别有写本。以《刊误》而论，刘攽并无对校意识，其校勘多以事理正文字之失，偶尔用到一些本书、他书的材料。《四库全书总目》曰："刘氏之书，于旧文多所改正，而随笔标记，率不暇剖析其所以然。"因此，《刊误》的条目多数情况下，可以看做一种论证并不充分的理校。南宋吴仁杰有《两汉书刊误补遗》，《四库全书总目》称其"引据赅洽，元元本本，务使明白无疑而后已，其淹通实胜于原书"。[②]两者都是宋人《后汉书》研究的重要参考资料。

刘攽之说大多无版本依据，因此在史文有疑误之处，何焯往往仅列刘说，而未改字。如卷二十《姚期传》："期先登陷阵，手杀五十余人，被创中额，摄帻复战。"何焯眉批曰：

---

① 见中华本《后汉书》卷二十七之《校勘记》，第953页。
② 《四库全书总目》，第403页。

刘攽云：幩为马扇汗。期被创中额，则是“帻”字。

幩，《说文·金部》："马缠镳扇汗也。从巾贲声。《诗》曰：'朱幩镳镳.' 符分切。"段注曰："镳者，马衔也。以朱幒缕缠马衔之上而垂之，可以因风扇汗，故谓之扇汗，亦名排沫。"帻，意为头巾。刘攽所云是。然何焯所见各本或皆作"帻"，因此何焯未改字。王先谦《集解》引刘攽说，又曰："《东观记》正作'幩'."[1] 则有他校依据，然《集解》亦未改字。据张元济《校勘记》95 页，大德本、汪本皆作"帻"，似乎有本可据，应改字并出校记。然不能排除此两本据刘说校改之可能。

严格来讲，刘攽等人的考证虽精审，然若无版本依据，其考证只能是"猜想"，不能据以改字，甚至不能落实，随时有被推翻的可能。在《后汉书》批校中，何焯就多次对前人的意见进行反驳。如卷十九《耿夔传》："北击匈奴，转车骑都尉。"何焯眉批曰：

此车骑将军之都尉，刘谓衍"车"字，非也。

刘攽曰："按，官无车骑都尉，明衍'车'字。"然而各本皆有"车"字。王先谦《集解》引万承苍曰："是时窦宪为车骑将军，故夔之官转为车骑都尉。其后宪为大将军，夔之官又转为大将军左校尉。'车'字非衍也。"又引惠栋曰："袁宏《纪》止云骑都尉，故刘云然。"[2] 则惠栋、王先谦皆以万承苍为是，以刘攽为非。万氏此论与何焯同。据《清史列传》，万承苍为康

---

①《后汉书集解》卷二十《铫期传》，叶 1b。
②《后汉书集解》卷十九《窦夔传》，叶 12b。

熙五十二年（1713）进士，乾隆时犹在世，且为官后曾与全祖望相聚讲学。何焯此校语作于康熙五十二年，时万氏才中进士。则何焯此校语或当早于万氏。

（五）多闻阙疑的精神

不同于某些校勘家的大胆改字，何焯具有阙疑的精神，即对于不能肯定的文字，则曰"某疑作某"而并未改字，这样的校勘在《后汉书》批校中有约150条之多。

如《续汉志》第二："官历署七月十六日食。"何焯批曰：

"日食"疑"月食"，或"食"上脱一"月"字。

古人以日食定朔、月食定望。前文言："自太初元年始用《三统历》，施行百有余年，历稍后天，朔先于历，朔或在晦，月或朔见。"既言"历稍后天"，则不可能在十六日日食。下文曰："待诏杨岑见时月食多县历，即缩用算上为日，因上言'月当十五日食，官历不中'。"则此处作"月食"无疑。然各本皆无"月"字，因此何焯仅写出自己的推断。王先谦《集解》引卢文弨曰："'日'下脱'月'字，《御览》补。"[1] 中华本《校勘记》曰："影印宋本《御览》'月'讹'日'。"[2] 则《御览》有异文，此处可能司马彪有误，宋本《御览》改而未正，卢文弨所见之《御览》作了校正。然而在他书有异文的情况之下，他校不可从，何焯"疑"误而未改字，处理得当。

---

①《续汉志集解》第二《律历中》，叶 1b。
②《续汉志》第二《律历中》，第 3044 页。

又如《续汉志》第六《仪礼志下》："中黄门尚衣奉衣登容根车。"何焯批曰：

> "容根车","容"字疑衍文，然下复作"容根车"。

下文云"容根车游载容衣"，两处各本皆作此。何焯因"容根车"难解，故有疑问。《孝经援神契》曰："德至山陵则景云出，泽出神马，山出根车，泉出黑丹。"则山出根车为祥瑞，言帝王有盛德。《论衡·是应篇》所言同。[1] 后"根车"则指帝王所乘之车。又有以帝王之车为"金根车"，《后汉志》二十九《舆服上》云："秦并天下，阅三代之礼，或曰殷瑞山车，金根之色。汉承秦制，御为乘舆，所谓孔子乘殷之路者也。"[2]《艺文类聚》引应劭《汉官仪》曰："天子法驾，所乘曰金根车，驾六龙，以御天下也。"[3] 之所以称"金根车"，《通典》卷六十四《礼二十四·五辂》曰："因金根车用金为饰，谓金根车。"[4] 则其语词亦源于"根车"。又有"容车"，指送葬时载运死者衣冠、画像之车。《后汉书》卷二十《祭遵传》李贤注曰："容车，容饰之车，象生时也。"[5]《仪礼志下》前文曰："金根容车，兰台法驾。"则以"金根"与"容车"合称帝王送葬之车也。依其理，

---

① 王充撰，黄晖校释：《论衡校释》卷十七《是应篇第五十二》，北京：中华书局，1990 年，第 752 页。

②《续汉志》卷二十九《舆服上》，第 3643 页。

③ 应劭撰，孙星衍等辑，周天游点校：《汉官仪》，见《汉官六种》，北京：中华书局，1990 年，第 184 页。

④ 杜佑撰，王文锦等点校：《通典》卷六十四《礼二十四·五辂》，北京：中华书局，1992 年，第 1789 页。

⑤《后汉书》卷二十《祭遵传》，第 744 页。

亦可同于"金根车"之例，以"容"与"根车"合称代指"金根车"，是为"容根车"。因此，"容根车"自可通，不烦改字。何焯之疑恰可提醒我们解明这个词语的准确含义。

简单来讲，何焯能够比较审慎地选择底本，广泛而认真地选择参校本，且对异文能够进行合理地去取，相对于之前的学者，其校勘水平已经有了飞跃。何焯不佞宋，不妄改，广泛借鉴前人成果，具有多闻阙疑的精神，其校勘中规中矩，翔实可靠。同时，其批校本中保存的大量宋本信息，又是我们系统研究版刻、异文的绝佳材料。何焯应该在校勘学史上有自己的位置。

四、余论

清代考据学的兴起，一直是学界关注的话题。从文本阐释的角度来看，明代评点之学非常盛行，从评点学到考据学，有一个比较长的过渡，何焯就是处于这个过渡期之中的人物，他对旧的学术习惯有所继承，又对新的学术范式有所开创。

何焯自身的学术兴趣，也经历了一个由科举制义转向校勘考据的过程。何焯早年醉心制义，未必措意于经术。然而，大致在康熙三十一年之后，何焯的治学思想发生了明显的转变。以《义门先生集》卷九《义门题跋》来看，各跋文款识之时间与跋文中所反映何焯校书之时间，皆在康熙三十一年之后，集中于康熙四十、五十年间。唯《欧阳行周文集》题为康熙乙丑(康熙二十四年),① 而此"乙"或为"己"之误。《义门先生集》乃后人纂辑之书,字句之失,在所难免。瞿镛《铁琴铜剑楼藏书目录》卷十九 :"《欧阳行周文集》十卷,校本。唐欧阳詹撰,有李贻孙序,吴丈项儒传录,何义门氏校本。何题记云 :'康熙乙丑。'"陆心源《皕宋楼藏书志》卷六十九 :"《欧阳行周集》十卷,旧抄本,何义门校本。唐将仕郎守国子监四门助教晋江欧阳詹字行周撰,李贻孙序。何氏手跋曰 :'康熙己丑。'"② 据其著录,知两书所论者为同一版本,其中的何焯题记更为可信。则何焯校《欧阳行周文集》当在康熙四十八年,而非康熙二十四年。因此,康熙三十一年之前何焯并未留意于校书。

何焯《行远集序》曰 :"始吾随俗为经义……乙亥(康熙三十四年)冬学习复《乐记》,至于奸声正声,感应之际,废卷而叹。悔向之弦郑卫于孔墙也,日奔驰而道则忘。乃尽屏丛说,更取圣人贤人之经读之,反覆乎训故,会通乎条理,得其人体,道本浸出。"③ 可证,何焯学风之大转,实在康熙三十四年。"取圣人贤人之经读之,反覆乎训故,会通乎条理",就是求实、考据之学风。欲明经义,必达乎训诂,则一字一句之得失,往往关乎大局,版本目录校勘之学于是乎起。何焯由制义之需,而经义,而校勘,实乃清人学问转变之一典型。汪绍

①何焯 :《义门先生集》卷九,叶 10b。
②瞿镛 :《铁琴铜剑楼藏书目录》,卷 19,叶 33a,清咸丰间瞿氏刻本 ;陆心源 :《皕宋楼藏书志》,卷 69,叶 14a—15,清光绪八年刻本。
③何焯 :《义门先生集》卷一,叶 6a—6b。

楹曰："清儒说经之书，标明古学，以自尊异于讲章帖括之义。吴门三惠，皖南江、戴，实为魁杰。然于校勘，实衍义门昆仲之绪余……何氏之说，前人讥为纸尾之学，而惠、戴之学，亦何以异于是。惟其取径不同耳。其始皆不过于时文中用一古义古训，以求警策于主司。继乃以训诂校勘之学曳裾于显贵。"[①]这样的说法，也许对古人诋斥太过，但却更接近事实。

在何焯的批语中，有括帖习气的只占非常小的一部分。何焯对历史文本的评点中有大量的史评、史论，或考证史实、或评价史书，有很多真知灼见。何焯对于《后汉书》史文和注文的校勘，保存了很多已经亡佚的宋本的异文，并间有考证，对于校勘和阅读《后汉书》，具有极高的文献价值。总之，何焯的批语虽然深受宋明评点的影响，但是早已超越评点的窠臼，在史学理论、文献学等多个方面都有突破性的建树，绝非"纸尾之学"四字所能概括，他自身由时文制义到校勘考据的学术转向，在当时也具有一定的典型意义。

---

① 汪绍楹：《阮氏重刻宋本十三经注疏考》，第 54 页。

第三章　过录:学术关系的构建 与学术知识的传播

　　明清时期,中国古籍的刻本不管从数量、种类,还是从读者的接触与阅读等方面,皆已远超抄本,成为知识与信息的主要载体。现存明清批校本的底本多数为刻本。批校是书籍之上手写的记注,从后来阅读者的角度来讲,正文是刻本,前人的批校是写本,因此批校的创作与流传实则是一种刻本文化与写本文化的结合体,[①] 本书将此种以批校为中心,结合了刻本文化与写本文化诸特征的特殊文化样态称为"批校文化"。在清代的批校文化中,批校的过录,即将前人批校从一书传抄录至另一书中,是一种极为流行且极有特色的学术实践。清人过录前人批校之时,往往会修改所传抄之批校,创作新的批

---

①"写本"这一概念一般用来指称唐及唐以前手抄的书籍。唐代以后,特别是明清时期,手写流传的书籍保存状况相对较好,故当代研究者以 "稿本" 指称著者手写或经书手抄写又经著者亲自校改之书,以 "抄本"(或作"钞本")指称稿本之外的手抄之书,"写本" 这一概念遂较为少用。本书对唐以后之稿抄本不做区分时,以 "写本" 总称之 ;"写本文化" 与 "刻本文化" 相对为言,不仅指唐以前的写本之撰述、流传与影响,也包括刻本时代之稿本、抄本、批校本之生成、流布、影响,及其与刻本之互动关系。

校，补充新的内容；过录中杂有新创，创作时又兼抄旧文；此一过程使得批校文本不断增殖，意义愈发丰富，功能愈发复杂，从而对学术之发展、学者之思想与心态都有深刻的影响。

每一种学术活动的展开，皆有各色参与者，除学者之外，复有抄写者、编纂者、雕印者、书商与收藏者等等，他们形成庞大的网络，使得知识、信息、书籍材料以特定的方式流传，产生一定的社会文化影响。美国书史学家罗伯特·达恩顿有"交流回路"（communication circuit），法国学者罗杰·夏蒂埃有"阐释回路"（interpretation circuit）等模型，[1] 是为研究知识与书籍流传之有益参考。本章从此两种模型及英美新文化史中汲取方法论之滋养，而以中国清代何焯批校之过录为中心，考察清代批校之过录者、过录所进行之背景与方式、在此过程中所构建的学术关系、所传播的知识与信息，及其对后代学术与文化的影响。

一、何焯的学术圈

何焯在明清学术变迁中具有特殊的地位，最重要的原因即是何焯最早投入巨大的时间与精力批书、校书。根据各公私目录统计可知，何焯所批校之书遍及四部，约有百种，其

---

[1] Robert Darnton, "What is the History of Books," in *The Kiss of Lamourette: Reflections in Cultural History*, pp. 107—135; Roger Chartier, "Texts, Printing, Reading," in *The New Cultural History*, pp. 154—175.

批校本及其过录本之总数超过三百种,在清代前期无人可堪伯仲。

何焯长于吴中,与常熟毛氏、昆山叶氏等众多藏书名家交好,且常与书贾来往,访购不少宋元旧椠及故家抄本;后又常年宦居京师,供职武英殿等处,得见内府藏书,且与徐乾学、李光地等京中学者、藏书家皆有往来。何焯能通经史百家之学,尤长于两《汉书》、《三国志》及晚唐诗;又是帖学大家,在清初书坛颇有地位。因其学养高、长于括帖之学且与于政事,生前门生弟子即遍布天下,殁后又有私淑弟子无数。其批校本为子弟、门人、后世学者与藏家所珍重,流传、过录者代有其人,可以说,以何焯之批校活动以及何焯批校本之流传与过录为中心,形成了一个巨大的学术网络。

何焯批校最早期的接触者即为其弟子。《义门先生集》书后之《义门弟子姓氏录》载何焯弟子约四百人,[1] 其中很多弟子都曾过录过何焯批校,并有过录本留下。对何焯弟子来说,过录不仅仅可以积累学术资料,也是学习为学之法,或是习字临帖的过程。上海图书馆藏有一部明代刻本《周礼注疏》(索书号:线善 T04967—80),其上有何焯弟子沈彤(字冠云,号果堂,1688—1752)的批校以及沈氏所过录的何焯批校。何批与沈批皆以校勘《周礼》经注之文本、考据经学之疑义为主。此书之末有沈彤过录的何焯题识,曰:

---

[1] 何焯:《义门先生集》,《续修四库全书》据北京大学图书馆藏清道光三十年姑苏刻本影印,第 273—278 页。

康熙丙戌得见内府宋版元修本，粗校一过。焯识。
言何氏以内府所藏宋本校手中明版《周礼注疏》之经过，其时在康熙四十五年（1706）。何焯所批之书已经不存，沈彤将何焯批校过录于此书之中，庶几可以保存何批之一斑。

沈彤为清代前期著名经学家，尤长三礼，有《周官禄田考》《仪礼小疏》等著作。全祖望称沈彤为何焯弟子之冠，[①]何焯逝后，沈彤为作《行状》，表彰其学行，可见师徒之相得。以今日所存之材料来看，何焯似乎并不长于经学，而是对经学文献颇有所得。何焯能于吴中访求宋元旧椠，又得以寓目内府秘藏，而且校读不倦，其批校中留下了大量古本之异文。上图本《周礼注疏》中，沈彤所过录者，多为对校异文以及何焯之校勘意见。过录何批，乃是获得文本异文这一学术材料的重要途径。

清代乾嘉时期，考据学大盛。清人之考据，实为聚焦于古典文本之探索、基于文本证据的学术路径。故而，可靠的研究须建立在坚实的文本证据之上。对于古代经典来讲，一般其文本愈古则所受之污染愈小，愈接近本初之面貌，这是清人重视宋元旧椠与古本旧抄之理论基础。在无法得见宋元旧本的情况下，学者可以退而求其次，以宋元本之异文来窥见原本之文字面貌，此为清人珍视并大量传抄批校中之校语的主要原因。除沈彤之外，何焯《周礼注疏》批校还曾经惠栋、吴昕、王

[①] 全祖望：《沈果堂墓版文》，见《全祖望集汇校集注》，上海：上海古籍出版社，2000年，第361页。

欣夫等人过录，详见本章第四节。

何焯另一位弟子蒋杲（字子遵，1683—1731）则投入了更多的心力过录其师的批校。蒋杲于康熙五十二年（1713）进士及第，历任户部郎中、廉州知府。何焯为长洲人，蒋杲为吴县人，长洲旧属吴县，二县同城而治。因地利之便，蒋杲早年即从何焯学。蒋氏家有"贮书楼"（一作"赐书楼"），何焯曾于楼中授蒋杲经史之学与鉴定古籍之法。今可知蒋杲曾过录何焯批校之书有五部，其一为上海图书馆藏明张之象刻本《史通》（索书号：线善 832937—38，简称为"《史通》甲本"），二为中国国家图书馆藏明刻本《困学纪闻》（索书号：11096），三为中国国家图书馆藏蒋杲抄本《谢宣城诗集》（索书号：08374），四为上海图书馆藏明末毛氏刻本《三国志》（索书号：线善 795562—69；此本中之蒋杲批校与蒋氏所录何焯批校为清刁戴高［字约山］过录，非蒋杲原笔），五为台北中研院傅斯年图书馆所藏清席启寓秦川书屋刻本《贾浪仙长江集》。

其中，《谢宣城诗集》中有蒋杲题识，曰：

> 康熙庚寅二月借义门师处校正《宣城诗集》，手录一
> 册。香岩小隐蒋杲。

庚寅为康熙四十九年（1701），蒋杲二十七岁，何焯四十九岁。蒋杲于何焯处校谢朓诗集，并手录诗集与何批，成此抄本。此抄本之地脚处多为校语，据其称述，可知何焯曾以两种抄本、一种清初刻本和《艺文类聚》校谢诗。此书后又归晚清藏书家韩应陛（1800—1860），书后有韩跋，称何校两种抄本之异文皆同于一毛氏汲古阁刻本，现已难知事实如何。但何校原

书已经亡佚，蒋杲过录之本，或可保存其概貌。从古抄近刻，到何焯批校，再到蒋杲之过录，再到韩应陛之按断，亦可见古籍异文通过批校流传之大致状况。

蒋杲还以过录何焯批校为临帖习字之法，而且其书法精工，或有被误认为何焯手书者。上海图书馆所藏《史通》甲本中有大量批校，书末题记曰："义门师记。庚寅七月十一日杲录。"可知此书中之批校为蒋杲过录何焯批校，而书中批校之字迹，颇类何焯手笔（见图3-1）。

因蒋杲书法几乎可乱何焯之真，因此，一些归属不明的何焯批校常被定为蒋杲过录。上海图书馆又藏有一部明本《史通》（索书号：线善T01248—53，简称"《史通》乙本"），书中有朱墨黄三色批校，其朱色为何焯批校，有数则何跋，且其书法类似于何焯手迹（见图3-2），因此，晚清民国时期藏书家邓邦述（字正闇，1868—1939）曾误以书中朱批为何焯手批，及得见另一更似何焯手批之《史通》，方定此本何批为佚名过录。之后，藏书家潘承厚（号博山，1904—1943）又定其为蒋杲过录。而此本并无任何蒋杲之题识印鉴，应非蒋氏所录，蒋氏所录之本当为上述同样藏于上海图书馆之《史通》甲本。邓邦述所见之另一本更似何焯手批之《史通》，为傅增湘（字沅叔，1872—1949）从北京购得，傅氏诸人定其为何焯手批。可见批校本鉴定之难。参与诸本《史通》何焯批校本之鉴定评议者，除邓邦述、潘承厚、傅增湘之外，复有叶景葵（字揆初，号卷庵，1874—1949）、吴慈培（字偶能，约1884—1915）等人，牵连甚广，颇可反映晚清民国文本流传之概貌，此则于下

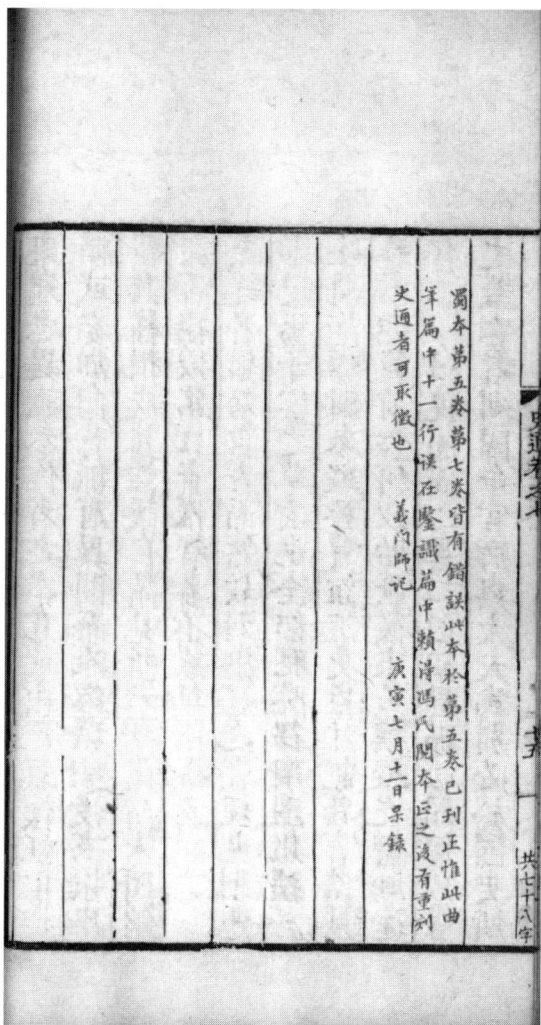

蜀本第五卷第七卷皆有錯誤此本於第五卷已刊正惟曲

筆篇中十一行誤在鑒識篇中頼得馮瓦閣本正之淩有重列

史通者可取徵也　　　義門師記　　　庚寅七月十日杲録

图3-1　《史通》卷末蒋杲过录何焯题跋,明万历五年(1577)张之象刻本,上海图书馆藏,索书号:线善832937—38。

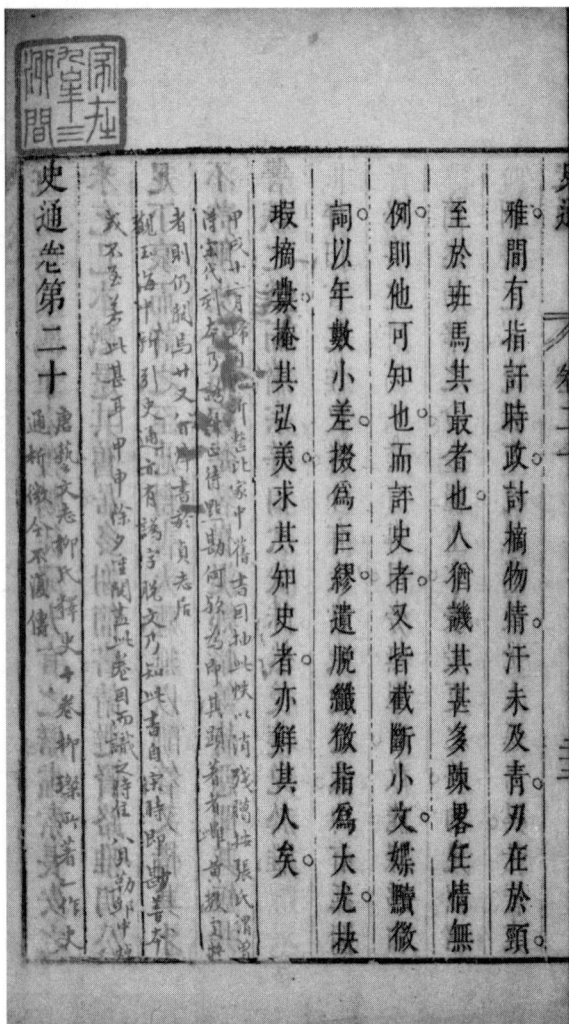

图3-2 《史通》卷二十，叶22b，明末刻本，上海图书馆藏，索书号：线善T01248—53。书中朱笔佚名过录的何焯批校，颇似何焯手笔。

文详述之。

　　受其师何焯影响，蒋杲亦善读书、校书，清代中期学者彭兆荪（字湘涵，1769—1821）称蒋氏："篁亭先生手校诸经史，不下数十百种，皆丹黄精谨，艺林所称。贮书楼本得者藏弆以为宝。"如此这般读书、校书、批书，是清代学人的为学之常态。

　　何焯与其弟子的学术交流不是一个单向的过程，师徒之间亦会交换学术材料，交流学术意见，此在批校中多有反映。北京大学图书馆所藏佚名过录本何批《后汉书》（索书号：LSB/7288），卷三十八《张宗传》张宗曰："愚闻一卒毕力，百人不当；万夫致死，可以横行。宗今拥兵数千，以承大威，何遽其必败乎！"关于其末句，书眉有何批曰："少章谓：'遽'下少一'策'字。"少章，即何焯弟子陈景云（字少章，1670—1747）。与蒋杲相同，陈氏亦为吴县人；少曾从何焯游，博览群籍，精于校勘，尤长史学，著有《两汉订误》《三国志校误》、《通鉴胡注正误》《读书纪闻》等书，又有关于韩柳文与《文选》之研究著作。① 据《后汉书》张宗本传及邓禹传，张宗曾在王莽朝为乡佐，新朝灭亡之后，更始帝刘玄任为偏将军，因见更始政乱，遂带领家属客居安邑。建武元年（25）邓禹西征，平定河东，张宗主动归顺，邓禹表奏其为偏将军。邓禹军到栒

---

① 关于陈景云生平，见王峻：《陈先生景云墓志铭》，清钱仪吉纂录《碑传集》卷一百三十三，见周骏富辑《清代传记丛刊》，第 113 册，第 542—544 页；《清史列传》卷七十一，见周骏富辑《清代传记丛刊》，第 104 册，第 838—839 页。

邑，而赤眉大军将至，邓禹欲撤军，乃欲抽签决定殿后者，张宗自愿殿后而不愿抽签，遂有以上言论。张宗之意，自己尚有兵卒上千，可以毕力抗敌，未必会遭遇败绩。"何遽策其必败乎"于文意长于"何遽其必败乎"，然此处并无文本根据，因此何焯仅列陈氏之校勘意见，而未遽改字。陈景云长于史学校勘，何焯两《汉书》、《三国志》等诸多史文批校中引用了很多陈氏意见，并对陈氏史学颇多称赞。

何、陈师徒之间亦偶在批校中商榷不同。重庆图书馆所藏清顺治十六年（1659）刻本《唐诗鼓吹》中，有何焯手批，又有陈景云过录的何焯批校及陈氏自己的批校，观其批校、题跋可知，何焯曾在另一部《唐诗鼓吹》中撰有批校，陈景云将其过录到此本中；后何焯得阅此本，又在其上手书批校，对陈氏所过录自己先前的批校有所补正，并对正文有新批新校；其后陈氏又阅此书，在前述批校基础之上撰写了新的批校。王欣夫称此书中"何语多评泊，陈语多考据"，并评二人书法"何书流丽，陈书恭谨"。[1] 举例来说，本书卷一有刘禹锡诗《哭吕衡州》，书眉陈氏过录之何批曰："观此篇，可以知刘、柳才力相去之远。"此段文字又被划掉，后有何焯手书"不通"二字。其后又有陈景云小字评论，曰：

才力相去之评，乃余己巳冬录先师旧批，后又抹去。
侧注二字者，则先师辛未春首批也。欧阳公论唐代文

① 王欣夫：《蛾术轩箧存善本书录》，上海：上海古籍出版社，2002年，第676页。

章,亦以刘、柳并称,足知古人于二公初无轩轾。宜师不
以前评为允也。①

此处称何焯为"先师",可知陈氏此文写于康熙六十一年
(1722)何焯逝后,已经距陈氏首次过录何批之己巳(1689)
三十余年。由书中何焯手批材料可知,这三十年中,何焯曾数
次改变自己的意见。但为何何焯不在自己手批之书中修改,
而是校阅陈氏过录之书?因别本何焯手批《唐诗鼓吹》已经
亡佚,因此很难回答这个问题。一个可能的原因是何焯与陈
景云欲藉此机会进行学术交流。

　　何焯从其弟子处获得古本旧抄以及其他学术资料的例子
则更多。上海图书馆藏有一部清康熙三十七年白华书屋刻本
《苏学士集》(索书号:线善 824382—83),上有钱泰吉(字辅
宜,1791—1863)过录的何焯批校。书末何焯跋曰:

　　　　新开雕《苏子美集》,余病其讹谬至多。学徒石门吕
　　　懿历,戊戌榜眼无党先生之子,言其家有旧钞本,今已分
　　　属诸父,而其先公所校之本独存,因假以是正……康熙
　　　庚寅三月晦日何焯记。

　　　　是岁良月,吕生持其家旧本至,乃吾乡吴文定公丛
　　　书堂钞本,其祖晚邨先生得之山阴祁氏者也。因得改正
　　　目录卷次而记其后。钞本每卷之首又各有目,后生不得
　　　见宋雕,此亦足以为据矣。焯。

此两跋述何焯据吕氏旧藏抄本以校苏舜钦诗集之经过。此抄

_____

① 见王欣夫:《蛾术轩箧存善本书录》,第 676 页。

本得之于何焯学生吕懿历，吕懿历之父为藏书家吕葆忠（字无党，？—1708），祖父为明清之际著名学者吕留良（字用晦，号晚村，1629—1683）。据何焯所说，此抄本乃吕留良得之于明代藏书世家山阴祁氏，而其抄本出自明代中叶名臣吴宽（1435—1504）之丛书堂。此抄本前后流传递藏之关系明白可见；而其文字又经何焯参校，部分保留在其批校本之中，何批屡经钱泰吉以及姚世钰（字玉裁，号薏田，1695—1749）、顾广圻（字千里，1766—1835）等多位清代学者辗转过录，[①] 且为今日之整理本吸收采纳。此为今日多数古代文本发展历史之典型状态，可见何焯及其弟子的学术交往与传承对于今日经典文本之重大影响。

何焯的学术圈，不仅仅由何焯及其弟子组成，何焯的师友亦在此学术圈中发挥重要作用。比如，何焯曾师事李光地（字晋卿，号榕村，1642—1718），何焯的很多批校中即有"榕村师曰"等文，抄录李氏意见，反映了李氏对于何焯的影响。[②] 何焯之弟何煌（字心友，1668—1745）也是清初一位声名颇著的藏书家与学者，何氏兄弟之间常常通过书信交换学术资料，交流学术意见。北大藏本佚名过录何批《后汉书》卷七之末有何

①上海图书馆所藏清康熙三十七年白华书屋刻本《苏学士文集》（线普553277—78）中有佚名过录的清姚世钰临何焯批校；上图所藏同版又一部（线善 T02612—15）中有佚名朱笔过录何焯批校，且有叶景葵蓝笔跋并录黄丕烈、顾广圻之批校、题跋；同版又一部中有黄丕烈所过录之顾千里批校，顾千里批校中又有顾氏过录的何焯批校。

②比如，中国国家图书馆所藏清抄本《韩文钞》（索书号：06252）中，即有大量何焯批校，何批中引录了不少李光地的评论文字。

焯小跋，曰：

> 康熙甲午（1714），心友弟得包山叶氏所藏残宋本第
> 三卷至此卷之半，以所校字写寄，因改正数十处。

此即何煌据包山叶氏所藏残宋本以校《后汉书》，得其异文，
并将其寄送给兄长何焯。"所校字"即后世所谓"校勘记"，目
前所存数个何焯批校本中都有何煌校字，多数与此相同，乃
是何煌校出异文，并将其寄送给何焯。对于古代文本的"对
校"，除了学者手持多本对勘之外，还以交换所抄录的异文的
方式进行，这也是清代校勘学进行与发展的基本特征之一。

何焯此跋所提到的包山叶氏，也是吴中地区从南宋一直
延续到清末的以藏书、刻书闻名的世家。何氏兄弟与此叶氏，
以及前文提到的山阴祁氏等吴中藏书大家皆有较为密切的
交往。各个学术世家、藏书世家之间频繁的学术交流与书籍
交流，是明清时期文化发达地区家族交流的一个重要纽带。
上海图书馆所藏明末毛氏汲古阁刻本《五代史记》（索书号：
线善847873—78）中有姚世钰所过录的何焯批校，书末何
跋曰：

> 康熙甲申冬日从虞山钱（曾）[遵] 王先生长子楚殷
> 借得宗伯东涧翁所阅《五代史记》，因而传之。此书乃宗
> 伯壮年阅本，未为精密，然视他人则眉目井然具矣。余
> 亦少有增损，殊以妄作自惧云。焯记。

即何焯从钱谦益族中后人钱楚殷处借得钱谦益所阅本《五代
史记》，并过录了钱谦益的批校。钱谦益曾有绛云楼，藏书甚
富，然绛云楼后遭焚毁，钱谦益将烬余之书赠与其族曾孙钱曾

（字遵王，1629—1710），即楚殷之父。[①]何焯亦曾与钱曾有交，然钱曾长何焯三十余岁，则何焯或与楚殷同辈，二者关系更为密切。

　　钱谦益在明末清初以诗名闻天下，为"虞山诗派"之首，诗派之中坚为有"海虞二冯"之称的冯舒（字己苍，号孱守居士，1593—1645）、冯班（字定远，号钝吟老人，1602—1671）兄弟，冯氏兄弟亦喜藏书、刻书。冯氏兄弟似与何焯并无直接往来，但何焯通过钱氏得见冯氏所阅之书，并且在冯氏兄弟殁后，何焯得到了许多冯氏旧藏之书。上海图书馆藏有一部翁同龢（字叔平，号瓶生，1830—1904）过录的何焯批校本《史通》（索书号：782275—76），何批中有很多引用了冯舒的条目，乃何焯从钱氏所藏冯氏校阅本中过录。书末何焯跋曰：

> 己丑重阳从钱楚殷借得孱守居士阅本，因录其评语，其在行侧者，录之阑下。议论亦多英快，虞山学者极矜重之，仅季沧苇侍御一人尝通假尔，非楚殷好我，末由见也。始误以为牧翁初入史馆时所阅，故阑上下皆写钱评，详质之楚殷，乃改正云。焯。

可知此本亦何焯从钱楚殷处借得，何称"非楚殷好我，末由见也"，可见二人之交好。也许是受"虞山诗派"的影响，何焯亦好晚唐诗，不仅批阅过很多晚唐诗集，而且对于冯氏兄弟关于晚唐诗的评论亦较为看中。何焯曾批阅冯班《钝吟杂录》，对

---

① 钱曾著，管庭芬、章钰校证：《读书敏求记校证》，上海：上海古籍出版社，2007年。

其中关于书法、诗学等内容皆有极为精到的评论。何批原本现已不存，而在清代中期，何批即被整理并与《钝吟杂录》同刻流行。①

何焯还与虞山毛氏等藏书家族、陆贻典（字敕先，1617—1686）、毛奇龄（字大可，1629—1713）、徐乾学（字原一，1631—1694）等学者与藏书家皆有学术交往。在以何焯为中心的学术圈子中，学者与藏书家们共享书籍、书中文字以及学术观点，校阅古籍，书写批校并过录他人批校，逐渐形成了一种不同以往的学术文化。书写批校、过录批校的学术实践可能古已有之，但仅零星偶见；而何焯及其师友、弟子等人将这种学术实践变成学术之常态，形成了一种读书做学问的习惯，一种风尚，而且这种学术风尚迅速在清帝国传播，并一直流行到清末民国时期，成为文本、学术与文化的重要形塑因素。

二、由批校本构建的学术关系

何焯逝后，其藏书稍稍散出，子弟不能守；由于何焯声名较著，其批校本为清代学者与藏书家所宝重，搜求、过录者不绝如缕。上海图书馆所藏清同治八年金陵书局刻本《三国

---

① 何焯《钝吟杂录》批校的最早整理刊刻本，被收入清人张海鹏的《借月山房汇钞》中，后《指海》《四部丛刊》等皆据以翻刻、排印。今天，上海图书馆、重庆图书馆、台北"国家"图书馆亦藏有何焯《钝吟杂录》批校本之过录本。详见《钝吟杂录》之《整理说明》，冯班撰，杨海峥、韦胤宗点校：《钝吟杂录》，南京：凤凰出版社，2017年。

志》（索书号：线善 491435—54）中有清末学者费源深（字润泉，活动于 19 世纪末）之批校及其过录的何焯批校，费源深所过录者，并非何批原本，而是黄丕烈旧藏的陈树华过录本，陈树华过录自吴门惠氏红豆斋本，惠氏曾得何焯散出之书，因此，惠氏所据以过录者，应该才是何批原本，此一流传源流，在书前王芑孙（字念丰，号愣伽山人，1755—1818）之跋中有所描述，跋曰：

> 此《三国志》校本，余同年黄荛圃翁士礼居所藏。荛圃得之故武冈州之同陈冶泉树华，冶泉所度者，惠氏红豆斋本也。冯校世称精善，积以何义门、陈少章先后审正而红豆斋录之，冶泉度之，此其人皆吾乡之善读书者，宜无舛错矣。嘉庆庚午初夏，吾门沈子绮云来游吴下，荛翁撤以赠之，余为烧烛浏览而识诸其帙，俾后来者知此书之来处云。愣枷山人书。[1]

此跋后有费源深之题识，考订了陈景云之生平，并有费氏朱文方印两方，曰"费源深字润泉别号磊宋"、"云间费氏古事研斋"。何焯、陈景云师徒所批校之《三国志》在清代备受重视，武英殿本《二十四史》及其《考证》即有所参考，清代学者更是多有过录，并形成了多个过录本系统。上述费氏过录本从惠氏过录本中而来，惠氏过录本实则又产生了多个过录本系

---

[1] 本叶天头又有费源深辩此跋中之疑误，曰："'枷'字疑'伽'字之误，长洲王芑荪号愣伽山人，曾官华亭教谕。其门有沈绮云者，即里仓沈氏之主人。此作骑云，疑亦有误。深注。"

统。国家图书馆所藏明末毛氏汲古阁刻本《三国志》（索书号 :SB14731）中有章钰批校，其中何批乃章氏过录自乾隆时学者朱邦衡（字秋崖），而朱氏又曾过录何焯手书批校及惠氏过录之何焯批校，可视为何焯批校之惠氏过录本系统的又一例。朱邦衡跋曰：

> 甲辰冬从友人处假得汲古阁本，乃何义门先生所校宋本也，文字异同者悉以《御览》《通鉴》《文选》诸书参订改正，洵为尽善。其中所载安溪、慕扈、少章、□巨公评语，俱称号以别，而义门所评，又以《读书记》比对，稍有增益。李、韩皆深于史学，而少章、陈丈博文轶说，考据精审，于三国疆域分并，多所发明。近时阳湖洪君亮吉著《补三国疆域志》二卷，世人谓谈史者不可无之书。少章所论，亦犹是之。衡专力校雠凡四匝月而毕，批阅之余，偶有所得，稍参一二，庶几千虑之或有一得焉。乾隆己巳三月七日秋崖朱邦衡识。
>
> 假季父所藏惠半农先生阅本临校一过，黄笔少年，墨笔晚年，乙酉谷日立春前一日，衡又记。

可见朱邦衡早年得见何批原本，晚年又见惠士奇（字天牧，号半农，人称红豆先生，1671—1741）阅本，即费源深所称之"惠氏红豆斋本"。国图此书为章钰过录本，章氏过录之时改黄笔为蓝笔。据《中国古籍总目》，天津图书馆与北京文物局皆藏有"朱邦衡过录"何焯批校之汲古阁本《三国志》，此二者或有一部为朱邦衡亲手过录、一部为据朱邦衡本过录本，或二者皆为朱邦衡本之过录本，总之，朱邦衡过录本亦成为一单独之系统。

国家图书馆又藏有蒋杲过录何焯批校本《三国志》，底本为明万历二十四年南监本；上海图书馆藏明末毛氏汲古阁本《三国志》中有署名约山者过录之蒋杲过录本何焯批校，约山其人不可考，然其题识曰："乾隆十年六月十三日从竹乡三丈借此临本，是日午刻阅始，约山记。"知为乾隆时人。此为何焯批校本之蒋杲过录本系统。

上海复旦大学图书馆所藏之清末官书局本《三国志》中有刘履芬过录的张若霭过录之何焯批校；国家图书馆、上海图书馆等处又藏有翁心存、翁同书、包安保等人之过录本，以及多部佚名过录本，其渊源难以详考。然据此已可知清代何焯批校本流传、过录之大貌。

《三国志》的情况并非个例，何焯所擅长之两《汉书》、晚唐诗、《文选》等书，其何焯批校之过录情况，亦皆与此类似。比如，浙江省图书馆所藏之明万历二十三年吴近仁刻本《文选》（索书号：善3563）中，书前有墨笔题跋，曰：

> 余甲夏间稍从事选理，因备临钱圆沙先生著本，凡二部。顾于《洛神赋》旧注，深为不惬，欲参以鄙见，聊补钱阅所未及，而罔敢率尔也。继见义门何先生所阅而剧喜，爰并临之，丹黄交下，各有所得焉。迩者偶过书肆，有何评《文选》，系竹乡孙丈临本，竹乡故吾邑读书种子也。校雠精审，大堪把玩。尤爱是刻，只载本文，简净便诵，即偿价携归，俾初学者肄业焉。时乾隆丁丑如月癸亥王式金书于文昌苍书塾。

跋后有"王式金印"（朱文方印）与"声谷手书"（白文方印）。可知此书中之何焯批校，乃王式金据一部何焯批校本、一部何焯批校本之过录本过录而来。此跋之后又有朱笔短跋，曰：

> 《文选》者，本吾乡圆沙先生最著，至折衷义门何先生而尤觉心胸之开拓也。爰备临之而并详其跋。时庚寅九月竹乡孙淇志。

知王氏所据之过录本，为孙淇（字竹乡）所录。孙、王之生平皆难以详考，或为清代中叶某地之乡先生。王氏赞孙氏为"吾邑读书种子"，与康熙称何焯之语相同。从现在存世的为数巨大的各类批校本来看，批校之撰写者与过录者有非常多此类声名沉寂之读书种子，撰写批校、过录批校这一学术实践在社会各层学者之间已广为流行。藉由批校所传递的，不仅仅是知识和信息，还有特定的学术思想、学术态度甚至生活方式等。不同时间与空间之内的学者，通过批校建立起某种联系，使得批校文化可以跨越各种限制，在一定的空间领域内趋于一致，并在一定的时间维度上保持延续。在这一层面上来讲，批校文化成为了清代学术的某种根基。

这种学术根基的动摇，亦即以阅书、批书、校书为学者群体日常学术生活的习惯之改变，应该在晚清民国天崩地裂之时。其时，倾心国故者已被贴上"传统守旧派"、"保守派"等标签，这些以校书、批书、整理国故为业的学者，则更类似于所谓"读书种子"——势力虽小，但可保有国故，希望于未来某日发芽、开花、结果。晚清民国时期的这些传统学者，更是通过交换书籍，过录批校而传递学术信息、学术观点乃至于思想和观念，并且形成了一个个学术圈子，这些圈子比起清代中期来已经大大变小、变少，但仍是前代批校文化的某种延续。比如，前述国图所藏章钰（字式之，号茗簃，1864—1937）批校并过录朱邦衡、何焯等人批校本《三国志》，书中目录之后有章钰三跋，曰：

> 朱秋崖先生校本为江安傅沅叔所得，钰有意临校，仁和吴伯宛乃购此本寄津，卷首有吾吴吴子涣藏印，且逐叶中缝有"养和阁费氏藏本"七字。墨印则老辈于汲古阁原印本亦重视之矣。临校毕本，会稽施仲鲁复借校金局刻本，凡局刻与毛刻异者，逐条记出，极为精审。复分别录入。此皆前五六年事。庚申四月十三日辰起久旱得雨。铭簃记。

> 大兴恽薇孙毓鼎于《国志》致力最深，搜集各家考订诸说极备，曾见示。大概薇［孙］已作古，当向其后人郑重借校，不知能如愿否也。

> 癸酉病后，详读一过，深恨从前疏略，年已七十，虽愿竭炳烛之明，亦无及矣。腊八日钰记。

据首跋可知，朱邦衡批校本《三国志》本属清末民初著名藏书家傅增湘（字叔和，号沅叔，1872—1949），后来学者吴昌绶（字伯宛，1867—？）从傅增湘处购得，知章钰有意过录其中批校，遂寄到章钰天津寓所，章钰得以过录。之后，章钰又从施仲鲁处借得金陵书局刻本，并以之参校《三国志》。第二跋中提及晚清名臣与学者恽毓鼎（字薇孙，1862—1917），章钰称恽氏长于《三国志》，且"搜集各家考订诸说极备，曾见示"，则章钰当与恽氏有旧。不知恽氏搜集的"各家考订诸说"著在《三国志》书中还是以别纸写就,总之,章氏欲借以校勘。然章钰第一跋写于民国九年(庚申,1920),恽毓鼎已于三年前过世。章钰第三跋写于民国二十二年(癸酉,1933),为年届七十再读此书后所发之感慨。

章钰为晚清民国著名的藏书家、书法家。光绪二十九年进士,曾为京师图书馆编修。清亡后移居天津,后又定居北京,民国三年为清史馆纂修。章钰一生以藏书、校书为业,家有"四当斋",藏书两万余册,并有拓片、青铜器、石刻、砖瓦等千余件,后皆入藏中国国家图书馆,为国图古籍之重要来源之一。[①]章钰为清末民初藏书大家,且先后供职于京师图书馆、清史馆,主编《清史艺文志稿》等书,因与当时各藏书大家皆有往来。据赵爱学所辑《章钰题跋中学术活动系年录》,[②]章氏与缪荃孙、顾麟士、罗振玉、吴昌绶、俞陛云、邓邦述、陶湘、傅增湘、邵章、叶景葵、费树蔚、顾廷龙、赵万里、潘景郑等人皆有密切的书物往来。与清代前期、中期的学术生态类似,这些学者与藏书家之间也互相寄送和考评古籍,互相过录所藏之批校并交换古本旧抄以资参校,并由此形成了一个文本与文化传播的网络。这个网络并非单一中心、单一性质的,以

①关于章钰之生平,参见苏精:《近代藏书三十家》,北京:中华书局,2009年,第45—50页。关于章钰藏书、拓片等,见顾廷龙编:《章氏四当斋藏书目》,北京:北京图书馆出版社,2007年;冀亚平辑:《国家图书馆章钰藏拓题跋集录》,北京:北京图书馆出版社,2008年。

②见《文津学志》,2016年第9辑,第166—211页。

任何一个藏书家或学者为中心，都可以画出一个或大或小的学术圈子，不同的圈子互相重叠，使得书籍、文本得以辗转流传。这样的学术、文化交流网络本来是有清一代各阶层学者与文人交往的基本模式，但在晚清民国时期，在新思想、新文化的冲击之下，在报纸、杂志等新的学术传播方式影响之下，在学校、研究所等新的社会结构的塑造之下，传统的学术交流方式渐趋消亡，传统的学术交流网络也逐渐瓦解。但是，这个改变并非是"新"全然取代"旧"，而是一种"传统"逐渐过渡到"现代"的过程。章钰、傅增湘等旧式的藏书家与学者，将传统的读书与校书之习惯、传统的书籍与文本的流传方式，传统的学人交游之风格，乃至于传统的思想与观念都在一定程度上延续了下去，对书籍文化与古文献研究由传统向现代的过渡产生了极大的影响。此处再以傅增湘为例，展示民国之后旧式藏书家与学者的学术交流状态。

上文提到的上海图书馆藏《史通》乙本中有朱色批校，书法类似于何焯手迹，邓邦述曾误认其为何焯手批，及得见另一本，方知此为过录本。邓氏跋曰：

> 吴中得此书，误以为义门笔校，既观沅叔同年所藏新自都中购归者，乃知此为同时过录之佳本，而遗漏其三跋。其两跋皆言《曲笔》《鉴识》二篇之错简。此本与义门所据本不同，故不逐录。其一则何氏误认冯己苍评为钱东涧，此本已一律改正，亦不必录也。字迹端道，颇能乱何之真，去取亦极斟酌，惜其不肯□直书家□者姓氏，使人不辨颜标非鲁公耳。壬子冬日正闇记。

邓跋之前又有吴慈培跋，同载此事，吴跋曰：

> 正闇先生初得此本，以为何氏手校者，今春傅沅叔年丈收得郁华阁旧藏一部，末多右录一跋，通部冯评，"冯"字皆"钱"字涂改，明白可辨。又第七卷后多何氏康熙丙戌、癸巳题识二则及顾涧苹一跋，乃审定彼本为手校真迹，此则传临之本……不特模仿何草逼真，丹黄精好，可矜贵也。余从先生借校一过，因举所见者还以就正焉。壬子六月廿四日偶能吴慈培识。

是吴慈培、邓邦述已据傅增湘新购之本确定此本非何焯手批。此书前又有叶景葵跋，曰：

> 此校本为何氏弟子所传临且为义门所亲见，正闇、偶能先后考定，惜原本未署姓名。卷首有"吴门蒋维钧家藏"印，卷尾有"家在九峰三泖间"印，潘君博山疑为蒋子遵杲所临，但博山藏有子遵手校明初本《后山诗注》，字体较为古朴，与此不类。子遵之弟栋字子范，亦义门弟子，无从览其遗翰，容再考求……庚辰二月景葵书。

即潘承厚认为此本为蒋杲临本，而叶景葵存疑。前文所述上海图书馆所藏《史通》甲本为蒋杲手录，又据其他蒋杲批校本，可定此本并非蒋氏手录无疑。

吴慈培、邓邦述跋皆撰于壬子年（1912），吴跋曰"今春傅沅叔年丈收得郁华阁旧藏一部"，可知傅增湘等人定为何焯手批之本者，为傅氏购于1912年春日。书中有顾广圻手跋并印文，书中何批与现存诸多何焯手批本书法风格一致，书后何焯题跋之末又有何焯"语古"白文长方印，傅氏等人定其为何焯

手批，应属无误（见图 3-3，图 3-4）。邓、傅诸人考订《史通》
版本、校勘《史通》文本之事，亦可见于此书中邓邦述之题跋。
因此书现存中国国家图书馆（索书号：11313，称为"《史通》丙
本"），且为《中华再造善本》影印出版，较为易得。书前邓氏
朱笔跋曰：

> 此为郁华阁盛氏旧藏，沅叔同年新从京师得之。何
> 氏凡阅三四次，批校精详，毫发无憾。沅叔嗜古之病，略
> 与余同，而鉴赏精审，藏弄美富，亦由勤于搜讨之故，非
> 余所能及也。余在吴门得一本，乃郭孔延刻本，亦称义
> 门手校，丹黄精好，爱不忍释。今取与此对看，两本如
> 一，其中稍有异同，则一为张之象本，一为郭孔延本，字
> 句宜有差缪。余所藏乃确从此本是正者，检此书第七卷
> 后，义门康熙癸巳曾见郭氏刊本，安知非即余所藏者耶？
> 余又得顾千里校本，亦颇推尊义门，独云《曲笔》《鉴识》
> 二篇，并无错简，与义门之言不合。今阅此本，亦有涧薲
> 一跋，足见涧薲之学真何氏诤友也。壬子盛夏校毕，因
> 举诸本同异以告沅叔。正闇居士邓邦述书。

是知傅增湘购得此书，借邓氏以资校勘，邓氏校毕之后，写此
跋于书前记录其事。吴慈培亦曾借此书以校自己所藏之书，
其书现藏中国国家图书馆（索书号：00105），书前有吴慈培题
跋两则，其第二跋曰：

> 此书旧有破损，黏补处装工以补纸不佳，概以别纸
> 易之。何、顾两家校语书在补纸处者，遂致失落，装毕始
> 觉之。从傅丈再假何校，补完顾校，已还。正闇携往营

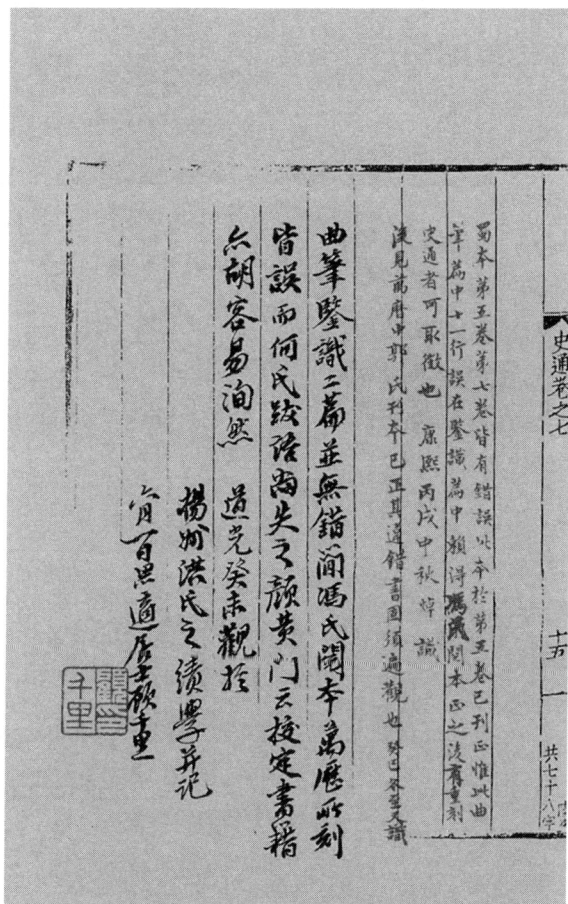

图3-3　《史通》卷七，叶15b，《中华再造善本》影印中国国家图书馆藏明万历五年(1577)张之象刻本。卷七末有何焯跋、顾广圻跋与印文。

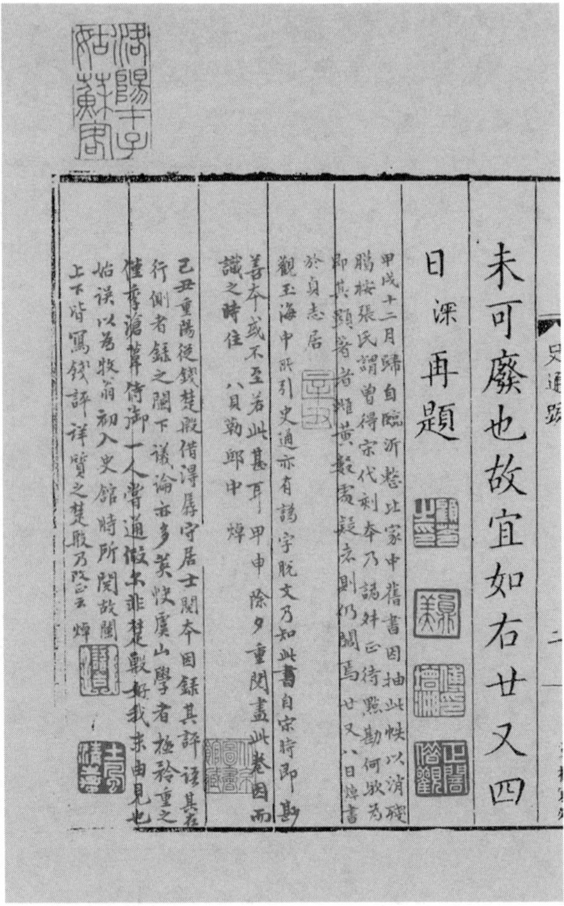

图 3-4 《史通》之最末半叶，《中华再造善本》影印中国国家图书馆
藏明万历五年（1577）张之象刻本。有何焯题跋，其后又有何焯"语
古"白文长方印。

口官舍矣。顷驰书复假以来，书到，破两日工夫补所失字，并覆校一过。癸丑九月望日慈培识。

可见吴慈培多次据傅增湘所得之本校勘《史通》原文。傅氏得书，先后借邓、吴过录书中批校，其书或在邓处，或在吴处，并倩邓氏书跋，足见三人学术交往之密切。

在清代民国时期，学者之间关系的建立有多种途径，或以宗族之交往、乡里之集会，或因门生故吏之情谊、官场之行事、商业贸易之往来，等等。此类关系皆有助于学者与藏书家之间传递知识与信息，从而形成不同的学术圈子，塑造学者之身份与学术认同。但相对来讲，批校的传递与过录是更为直接的学术往来，它会加强和扩大学者之间的关系。批校使得各类文本，特别是来自于不同版本的异文、学者的意见等更为有效地在一定的学术圈子之内流传，并且在一定程度上对学者读书问学之方式产生极大的影响。批校本身是一种读书笔记，是前人的读书之意见，又潜藏着一定的阅读之方法，后人阅读批校、过录批校，直接受其影响。对于读书人而言，影响其阅读，就会影响其思想。从这个意义上来讲，批校文化在晚期中国学术思想的演变与延续中均起到了非常深刻的形塑作用。此在叶德辉一题跋之中有着比较集中的表述。国家图书馆所藏明末汲古阁刻本《春秋公羊传注疏》（索书号：07937）中，有佚名过录何煌、惠栋等校勘及陈奂、朱邦衡之批校，书后有叶德辉跋，言历代学人辗转过录本书批校之事，跋曰：

　　校宋本《公羊注疏》二十八卷，康熙丁酉何仲友煌以宋椠官本校于毛晋汲古阁刻注疏本上。乾隆癸酉，惠松

崖征君栎据何校增入曹通政寅所藏宋本、蜀大字本、原板
注疏本重校一本，其小门生朱邦衡临校之。乾隆癸丑，臧
在东镛堂，亦临校一部。其年七月，段懋堂玉裁又临一
部。江铁君沅复从段临过录此本，以贻其门下史陈硕父
夅，于咸丰纪元手书其传授于卷端。一书之校，录经无
数，名人经师，再四细戡，流传二百余年之久，非独卷册完
好，亦且校字离句精密异常。想见老辈好学之勤劬，读经
之审慎，信非后生小子信手涂抹有始无终者可比也。

对于前辈学人校书、读书之精审与勤奋之赞叹，在清人批校题
跋中俯拾即是。可见批校流传的过程，传递的不仅仅是学术
资料，更是一种为学之态度。

三、书商与抄手的参与

除学者与藏书家之外，书商与抄手亦在批校之过录中发
挥了重要的作用。举例来讲，台北中研院傅斯年图书馆藏有
一部清康熙席启寓秦川书屋刊本《贾浪仙长江集》，书中有蒋
杲临何焯批校。蒋杲跋曰：

义门师所校勘《长江集》最为精细。壬寅夏，师卒于
京邸，遗帙散落。三月后，有以是帙及王孟诗来售者，时
正乏钱，悢恨久之。同年舒子展云："以别本过出，犹如
见真本也。"因出架上长江、右丞、襄阳诗三册见付。匆
匆曹务，竟不暇对校。后《长江集》留于余处，而王孟集
已属吴兴潘氏矣，余嘉子展之志，而幸《长江集》之犹存。

甲辰春初，旬休之暇，粗校一过奉还，好古者知不罪其涂鸦也。三径杲识。[①]

何焯逝后，其藏书逐渐散亡，子弟不能守，此在《义门读书记》中何焯子侄与弟子的序跋中亦皆有所反映。何焯侄何堂曰："先生之书满家而身没京邸，莫之爱护。取携狼藉者有人，而书以散佚。……迨先生没久而名益盛，闻风向慕，争欲一睹其书为幸者，几无远近。于是评阅之本，且走四方。所幸及门之士，昔时所通，假而传录者，尚存什三四，而往往珍惜过甚，秘不肯出。"[②]何焯侄孙何忠相曰："（何焯）康熙壬寅捐馆舍，遗书充栋，时孤山学叔（何焯之子何云龙）甫九岁。书贾百计购，评本风驰电卷，百无三四存。其得之者，强半皆维扬富人，秘不出。承学士喁喁引领以为大戚。"[③]何堂、何忠相所云或有夸张不实之辞，但何焯之藏书为书贾所得，辗转贩卖，为其他藏书家、富商所得，却应是实情。书贾、藏家所尤重者，为何焯之批校本。藏家至于"秘不出"，见其珍重；而书贾至于"百计购"，可见其间潜藏利益之丰厚。据蒋杲之跋，书贾携来何焯所批之王维、孟浩然诗集，蒋杲其时无力购买，价格当自不菲。何焯所批校之书，全为明清本，在当时并非善本，书价亦不会高到令士人无力购买，因此，使得书价拔高者，为何焯之批校。书价因名家批校而价值倍增，恐为清代

① 跋见傅增湘：《藏园群书经眼录》，北京：中华书局，1983年，第1083页。
② 何焯著，崔高维点校：《义门读书记》，北京：中华书局，1987年，第1285页。
③ 何焯著，崔高维点校：《义门读书记》，第1288页。

之后才成为流行之事。何焯殁后三月，即有书商取得何氏遗籍，并贩卖至其弟子之处，可见当时市场反应之快，亦可见批校本已颇受时人之重视。书贾在批校之流传、在批校本声名之提高中，恐皆起有非常重要的作用。

清人颇有抱怨批校本之价高者，然而，学者虽无力购买，却可以留观，甚至过录其中批校。清末名臣翁同龢曾为两代帝师，却也因价高而未能购买一部何焯批校本《嘉祐集》，但他从书贾处借得其书，在一日夜之内过录了其中的何焯批校。翁氏过录本现存国家图书馆（索书号：05397），书中有翁氏题跋，曰："丙辰四月初八日，有以何义门手批《嘉祐集》来售者，直甚昂，因假得，尽一日夜之力，临校一过……同龢识。"

南京图书馆藏有一部清光绪十六年渔浦书院刻本《元丰类稿》（索书号：118744），中有吴慈培过录的何焯批校，书末吴慈培跋曰：

> 书贾持何义门先生批校《元丰类稿》来售，通部用宋本细勘，朱书盈幅，虽出他手传录，亦足宝贵。书贾颇居奇，余力不能购，亟取一本临校。书贾索原书甚急，借两日一夜之力卒业焉。凡涉校勘，毕录无遗，至评语考证，则不暇及也……宣统三年上巳后一日慈培识，时客京师。
>
> 同时购得嘉靖间王忬刊本，版刻甚精，初思录何校于王本上，因去冬之淮道中伤手指，至今未瘥，不良执笔，作书拙涩，重污佳籍，乃买此新椠本录之。何校本为明万历中□孙敏行。敏行所刊，国初后经修补者，不惟王本远出其上，即此新椠亦多与何氏所改符合者。嘉靖

本盖最下劣者矣。清明又志。

书贾携何批《元丰类稿》欲售与吴慈培，然价格过高，吴氏"力不能购"，因此花费两日一夜之力，将何批过录到一部清末刻本中。据吴氏第二跋可知，此清末刻本，乃是购来专门过录何焯批校的。

此类留下书贾之书以过录批校者，在清代非常多见。可见，买者购书之前留书在家中以详细审查、考虑或许是清代书籍买卖之一常例。而在留书之几日内，买者得以过录书中批校，而后将原书奉还。在这一过程中，书籍买卖虽告失败，书中文本之传递却成功实现。这是书商在文本与信息传播过程中发挥的又一个积极的作用。

然而，因利益所驱，书商好伪造名家批校本，给批校本之鉴定、整理和利用皆造成了极大的消极影响。由于何焯最早以批校著名，因此现存何焯批校本之赝本非常之多。前述《史通》乙本，过录何批，且字迹模仿何焯书法，书中却未留下任何过录者之信息，应为书商请抄手伪造的何焯批校本。上海图书馆藏有两部明末毛氏汲古阁刻本《唐人选唐诗》，皆有何焯批校，二者笔迹亦较为类似。但其中索书号为"线善839789—96"者（图3-5、3-6、3-7）有何焯藏书印以及清代中期著名藏书家鲍廷博的藏书印，曾经鲍氏收藏，可定为何焯原批。而索书号为"线善786297—304"者（图3-8），则为何焯批校之过录本，书中无过录者信息，或为某一书商请抄手所为。何焯去世几十年之后，蒋维钧搜集何焯批校纂辑《义门读书记》之时，即叹息何批赝本之多，蒋氏曰："外间传写义门评阅之本，不特

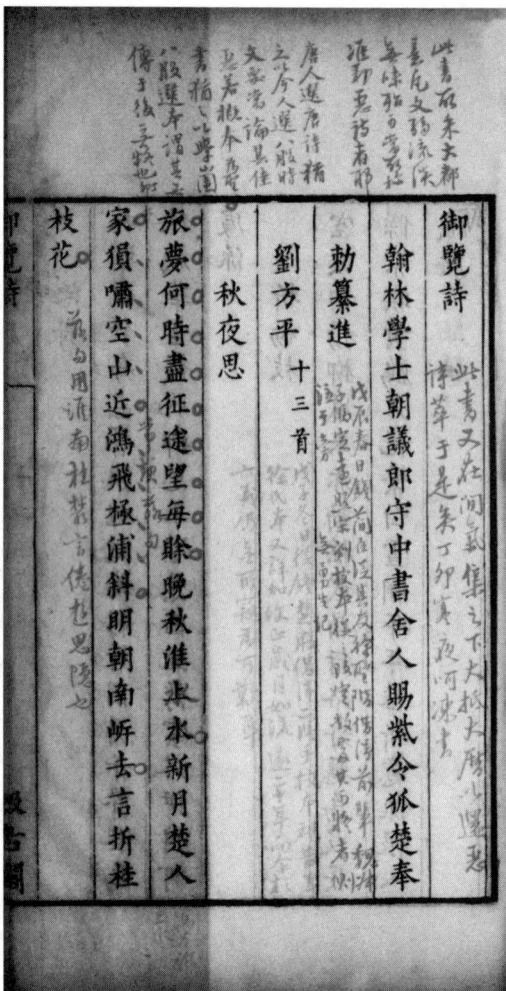

图 3-5　《御览诗》叶 1a，明末毛氏汲古阁刻《唐人选唐诗》本，现藏上海图书馆，索书号：线善 839789—96。书中有何焯手书批校。

图 3-6　《御览诗》叶 65b，明末毛氏汲古阁刻《唐人选唐诗》本，现藏上海图书馆，索书号：线善 839789—96。书中有何焯手书批校。何焯题跋之末有"何焯之印"（白文方印）与"鲍氏家藏"（白文方印）。

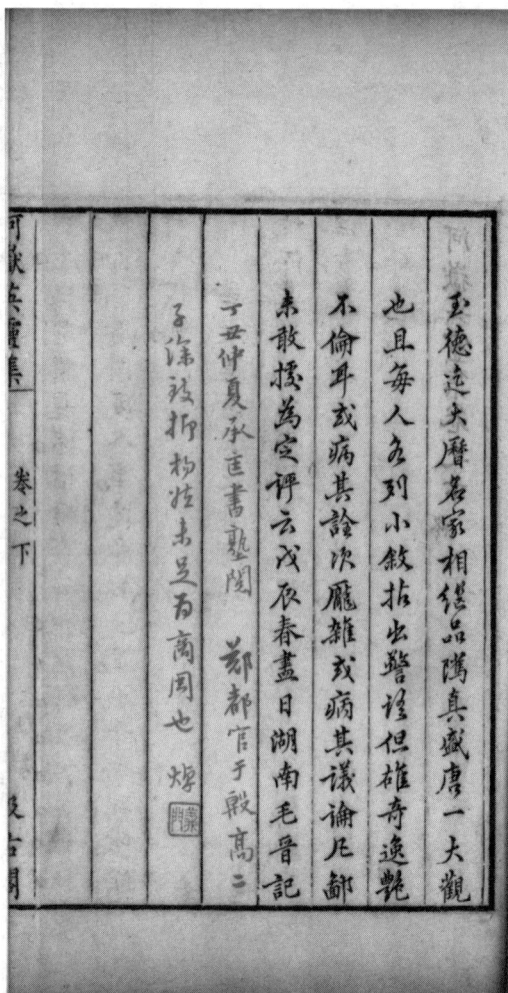

图 3-7 《河岳英灵集》卷末半叶，明末毛氏汲古阁刻《唐人选唐诗》本，现藏上海图书馆，索书号：线善 839789—96。何焯题跋之末有"义门"（朱文方印）。

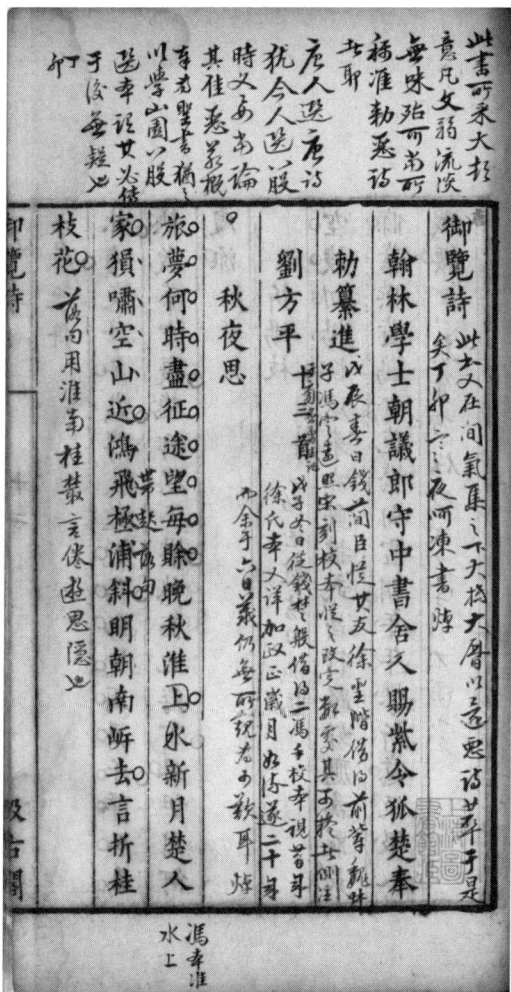

图 3-8　《御览诗》叶 1a，明末毛氏汲古阁刻《唐人选唐诗》本，现藏上海图书馆，索书号：线善 756297—304。书中有佚名墨笔过录的何焯批校。

真赝纷如，即系真本，而钞录数过，不免舛讹。"①

书商请佚名抄手所过录的何焯批校，一般都非凭空捏造，而是根据何焯手批本或者其他过录本过录而来。以现存的各种何焯手批本、名家过录本与佚名过录本进行对比，会发现佚名过录本往往比名家过录本更为忠于何批之原貌。而名家过录本多数不会照录何批之原貌，要么对其条目有所取舍，要么对其文字略作改动。因此，从客观角度来看，书商伪造之本亦对保存何批有积极的作用。

当然，佚名过录之批校本，并非全为书商伪造，也有一些是藏书家、学者请抄手过录，创制副本，以广流传的。明末藏书家、出版家毛晋（1599—1659）家蓄仆从数百，毛晋即令其抄书，故有"入门童仆尽钞书"之说，② 毛氏仆从所抄者可能并无批校，但这种请仆从、书童或者专门的书佣抄书的习惯，一直延续到民国时期，清代藏书家与学者请此类抄手过录批校，应该也是惯常之事。清代批校本中，很多过录本的文字与名家手迹相差甚远，一些书中的批校还显非一人所抄，这些应该都是藏书家与学者请佚名抄手过录的名家批校之副本。比如前述北京大学图书馆所藏之佚名过录何焯批校本《后汉书》，全书之何批为三个抄手所录：卷首至卷八十三、志第十五至三十，为一人所录，其书法较劣；卷八十四至九十为第二人所录，字迹端妍；志第一至十四为第三人过录，字迹瘦硬精工（见图3-9）。

①何焯著，崔高维点校：《义门读书记》，《凡例》第2页。
②叶德辉：《书林清话》，上海：上海古籍出版社，2008年，第143页。

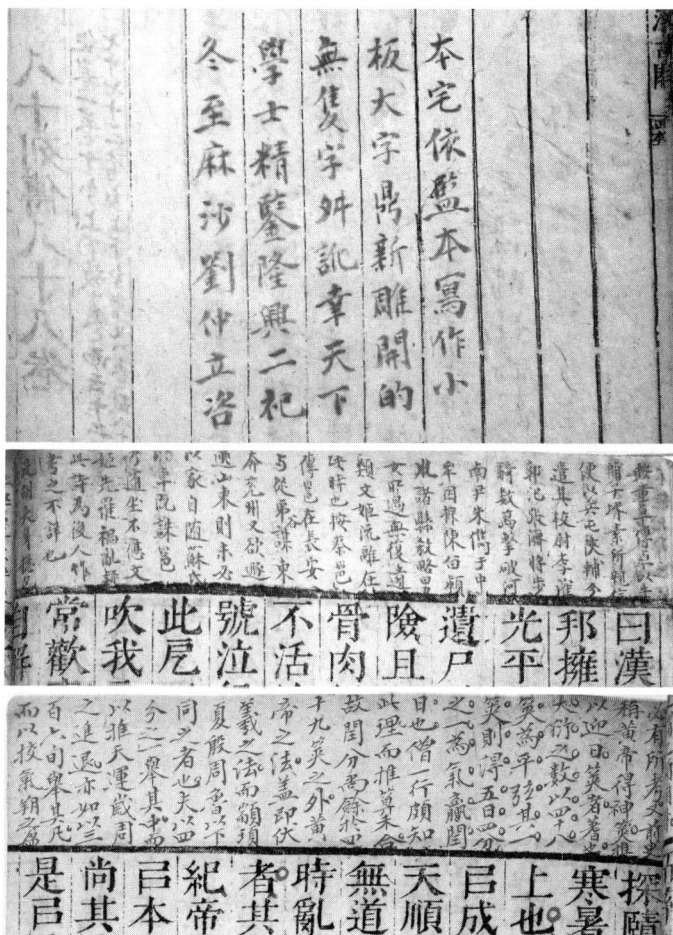

图 3-9　《后汉书》，明末毛氏汲古阁刻本，藏于北京大学图书馆，索书号：LSB/7288。书中批校为三位抄手过录，字迹优劣有别。图片依次为目录叶，卷八十四叶 11b，志第三叶 2a。

四、塑造文本

通过以上论述已经可以发见，过录批校是为清代学人传递学术资料、学术观点与学术方法的基本方式之一。此种批校文化对于经典文本的内容与形式亦皆产生了直接的影响，此处再举数例以说明批校文化对于古代文本的塑造作用。

前文提及，何焯曾批校《周礼注疏》，何焯弟子、清初礼学专家沈彤曾过录之；而此《周礼注疏》之何焯批校，亦衍生出另一种重要的过录本系统，为清初著名经学家惠栋所为。惠栋（字定宇，号松崖，1697—1758），为红豆先生惠士奇之子，提倡汉学，长于《易》、《礼》、汉魏三国之史，曾与其父过录《周礼注疏》、《春秋公羊注疏》、两《汉书》、《三国志》等书之何焯批校。惠栋批校本《周礼注疏》已经不存，幸而惠栋批校及其所录何焯批校曾被清代中期学者吴昀（字芸阁，乾隆三十九年[1774]进士）过录于一明末毛氏汲古阁刻本之中，此本现藏上海图书馆（索书号：线善 T06322—31），书前有吴昀跋，曰：

> 是书原本系元和惠氏点勘。红笔，半农先生所阅；绿笔则松崖征君所加也。大约先录何义门先生所校内府宋板元修本，继录余氏万卷堂本，然经转写，其中错讹往往而有。如经注每段中连见之字，一注万本，一脱不注。不注者，本系内府宋本。今脱万卷堂字，则溷于宋本矣。疏中时杂出"宋作某"三字。万卷本无疏，校疏者，内府宋本也。今杂出"宋作某"字样，则其余不注者，反似又有别本。又有徐家本、

校经注。订义本、校经疏。互注本，校经注、音义。并偶有称建
本者，校疏。卷首止载以宋本、万卷本校，其余诸本，不知
何时所椠也。其黄笔数条云"文弨案"云云者，今学士卢
公所记。乾隆辛巳之春，余从沃田沈丈处借录，迄壬午
冬季而竣。中间道涂历碌，时读时辍，校阅一过，了不记
忆，安得绀碧大珠一颗，握以自照乎？庚寅上巳后一日，
书于楚颂楼。吴昑记。

此跋末又有"吴昑"白文方印。据吴昑所云，惠栋所重者在于
《周礼注疏》文本之校勘，惠栋不仅录了何焯批校中的"内府
宋板元修本"异文，还参校了余氏万卷堂本等其他版本。此
书末何焯跋曰："康熙丙戌见内府宋板元修本，粗校一过。何
焯。"张丽娟推测何焯所据之"内府宋板元修本"为宋刊八行
本，此本一直存于清宫，现藏台北"故宫博物院"。[①]因此，得见
此内府宋本者不多，何焯批校方使得其文本部分流传于世。

惠栋校本还参考了另一种宋本，即所谓"余氏万卷堂
本"，此本在清代已较为少见，因此，当卢见曾（号雅雨，1690—
1768）偶得一本之后，他随即将其重装并进献于上。进御之
前，惠栋得暇对其进行对校，并将异文录于自己的书中，吴昑
本中有惠栋跋，曰：

> 雅雨卢公得宋椠本经注《周礼》，将以进御。因装潢
> 之暇，校阅一过。书共十二卷，每卷一册。时乙亥十二
> 月小除夕前一日。松崖。

---

① 张丽娟：《〈周礼注疏校勘记〉惠校本及其他》，《文献》，2016 年第 4 期，
第 78—87 页。

自后余本亦难为一般学者所见，而惠校本中所录之异文，自然成为学者参考的重要材料。

吴昕录本后归于晚清藏书家韩应陛（字对虞，号绿卿，1800—1860），书中又增入沈诚焘等人之批校文字，书前沈、韩之跋稍记其事。沈跋曰：

> 咸丰丁巳秋日，绿笔校于读有用书斋，冬日赭笔又校。青浦沈诚焘识。

韩跋曰：

> 绿笔据阮氏校勘记，赭笔据纂图互注本，秋、冬二官以别图配补。原经陈仲鱼藏，后归苏州汪氏，见黄尧圃跋。七年冬日属沈校后偶检数叶，知尚未尽也。十一月二十二日记，应陛。

韩跋末有"应陛"白文长方印。韩氏之后，此书又屡经易主，辗转传递，经无数学者寓目、传录。民国时曾归藏书家叶景葵（字揆初，号卷庵，1874—1949），叶氏好友王欣夫（名大隆，以字行，号补安，1901—1966）曾假以传录其中批校，并在书前有跋，曰：

> 此娄县吴芸阁临元和惠半农、松崖父子校本《周礼注疏》，半农用红笔，松崖用墨笔。松崖先据何义门校宋刻元修本，又据卢雅雨藏宋余仁仲万卷堂本详校，余本旋入内府，今故宫藏书中无之，知已散佚，赖此校本得存余本面目。又眉识语皆精确，多不载于《礼说》《九经古义》，尤足重也。考吴氏跋，系从沈沃田临本出。沃田与松崖同客两淮使署，交最莫逆，故惠校诸书，沃田多有

临本。芸阁所录有《诗》《书》《三礼》《三传》《尔雅》
九经，后入韩渌卿读有用书斋，渌卿更属青浦沈诚叔以
绿笔录阮氏校勘记，赭笔校纂图互注本，则已在咸丰丁
巳年矣，同时张夬斋尔耆亦据以对校一部，今卷中校签
有署耆名者是也。夬斋为闻远征君之父，以手校《十三
经注疏》授征君，遂成礼学名儒。征君没后，遗书散
出，《十三经注疏》曾在沪肆见之，已为他人先得，中心
耿耿。癸酉初秋观书于韩氏，《十三经》犹完善。韩氏
书散，书贾秘不出视，后闻分散拆售，而此经及《公羊》
《穀梁》《尔雅》四种皆归叶丈揆初。丈知余搜求惠氏
遗书，慨许借读，遂照临一部，中间时作时辍，凡七阅月
始毕，还书之日，谨书余纸以志。丈之通怀乐善，为不
可忘。岁丁丑四月七日补安王大隆识于学礼堂。

王跋末有王氏藏书印"补安眼福"。王欣夫为近代文献学大
家，曾从曹元弼（字师郑，晚号复礼老人，1867—1953）学习
经学，曹氏专精三礼，故王氏亦对三礼有专门研究，名其书斋
为"学礼堂"，见其学术志向。王跋称张尔耆（号夬斋，1815—
1889）曾据此本对校，则必录其中何、惠等人之批校。张尔耆
之子张锡恭（号闻远，1858—1924）为清末民初礼学大家，曾
于"礼学馆"参修《大清通礼》，著有《礼学大义》《丧服郑氏
学》等。王欣夫称张尔耆以"手校《十三经注疏》"授张锡恭，
锡恭"遂成礼学名儒"，也就是说，张锡恭学术之成就，与其所
读之书有极大关系，而张氏所读者为其父手批之《十三经注
疏》，以《周礼》为例，其父批校之中又录有前代何焯、惠栋、沈

诚熹等多人之批校，是一种积累起来的学术资源。简单来讲，清代多数学人所读之书皆有批校，前人的批语、校勘，塑造了读者阅读的文本之面貌。

王欣夫跋中还提到，惠栋《周礼注疏》批校中很多内容皆不见于惠氏礼学专著《礼说》、《九经古义》等。此类现象，在清代亦极为普遍。仍以何焯为例，何焯遍校群书，何焯之后的学者，在其著作中引用了非常多何焯之议论与校语，如惠栋《后汉书补注》引用何焯校语约两百处，王先谦《汉书补注》引何焯校语约四百六十余处，王氏《后汉书集解》引何焯言两百五十余处，赵一清《三国志补注》引何焯言六百五十余处，卢弼《三国志集解》引何焯评议校语近千条，等等，而此类引用的何焯之评论与校语，多不见于何焯传世之著作如《义门读书记》、《义门先生集》等书中，而见于存世之何焯批校本或其过录本。亦即，在清人的阅读世界中，批校文本占据非常重要之地位，是清人学术积累之重要材料，亦是清人阅读与研究之直接辅助。

清代考据学大盛，校勘学为文本考据之基础，重要的校勘学家，如卢文弨、顾广圻等人之校语，亦对经典之文本之面貌起到了极为深刻的塑造作用。卢、顾等校勘家的批校，不仅同上述何焯、惠栋批校一样通过过录而广为流传，而且还被清代刻本吸收，成为更为广阔的大众阅读的基本读本，也是我们今日所阅读之经典文本的主要来源。关于批校之刊刻与出版，见本书第五章，此不详述。此方面最为著名的例子，是清代中期阮元（字伯元，号芸台，1764—1849）主持整理与刊刻的《十三经注疏》及其《校勘记》。阮刻《十三经》的底本为元刻十行本，各经的校勘皆以当时专门之学者从事，参考了众多明清刻本、日本文献，以及众多清代学者的研究成果，同时，也吸收了非常多清代批校中的材料。据各经之序，可得阮刻《十三经注疏》使用清人批校之概况，见下表：

表 3-1　阮刻《十三经注疏并校勘记》使用清人批校表

经书名称	批校本
周易正义	卢文弨校本
	钱孙保（1624—？）校本
毛诗正义	卢文弨校本
周礼注疏	惠栋校本（惠校本中录有何焯批校）
	卢文弨校本
	段玉裁（1735—1815）校本
仪礼注疏	卢文弨校本
	顾广圻校本
礼记正义	惠栋校本
	卢文弨校本
	孙志祖（1737—1801）校本
	段玉裁校本
春秋左传正义	惠栋校本（惠校本中录有何焯批校）
	卢文弨校本
	段玉裁校本
	陈树华（1730—1801）校本
	顾之逵（1754—1797）校本
春秋公羊传注疏	惠栋校本（惠校本中录有何焯、何煌批校）

续表

经书名称	批校本
春秋穀梁传注疏	惠栋校本（惠校本中录有何焯、何煌批校）
	段玉裁校本
孟子注疏	何焯、何煌批校本
	卢文弨校本
尔雅注疏	惠栋校本
	卢文弨校本
孝经注疏	卢文弨校本

其中，卢文弨校本、惠栋校本、何焯何煌兄弟校本中都保存了很多宋元本异文以及学者之考证与按断，是阮刻《十三经》的重要参考。这些批校本大部分今天已经亡佚，但其过录本还有大量留存，如上文所提及之惠栋《周礼注疏》《春秋公羊传注疏》等，皆有过录本存世，此为今日研究阮刻《十三经》之编纂与文本特征不可或缺的材料。与何、惠、卢、顾、段等人相较，表中所列钱孙保、陈树华等人在今日学界皆声名不显，而此类声名不显的学者，也就是有清一代学术界之芸芸众人，却是后代所读之文本的重要塑造者，此一现象，尤其值得今日之学人深思。

批校对于文本的塑造，还体现在对于文本之版式特征、书法风格、字体颜色等"文本形式"或文本之"视觉特征"的改造之中。在清人批校中，勾稽文本之行款、讨论书籍之版面与版刻特征等内容并不少见，此类内容，往往欲藉考察行款而探求文本早期刻本之面貌，以便于校勘，本质上仍然是对于文本内容的讨论。而此处所要讨论者，则主要是批校对于清人所阅读之文本的"视觉性"这一方面的塑造。从"视觉性"来讲，各种颜色、字体、书风的批校之写入，极大地改变了古籍之视觉面貌，为古人欣赏——而非单纯"阅读"——古籍提供了更为多样化的审美体验。手写批校、过录批校以及临摹名家批校，是在书籍之中开辟了一个全新的书法空间，成为不同学者、藏书家和书法家增进技艺与赏鉴名家手迹的重要场域。关于此点，前文蒋杲、姚世钰等人之例即可说明，此处再举一例，以见清人对于批校书法之重视。国家图书馆所藏明刻本《增广注释音辩唐柳先生集》（索书号：SB06251）中有何焯朱笔批校，书法精工。翁同龢年十五之时曾得此本，并喜而赋诗，书末翁氏有跋，记其事曰："此何义门手批本，朱宪卿表兄为余自稽瑞楼陈氏购得，时余十五，喜而赋诗。光绪庚辰七月十日翁同龢记。"又有"龢"朱文方印、"常熟翁同龢藏本"朱文长方印等。跋后录诗曰："桐城不喜柳州文，庭训持平素所闻。深博无涯韩子语，李翱张籍岂同论。"并补记曰："书中夹此诗，补录于后，以留少作。龢记。"约五十年后，翁氏复阅此本，并将何批过录到另一本中，此本现存国家图书馆，为明正统十三年善敬堂刻递修本（索书号：SB04405），书后翁氏跋曰：

> 余年十五得批本《柳先生集》于稽瑞楼陈氏，朱书烂然，何屺瞻手迹也。意欲临写一本，卒卒不果。今年春于入直毓春官劝讲之暇，就殿西厢小窗下粗校一过，目眵腕涩，非复少强健矣，为之三叹。壬午四月初七日翁

同龢记。

翁氏以书法著称，得何焯之批校，称其"朱书灿然"，自己手录何批，又颇有与之争胜之心，翁氏过录本目录末又有翁氏一跋，曰：

> 义门先生手批本系元时麻沙本也，此明正统本，与元刻篇第音注悉同，惟行数字数多寡互异耳。余于壬午年临先生评校于册内，越二十年壬寅重阅，觉字大悦目，较胜先生手迹也。二月晦松禅翁同龢记。

翁氏称自己书法"字大悦目，较胜先生手迹"，对于自己之书法水平颇为自得。其实翁氏前得之书并非麻沙本，其中何焯批校亦非何焯手批。而国家图书馆所藏另一部明刻本柳文（索书号：SB11518）中的何焯批校，或许才为何焯手批真迹——其书中有朱笔批校圈点，字迹较前者更为精工流丽，并有何焯印鉴"何焯之印"（朱文方印）、"屺瞻"（朱文方印）等，且有鲍廷博家藏印"鲍氏家藏"（白文方印）等。

古代藏书家皆会在书中加盖自己的印鉴，以彰示对于其书的所有权；书中批校、题跋之末，题跋者亦会钤印以表明撰述之归属。这些印鉴，偶尔会被过录者"临"于另一本中，形成一种较为特殊的批校。章钰一生过录批校无数，以今日所存章氏之过录本来看，章氏即喜"临"前人之印章，即依原印之形式写出印章文字，并附言印章之特征。比如，国家图书馆所藏明末毛氏汲古阁刻清嘉庆道光间重修本《三唐人文集》（索书号：SB14604）中，有章氏过录的何焯批校。其《孙樵集》之首半叶，有章氏临何焯、汪士钟印章（见图3-10）：

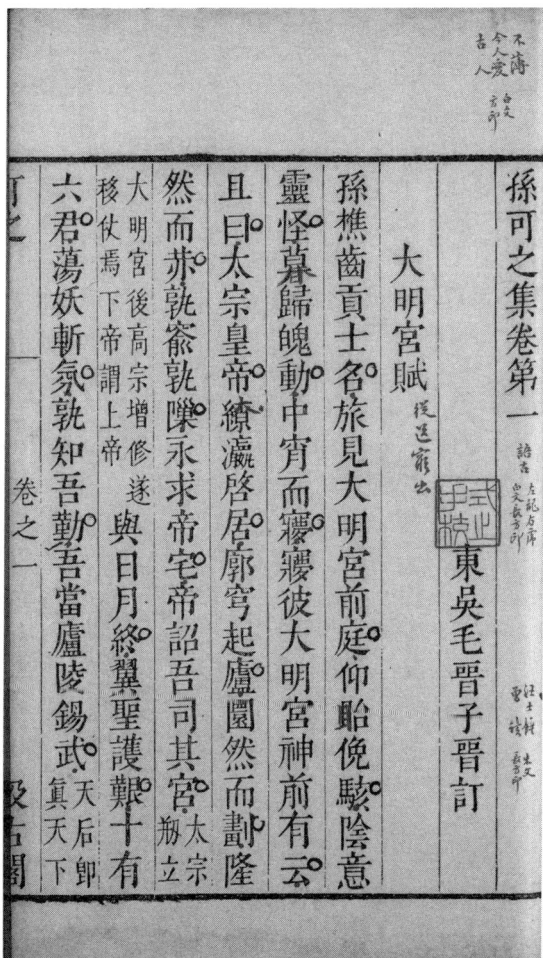

图 3-10 《三唐人文集》，中国国家图书馆藏明末毛氏汲古阁刻清嘉庆道光间重修本，索书号：SB14604。书中有章钰过录的何焯批校。此为《孙可之集》首半叶，有章钰临录的何焯、汪士钟两人之印鉴。

不薄 / 今人爱 / 古人白文方印

语古左龙右虎 / 白文长方印

汪士钟 / 曾读朱文长方印

其李翱集之目录页，章氏临有何焯另外两方印章：

何焯私印　屺瞻两朱文方印

章钰如此"过录"何焯印章，应是想要最大限度还原何焯批校本之原貌，使得读者阅其书可以想见何焯原批之面貌。与勾稽行款类似，最大程度上恢复古书及其批校之原本面貌，有助于学者鉴定与研究，亦会增加古书版面之美观，以便好之者赏玩。批校以及批校之过录在一定程度上重塑了清人所阅读的古书文本之面貌，对于清代的书籍文化、阅读文化产生的影响不可估量。

批校的颜色、书风、印鉴等等，都属于批校文本的形式范畴，它会随着批校文本的流传而改变，并在不同的阅读者处获得不同的意义，发挥不同的功能。其批校文本流传、过录的核心要素，实则是其"文本空间"（textual space）的改变。此处，"文本空间"这一概念，简言之即指文本在物理空间中所处的位置，包括文本在其载体中的位置、文本载体的所有者、所有者所活动的场所与领域等。以批校本来讲，批校的文本空间指的是批校在书中的位置，此书的所有者以及所有者所处的场域等。批校的文本空间通常会伴随着批校的过录或者书籍的易主而发生转换；此一转换亦是重塑文本面貌的过程，会使文本特征、文本意义、文本与读者的关系都发生不小的变化。

上海图书馆所藏清初梅邨书屋刻本李贺《昌谷集》（索书号：线善 799517—18）中有清代学者陈本礼（字嘉惠，号素村，1739—1818）朱墨双色过录的何焯批校，书末有过录的何焯跋，曰：

> 康熙庚午（1690）冬寓京师，欲读长吉诗，无之，因从肆中买得此恶本，屡经目便不忍弃去。后人念余见书之难，愿励志向学也。后二十年焯记。

此条何焯题跋，记录了何氏购得并阅读一部李贺诗集的经过。实则何焯所谓"此恶本"已经不是本条过录的题跋所在的本子，而是一个"彼本"。何焯批校、题跋的文本空间已经发生改变。因此，何跋中"恶本"的评价，已不适于这个梅邨书屋本，同时，何焯的一些对于原来版本、文字特点的描述，也已经不适用于这个新本子。上海图书馆另藏有一部明代刻本《昌谷集》（索书号：线善 764582—83），上有大量朱笔批校和圈点，其字迹颇似何焯手迹，疑为何焯手批本。将两本对比即可发现，陈本礼过录本的批校稍有删削，而且批校的墨色也发生了改变。

批校在过录的时候，因为文本空间的转换，批校文本与正文、书籍的关系都会发生改变，清代的学者对于这一改变心知肚明，一般都会根据新的版本以及过录者的个人眼光而对所过录的批校略作调整，或者只录校勘而对于批评只字不录，或者仅录批评而不及校勘。即使是过录校勘，正文的底本不同，过录的异文和校勘记、对于行款的论述等都会随之改变。不仅是内容，批校文本的颜色、字体等视觉要素也会有所改变。

简而言之，批校会随着新的版本以及过录者的个人品味和学识而调整。

中国国家图书馆所藏《歌诗编》（索书号：SB14622），是李贺的另一部诗集，其内容与《昌谷集》基本一致，因此章钰直接将《昌谷集》中的何焯批校过录到此书中。章钰过录的何焯批校并非从何焯原本过录，而是从邓邦述过录本中过录而来，而邓邦述也是从陈格过录本中过录而来，这样辗转过录，文本空间屡经转移，文本层次较为复杂，章钰即在书前的题跋中说明自己过录时对文本内容和形式的调整，跋曰：

> 壬子（1912）六月借邓本过录，以前传校源流详上邓跋。邓本系明万历癸丑刊徐渭、董懋策批注本，即此本毛跋所谓会稽本也。与此本不同处，注明某明本某于下方。毛据宋刊，何据宋校同者，不别出。与宋不同，则仍据何校录入。何校每云"宋金本作某"，以此本既出宋本，则改作"某金本同"以别之。此书辗转传录，板本又各各不同，于何氏本来面目必有不符处，然亦不可谓非《昌谷集》之一善本矣。七月朔长洲章钰记于津门听鹤僦舍。

章钰过录的底本是明末毛氏汲古阁本，毛本是根据一个宋本刊刻的；何焯所校的底本不知为何，但参校本有毛氏所据的宋本和一个金本，因此，章钰过录何焯批校时，将何校中与宋本相同者全部删去，只记其不同者。根据本书前章钰所录邓邦述跋，邓邦述过录的底本是一个晚明刻本，因此章钰过录何焯批校时又记下了邓本的异文，使得自己手中的本子，由于汇聚各本异文，遂成为李贺诗集的一个"善本"。

　　名家批校的过录本往往会有多种批校汇聚于一本之中，为了区分汇聚起来的多重文本，除了有时候在每段批语之前标明来源之外，更多的过录者选择用不同的颜色来过录。比如，上海图书馆所藏清初刻本《李义山诗集》（索书号：线善6889）有大量朱墨绿紫四色批校，乃是佚名过录的陈嵋、何焯、纪昀等人的批校（见图3-11），书中有题识曰：

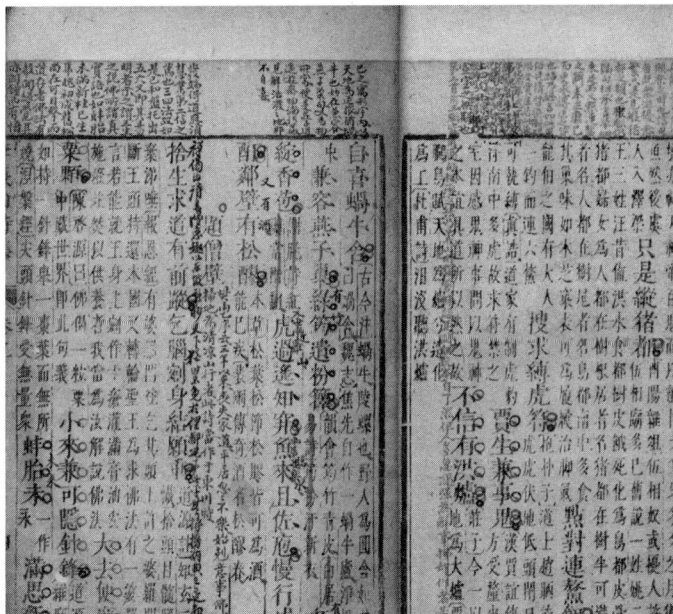

图 3-11　《李义山诗集》，卷一，叶 5b—6a，上海图书馆所藏清初刊本，索书号：线善 6889。书中何焯、陈嵋、纪昀等人的批校分别以朱、墨、绿、紫诸色过录。

墨笔华亭陈峚岚嶭批。绿笔何𨐔瞻焯义门先生批。

纪昀晓岚紫笔。

有时，过录者也会改彩色为单色，还会在题跋中详细描述其所做的改变。比如，上海图书馆所藏清初刻本《苏学士文集》（索书号：线善753558）上有黄丕烈过录顾广圻的批校。从书中顾广圻的题跋可知，顾广圻先是用朱笔过录了何焯的批校，而后使用墨笔记下了《丽泽集诗》中所录苏诗的异文。黄丕烈过录的时候，则全用墨笔，而将《丽泽集诗》的异文冠以"丽泽"别之。黄丕烈所录顾广圻跋曰：

> 无名氏《丽泽集诗》凡三十五卷，宋椠也，就其所载校之，以墨笔为别。乙卯九月二十四日灯下涧薲记。

黄跋在顾跋之后，曰：

> 此校本为余友涧薲所传录，通体皆用朱笔，唯所校《丽泽集诗》皆以墨笔。余临校改朱笔为墨笔，于原本墨笔者，皆以"丽泽"二字别之。丽泽与何校同者，原本皆有墨圈，今悉仍之；有与此刻同者，亦有墨圈，今亦仍之。惟丽泽与刻、校皆不同者，今改题曰"丽泽某作某焉"。嘉庆三十年戊午夏六月竦人黄丕烈识于读未见书斋。

上海图书馆又有一同样版本的《苏学士文集》（索书号：线善T02612—15），其上有朱墨蓝三色批校，朱笔是佚名过录的何焯批校，墨笔不知何人所为，蓝笔则是叶景葵根据上一本中的黄丕烈过录的顾广圻批校所作的校勘。叶跋在所录黄跋之后，曰：

> 旧得白华书屋本，有朱笔传录何校，颇有讹字，又有

墨笔校语三条,未署名,非何校。戊寅春暮假得老友潘
季孺所藏黄荛圃传录顾千里临何校本,又以宋刊《丽泽
集》校诗,因对校一过,概用蓝笔,以别于旧有之朱墨笔。
凡讹夺处悉与改正。

叶景葵过录何焯与顾广圻批校,章钰过录邓邦述等人辗转
过录的何焯批校,都是为了改正文本的讹夺之处,使得自己
手中的本子成为一个"善本"。清末藏书家蒋凤藻(字芗生,
1845—1908)曾以朱墨蓝三色过录许昂霄、张宗橚、黄丕烈等
人对于《读书敏求记》的批校并写下自己的意见,又间用楷、
隶、行等不同书体以示区别,[1] 这样汇聚多种校勘和评论,并
书以不同颜色和字体的本子,当然也是一种具有特殊意义的
"善本"。

　　所有这些因过录的批校而形成的善本,乃是不同时空维
度的多种文本和多个学者的意见叠加而成的。随着文本空间
的转移,批校文本之内容、色彩、风格、在书中的位置等所经历
的调整,看起来似乎只是一些微小的转变,但这些转变却是文
本演化历史的主体之一。当这些文本转变积累起来的时候,
就会产生巨大的效应。在清代,批校直接塑造了清人所阅读
书籍的文本内容与文本面貌,影响着清人对于文本的阅读和
接受。对于学者来说,他们所接触到的批校本的质量和数量
在一定程度上决定了他们研究的深度和广度。而对于一个一

---

[1]见陈先行等编：《中国古籍稿钞校本图录》,上海：上海书店出版社,
　2014 年,第 909—910 页。

般的读者来说，观看那些令人赏心悦目的批校，阅读其他读者
的机智而有趣的评论，定然能够产生不一样的阅读体验。要
进入清人的阅读世界，理解他们的文化心理，批校本、过录本
及其背后的一系列学术活动是一把重要的钥匙。不仅如此，
清代以后，人们阅读的经典文本几乎都是清人整理过的文本，
学者们的研究也必须参考清人的各种评论。我们的阅读行为
实则是在清人阅读历史的某种延长线上，截断这个延长线，截
断的将不仅仅是一个文本的历史或者一个阅读的历史，还将
是一个思想与文化的传统。

五、批校文化

本章描述了清人藉助批校本所构建起来的学术关系、通
过批校以交流和传递学术信息、学术观点与学术精神的方式、
批校对于清人学术方法的影响以及对于经典文本的塑造作用
等问题。实则是以批校之过录为中心，从一个侧面勾勒清代
的学术文化——即本书所称的“批校文化”。

一般从文化史的角度来看，一个群体的文化，就是其参与
者思考与行为的特定方式，是一种在各种因素之下逐渐形成
的较为固定的思考模式与行为习惯，这种习惯形成之后，会变
成一种无形的但是强大的力量，影响生活在其中的多数个体，
决定他们以某种特定的方式思考问题、表达自我、进行实践。
在清代的批校文化中，核心参与者为各类学者、藏书家、书法
家，他们之间互相传借古籍，交换资料，交流意见，形成学术网

络的核心节点；清代学者、藏书家和书法家之数量非常巨大，他们——而非个别所谓学术大家——是学术研究的根基，整个学术生态的基本样貌是由这些学者的行为方式、思想特征、心理状态、生活习惯以及其他与学术有关的一系列元素所决定的。

辅助建成这个学术网络者，还有数量或许更为巨大的边缘参与者群体，比如携书以走访贩卖的书商、过录的抄手和家人，以及跑腿传信的童仆等。这些人的名姓几乎全随历史的烟云而逝去，但他们却是将核心参与者连接起来的桥梁，是使得文本与信息得以顺利传播的渠道，是历史中曾经最为鲜活和劳碌的普普通通的"人"。他们积极参与学术文化的运转，代表了一种普罗大众对于某种社会文化的遵从、支持和促进。

这样一种学术传播的网络和文本交流的方式，是清代考据学（特别是校勘学）得以发展的重要基础之一，若是没有批校文本的产生、交换与互相过录，很难想象清代的校勘学会呈现出何种面貌。批校及其过录，塑造了清人阅读之义本，而且这种重塑过的文本，在今天的阅读世界中仍然占据一定的地位。

第四章　在阅读中表达：批校中的题跋及其对清人学术心态的书写

在明清批校中，最让人印象深刻的一类内容就是写于书前书后、卷尾卷端，或长或短、或手书或过录的各色题跋（colophon），亦或被称为"题记"、"题识"（notes）等，它们一般会记录批校的时间和地点、得书之因缘、书籍流传之历史、过录批校之事由、所过录批校之得失，亦会记录自己阅书、批书之时的外部环境以及内心状态，等等。批校中的题跋，是对于批校之正文的说明，是对批校者阅读与批校行为的记录，它们与批校之正文一起，构成了一个完备的文本生态，可以全面地反映在清代的批校文化中，其参与者如何阅读、如何思考。

也就是说，若将"阅读"看做一种相对独立而积极的人类行为（practice）的话，阅读的过程，则也是一种人对于自我的表达（expression），阅读中所产生的各类书写，亦是一种表达的途径。古代阅读的行为雁过无痕，难以捉摸；但是阅读所留下的书写，却可被看做一种表达的场域。批校，特别是批校中的题跋，是与阅读直接相关的一种书写，它可以反映批校者对所读文本的接受状态、阅读时的心态、他们观物察己的方式、心性与情感等。从这个意义上来讲，清人的批校，特别是其中的题跋，是一种值得认真对待的相对独立的文学体裁，由此可以进入清代学人群体的心态世界。本章拟从多个维度切入清代批校中的题跋这一书写类型，尝试藉此反映清人的学术生活与学术心态。

一、时间与空间

清代中期著名学者与诗人赵翼（字云崧，号瓯北，1727—1814）有一首《纳凉》诗，中有一联曰："镇日书帷校勘劳，出门不觉已秋高。"此联诗句勾画了清时一个普通学者的日常学术生活。在赵翼描绘的这种学者生活中，"镇日"、"秋"是时间元素，"书帷"是空间元素，而"校勘"、"不觉已秋高"则反映在这种时空背景中主人公的活动和心理状态。

"时间"与"空间"是中国古代书写中两个最基本的元素，几乎所有的诗文都是依托于一定的时间和空间来展开其叙述的。书写者会在有意无意中选择特定的时空要素，来反映自己的行为与心态，并以此塑造自己在书写中的形象。因此，对于书写中时空要素的分析，就显得至关重要。解读时空要素中的潜在含义，也是展示书写者思想、情感与心态的一种重要的手段。

明清批校题跋中，有着极其详尽的关于时间和空间的记录。比如，北京大学图书馆所藏佚名过录何焯批校本《后汉书》（索书号：LSB/7288）中有数条何焯题识，皆有批阅之时间与空间的记录,该书卷四末何焯跋曰：

> 康熙辛巳（1701）夏六月清苑行台西序,八柏
> 轩。焯。

卷九末曰：

> 康熙甲午（1714）,心友弟得包山叶氏所藏残宋本第
> 三卷至此卷之半以所校字写寄,因改正数十处。

卷五十七末曰：

> 自四十五卷至此,以北宋残本,灯下手校。时康熙
> 癸巳（1713）阳月,义门潜夫记。

卷九十末曰：

> 初读此书,嫌其讹谬为多,及观刘氏《刊误》诸条,
> 乃知在北宋即罕善本,缘前人重之不如班书故也。嘉靖
> 中南京国子监刊者,注经删削,此犹完书,故是一长。其
> 旧本不差,此复滋谬之字,略为随文改定云。康熙辛巳
> （1701）中秋后题于保定行台西序。焯。

《续汉志》第十六末曰：

> 丙申（1716）四月二十日申时,自内直出,适大风吹,
> 端门牡坏,午门遥望洞开,异而识之。

又曰：

> 庚子（1720）六月廿六日至七日,二日有鳖亿万,梗
> 塞潞河,由天津入海,漕船至不可行。坐粮厅具中牢,鼓
> 乐致祭,开牖送之,始不复见。七月十七日至十九日又
> 如是。

《续汉志》第二十二末曰：

自十九卷至二十二卷，康熙丁酉（1717）祗役武英书局，偶见不全宋嘉定戊辰建安蔡琪纯父一经堂开雕大字本，有丛书堂印，心以为必佳，因从典掌者乞以校对，则舛误可为愤叹……识之以见宋本亦有不足据信如此，非敢为讦激也。七月既望，义门老民书。

《续汉志》卷二十三末曰：

康熙癸未（1703）六月，侍八贝勒于南薰殿，架上有汪文盛刊本，因取以校此卷，汪氏亦仍讹袭舛，如《前书·地理》，亦惮于互勘，书无善本，岂非苟简之过哉？焯记。

《续汉志》卷三十末曰：

康熙辛巳（1701）首夏，于召伯舟中阅完《续汉志》三十卷，毛氏《后汉书》所据之本远不逮班书，舟行，又无从假他本互校，姑俟南归再阅云。焯识。

自二十三卷至此，癸巳（1713）冬日得北宋残本校。

根据这些记载可知，何焯校读《后汉书》始于1701年，终于1720年，前后近二十年。其中涉及的空间因素有清苑、保定行台、内府、舟中、灯下等处。足见何焯对于《后汉书》，凡遇善本，则取以校勘，无时无地不忘读书校书，不愧"读书种子"的称赞。颇值得注意的是《续汉志》第十六末，何焯载自己"自内直出，适大风吹"，甚而"端门牡坏，午门遥望洞开"，遂"异而识之"一事。《汉书·五行志》曰："成帝元延元年正月，长安章城门门牡自亡，函谷关次门牡亦自亡。京房《易传》曰：'饥而不损兹谓泰，厥灾水，厥咎牡亡。'《妖辞》曰：'关动牡飞,辟为亡道臣为非,厥咎乱臣谋篡。'"[1]据此,门牡亡坏,城门大开,古以为内乱之征兆。何焯长于两《汉书》,定然对于这个典故不会陌生。康熙晚年,诸子夺嫡,何焯因为皇八子胤禩之师,而被牵连其中,生时受谗而系狱,死后因曾助皇八子而受尽污名。[2]因此,此条题识,看似与《后汉书》无关,事实上却在一定程度上反映了何焯读书间隙内心的隐忧。书生参政,向来全身者少,获罪者多。因此从心古学,且借纸遁,是很多"读书种子"的必然选择。

上海图书馆藏有卢文弨批校本《仪礼注疏》(索书号:线善797827—36),其上数量巨大的批注和校勘显示了卢文弨对于《仪礼》一书用功之深。卢氏这种笃学的精神对于后来的读书人影响甚大。此书序后有晚清两位学者黄嗣东(字小鲁,1846—1910)、黄彭年(字子寿,1824—1890)的跋。黄嗣东跋曰:

> 此吾乡卢弓父先生《仪礼详校》原本也。书凡十本,共十七卷,每卷末皆有先生自记校阅年日,始乾隆庚午(1750),讫甲寅(1794),用力于兹者凡四十有四年……考校精密,诚非近世经生家所及。余得之于长安市中,细读一过,如获拱璧。吾子孙能世守之固佳,否则以遗世之能读是书者,俾免散佚,亦卢氏之功臣也。光绪十三(1887)年丁亥二月望日后学黄嗣东谨识。

---

[1]《汉书》卷二十七中之上《五行志中之上》,第1401页。
[2]见韦胤宗:《何焯与〈通志堂经解〉之关系及清人对何焯评价问题研究》,《古籍研究》,2013年第2期,第284—294页。

黄彭年跋曰：

> 观此本用力之精勤，老而不倦。急从小鲁借临一
> 过，以志向往。光绪十三年八月后学黄彭年识。

此批校本中每卷末都记载了卢文弨校读此书的时间，黄嗣东
和黄彭年根据这些记载了解到卢文弨对于此书，前后批阅
四十余年，且考校精密，遂令二黄生出倾慕之情，并不惜耗时
费力过录其中批校。由卢文弨到二黄，藉助批校所传递的不
仅仅是学术研究的资料，更是一种读书笃学的精神，以及在学
术中寻找意义的人生态度。而所有这些都是通过一系列的时
间要素来展示的。与卢文弨的批校题跋相似，中国国家图书
馆藏光绪十六年会稽陶氏刻本《华阳国志》（索书号：6226）
上有佚名过录的何焯、顾广圻等人的批校，其中顾广圻在很多
卷末的题跋中，也备录其校读《华阳国志》的时间，现将其各
跋辑录如下：

位置	顾广圻之跋文
卷一末	嘉庆癸酉（1813），再读于江宁寓中。涧苹记。
卷四末	嘉庆癸亥（1803）十月校。涧苹记。
	癸酉五月江宁寓中再读又记。
卷五末	癸酉四月重读。
卷七末	癸酉五月再读于江宁寓中。
卷八末	癸酉三月再读于江宁寓中。
卷九末	廿七日校。涧苹。
	癸酉四月再读于江宁。

续表

位置	顾广圻之跋文
卷十末	癸酉十月校。
	癸酉五月再读于江宁寓中。涧苹记。
卷十二末	十一月朔涧苹记。
	嘉庆癸亥廿一日涧苹居士灯下记。
	阅十年癸酉，为孙观察校勘于江宁，凡事自有定数如此。又记。

如此详细记载其读书校勘的时间，在清代批校本中俯拾即是。此类记录对于后来的读者来说也许并没有多少意义，但是，对于记录者来说，在他们阅读和校勘过的书籍上详细记录校读的时间序列，其实是把这本书变成了自己的"阅读日记"，时间所承载的，是读书者所经历的事件以及他在当时的心理状况，这些事件和记忆，有时会在题跋中隐去，如顾广圻的题跋一般，只留下时空的记号；而更多时候则会在题跋中呈现出来。

二、学术的诗意

一般人们写日记的时候，除了时间和空间元素之外，也会记下当时的天气。清代学者的批校也是如此，上列何焯《后汉书》的一则题跋中，就记载了当时一场奇异的大风。中国国家图书馆藏有一部佚名过录何焯批校《中吴纪闻》（索书号：SB13319），其序末何焯跋先述得到参校本的因由，最后说：

> 康熙庚辰十二月十九日，雪霁窗明，呵冻书。焯。

有趣的是，国图另一部《中吴纪闻》（索书号：S2195）上有清末学者吴志忠（号妙道人，约道光时期）过录的何焯等人批校，吴氏过录何焯此跋，仅录前半部分，未录最后"呵冻书"这一句，而吴氏在本书卷四末自己所写的题跋中云：

> 道光壬辰十一月，见旧抄《说郛》系未刻前明人写本，内有《中吴纪闻》数则，得补此两条，甚为快事。十九日，呵冻，妙道人。

与何焯是同样口吻。吴氏漏录何跋的缘由难以知晓，然而，可以肯定的是，吴氏必然读到了何焯此跋，并且觉其有趣，因而有意模仿之。"呵冻"一词来源颇早。古人诗有"呵冻手"一说，本指冬日天寒手冷，难以作书作画，因此口中呵气暖手，《苕溪渔隐丛话后集》卷八载有当时流传的杜甫伪诗一绝，曰："迎旦东风骑蹇驴，旋呵冻手暖髯须。洛阳无限丹青手，还有功夫画我无？"[①] 南宋陈渊《次韵杨丈夜寒直舍》曰："应对短檠呵冻手，只将长卷扫冰毫。"宋人诗中又有"呵冻砚"、"呵冻笔"之称，指呵气以使砚中凝墨或者冻住的笔头化开，以便于写画，如北宋王珪之诗"想得题诗呵冻砚，固应清兴入毫端"，南宋王炎之诗"嚼蕊嗅香清兴在，尚呵冻笔欲题诗"。

---

① 胡仔：《苕溪渔隐丛话后集》卷八，北京：人民文学出版社，1962 年，第 53 页。

南宋刘过有《临江仙》词一阕，其下片曰："自作小词呵冻写，冷金澹衬银钩。此情知得几时休。寒云迷洛浦，残梦绕秦楼。"[①] 则是不明所呵为手、砚还是笔，使用"呵冻"这一更为简略和模糊的表达，增加了诗词之意蕴。后代诗词笔记中呵手、呵砚、呵笔等皆不少见，但以表意较为模糊却更具诗意的"呵冻"略多，成为文人学者在寒冬之日提笔作书的一种艺术化的表达。何焯、吴志忠等人在题跋中使用这样的表达方式，反映了他们对于自己所进行的读书、校书等行为的体认和觉知。

批校题跋中对于书斋外自然环境的描写往往非常简练，却颇富诗意。国家图书馆藏有一部翁同书过录何焯等人批校本《三国志》（索书号：SB06264），书后有翁同书（字祖庚，1810—1865）题跋，曰：

> 七月十八日风雨中阅竟。

国家图书馆所藏章钰批校并录何焯批校本《五代史记》（索书号：SB14710）中，章钰在卷二十二末有一则短跋，曰：

> 十八日校，梅雨骤凉，可御薄棉衣。

国家图书馆所藏清刻本《庚子消夏记》（索书号：SB15338）中有叶商过录何焯批校以及朱筠、余集、夏璜等人之跋。书末夏璜（1809 年进士）跋曰：

---

① 陈渊《次韵杨丈夜寒直舍》，见《全宋诗》，北京：北京大学出版社，1995 年，第 28 册，第 18341 页。王珪《又次（胡则大赋学）韵》，见《全宋诗》第 9 册，第 5978 页。王炎《池边梅花一株盛开其二》，见《全宋诗》第 48 册，第 29788 页。刘过《临江仙》，见刘过撰，王从仁校点：《龙洲词》，上海：上海古籍出版社，1988 年，第 44 页。

> 丙子二月五日校对毕。是日雨，天气微凉，试液亭
> 所惠古墨，漫书卷尾。小雨点窗，瓶梅欲笑。

这些关于天气的颇具诗意的描写，都类似于赵翼"出门不觉
已秋高"的意境，体现的是这些学者们的一种艺术化的读书、
观物的态度。清代的考据学，表现在批校中的是精密的校勘
与严格的考证，都是充满了理性主义的较为纯粹的学术研究，
是被梁启超、钱穆等人斥为"一趋训诂考订，以古书为消遣神
明之林圃"，皆藉考据以"自藏"，而似乎缺乏精神内涵的死的
学术。[1] 但从学者们的批校题跋中可以看出，他们对自己所从
事的理性化的学术研究，抱有一种诗意的态度，这种学术研究
中的诗意，不仅表现在他们对于环境的诗意的描写，而且也体
现在了他们书写批校和对待书籍的方式中。

何焯是清初著名的书法家，工于小楷和行书，经其手批的
古籍，为藏书家、书法家所珍爱。国家图书馆所藏明钞本《酌
中志》(索书号：SB11564)上有何焯亲笔批校，其书书衣上有
佚名跋，曰：

> 存原抄十五卷，顶批七处及行间红字乃义门亲笔，
> 精致可爱。

---

① 此种观点至今仍为学界看待清代学术的主流意见。持此观点者，在民
国时期以反对满清统治与倡导西化的革命者和改良者居多；后来的所
谓"新儒家"欲改造并复兴宋明理学(包括心学)，亦对清代学术持否
定和贬低的态度。梁、钱之言，见梁启超：《清代学术概论》，见《梁启
超论清学史二种》，第 23—24 页；钱穆：《中国近三百年学术史》，《自
序》第 2 页。

《酌中志》通行本凡二十四卷，此抄本存有十五卷，所存者占全书半数以上。其间仅有何焯眉批七条、夹批数条，不可谓多。然而藏者或将何焯批校作为书帖看待，并特别在封面强调，足见其重视。

中国古代书法的学习讲究临摹，在影印技术不发达的情况下，若能得名家手迹，即使仅有短篇、数行，也足以供临习之用，因此会得到藏家的珍宝。何焯为清代前期帖学大家，其手批的古籍，自然也成为一种保存何焯书法的载体，很多何焯的弟子、后世的学者、书法家都以何焯亲手书写的批校作为他们临摹学习的范本。在清人眼中，过录批校或又被称为"临写"批校，这不仅仅是一种传播知识的过程，也是一种学习书法的方式。如前章所述，何焯弟子蒋杲曾临写过多种何焯批校，且以笔迹类似何焯而著称。何焯的私淑弟子、清代中期学者姚世钰（字玉裁，号薏田，1695—1749），亦因临写何批而闻名。上海图书馆藏有明末毛氏汲古阁刻本《五代史记》（索书号：线善 847873—78），其上有姚世钰过录何焯批校，姚氏小楷极为精美（图4-1）。此书前有高铨跋（图4-2），曰：

> 此姚薏田先生手抄义门何太史校本也，太史借绛云楼东涧翁阅本点定。原书昔在维扬马氏丛书楼，闻已散归江北。《读书记》所载仅撮涯略，薏田先生馆于马氏，从原书录出，详审无遗，大江以南，别无副本，读者其珍稀之。苹洲记。

高铨叙述了姚氏过录的经过，并从学术层面上称赞了姚氏过录本的价值。而后来，章钰将此本上的批校全部过录到了另

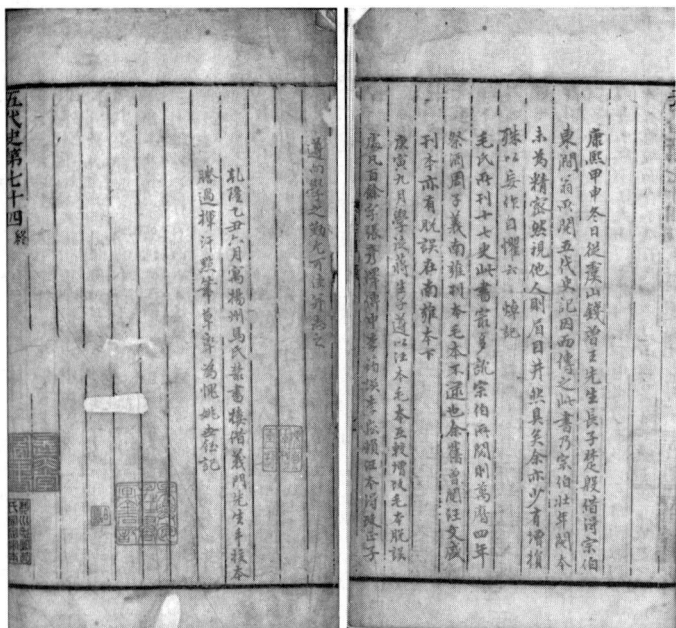

图 4-1 《五代史记》书末姚世钰过录的何焯批校。上海图书馆藏明末毛氏汲古阁刻本，索书号：线善 847873—78。

一本之上，此本就是上文所提到的国家图书馆藏本，其书末章钰跋曰：

> 蒚田先生手传何义门先生本今藏天津图书馆，[①] 精整无匹。壬戌七月借传一本，竭二日之力卒事，草率当为前贤所诃，式之。

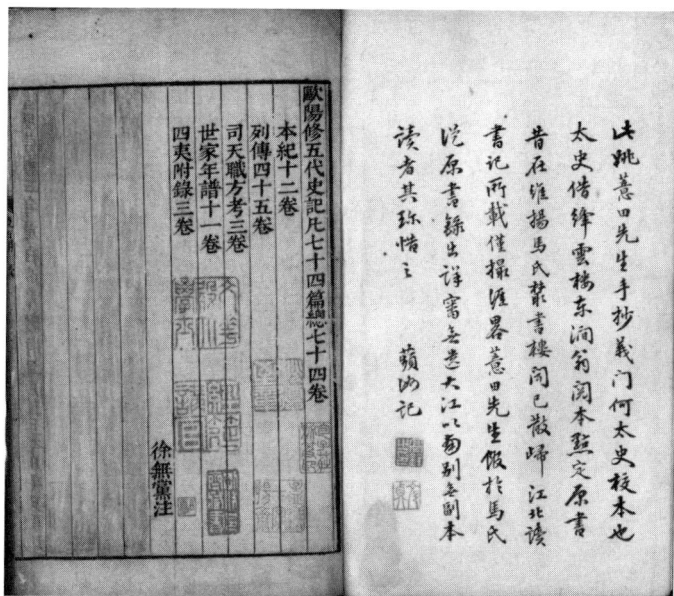

图 4-2 《五代史记》书前高铨跋。上海图书馆藏明末毛氏汲古阁刻本，索书号：线善 847873—78。

　　　　义门识语，现行《读书记》有未及载者。薏田书迹，
　　　　极似何氏。钰又记。

像姚世钰这般临摹何焯批校几乎可以以假乱真者，在清代并不少见。一些佚名过录者，模仿何焯手迹而不署名，给鉴别何焯批校本的真伪带来很大的困难。这些批校本很多是商家雇佣抄手造假，以提高书籍的价格。

　　"精整"、"精工"、"精好"等都是描述批校书法特点的常用词汇，它们显示了批校者与过录者，无论选择何种字体，对

于在书上书写，总是抱有极为仔细的态度。过录者有时会将多种批校录于同一书中，为了区别各家批校，会以不同的颜色过录不同的批校，红色和黄色较为常见，因此，在题跋中亦多用"丹黄溢目"、"丹黄精谨"等词来描述批校之美。对于清代学者来说，文本的意义，不仅仅体现在其内容方面，还蕴含在书法风格等文本的形式特征之中。对于形式的关心，彰显了清代学者对于诗意的某种理解，理性的考辨与诗意的态度，是清代学术文化的一个核心精神特质。

三、书斋内外

批校中的题跋，其描写的笔触会从学术本身转换到自然环境，论述的空间也会从书房转移到更为广阔的外部世界，空间的转换体现的是学者们的眼光从一室向外界的拓展。书房外自然不止有客观的天气，还有复杂的人事。国家图书馆所藏明刻本《南史》（索书号：SB04309）中有刘履芬（字彦青，1827—1879）过录何焯、王鸣盛（字凤喈，号西庄，1722—1797）等人批校，其卷末录有王鸣盛三跋，第一跋记录了王氏批校《南史》之事，其第二、第三跋则颇述其家事，曰：

> 三十八年癸巳（1773）正月二十三日，重临诸本批评，自三十四卷起，至二月初二日午后毕工，是日清晨，又产一女，时予年五十有二。

> 自壬辰（1772）八月，两陈妾又忽回家去，其父颇怀恶心，予情绪既不佳，又八、九两月连次贴卖房屋，费财

劳顿，不可胜言。又儿嗣构病危，医药之费不赀，半载之中，日在愁城，遂亦废业不理。癸巳初春，时方遣嫁第四女于姚氏，情绪亦烦挠，偷闲校毕此书。剌促之中，不辍稽古，盖予之所好在此也。

王鸣盛为乾隆十九年（1754）榜眼，曾任侍读学士、内阁学士兼礼部侍郎、光禄寺卿等职；著有《十七史商榷》等书，为清代著名的史学家与考据家。《南史》中有大量的王氏批校，以校正史文、考辨史实、评论史事为主。而此两跋，前者叙述了王氏老来得女的兴奋，后者记录了令其烦心的家庭纠纷。然而，无论或喜或忧，王氏都是"不辍稽古"。在王氏而论，为学已经不是一项工作，而已经成为学者的生活习惯，是其日常生活之核心内容。书、读书、校书，和其他一切与书有关的活动，都在学者的生活中占有重要地位，学者们甚至是通过书与他人、与外物建立联系。国家图书馆所藏清抄本《韩文钞》（索书号：06252）之上有翁同龢过录的何焯批校，此书书末有翁氏两跋，曰：

> 戊午二月十六日，于厂肆见李榕村先生批本韩文，假归临校一过，李氏说不过数条，大抵义门何氏之说居多。时余妻病瘵累年，至是，气仅如缕。篝灯夜读，意境不堪，悠悠此中，孰知余悲也。二十日临毕，因识。同龢。

> 同治戊辰九月扶护先文端公及先兄文勤之丧，由潞河南还临清，无水，乃出陆，复自张丘入舟，忧伤憔悴中点读一过。别以小艇载正妻柩相望于烟波浩淼间也。

是月四日，微山湖中，同龢记。

此两跋备载翁氏与书与人的事迹，读来令人不胜唏嘘。在忧伤之中，读书校书实为翁氏心灵之一抚慰。上海图书馆藏清刻本《金石录》（索书号：线善 T03117—122）书末有一翁同龢跋，阐明了自己得书于厂肆的经过，并断定其书中何焯批校乃是晚清名臣董醇（1810—1892）所临。其后翁氏另有一跋，叙述潘祖荫（字在钟，号伯寅，1830—1890，家有藏书楼曰"滂喜斋"）得一宋椠《金石录》，喜而为之刻印，并延请友人为之赋诗的经过，跋曰：

> 昔吾友潘伯寅得也是园宋椠残本，诧为奇宝，刻"金石录十卷人家"小印，置酒邀人赋诗。滂喜云亡，风流歇绝，可胜叹哉！瓶生记。

《金石录》宋刻本明代已经罕有流传，清人以为存世者仅十卷，因此，其递藏者，如冯研详、江立、阮元等获藏之后，皆刻印"金石录十卷人家"以示珍爱。潘祖荫不仅请篆刻大师赵之谦为自己刻印"金石录十卷人家"，并延请友人赋诗以咏之，足见其大喜过望的心情。[1] 翁同龢在自己的书本之上写下此条逸闻，不仅显示了对于潘氏得书的羡慕之心，亦表达了他对于古书大多散佚的感慨，并且多少也为自己能得到此批校本而暗喜。

---

[1] 参见徐珂：《清稗类钞·鉴赏类》，北京：中华书局，1984 年，第 4246 页；潘祖荫：《滂喜斋藏书记》卷一，《续修四库全书》本，第 926 册，第 429—435 页。

　　比翁同龢较晚的章钰，也是处在清末民初新旧交替中的学者，其书籍题跋中颇有迷茫仿徨之言，而且与翁氏类似，章钰也从读书中获得些许慰藉。上文提到的国家图书馆藏章钰批校本《五代史记》中还有数条章氏题跋，其书卷七末章氏跋曰：

　　　　十六日，稚子元义满月，翦鬎，与亲戚情话，抽暇校此。

卷六十二末跋曰：

　　　　二十三日校。不治他事，朋从绝迹，故校读较多。

繁忙之时，抽暇校读古籍；闲暇之时，校读尤多。稚子满月，与亲朋情话，愉悦之时，不忘校读；朋从绝迹，孤寂之时愈倾心于校读。可见校读古书在章氏生活中之地位。此书卷四十二末有章氏跋曰：

　　　　二十一日校，是日为余四十九岁初度，去先君之亡二十七年，先母之亡七年。前十年为通籍之年，是日寓京，达子营汪丈处试写策一本。又前十年在里门，是时元善尚未试周，今已远诇美国求学，将次毕业。又前十年，时在胥门，由斯衔处蒙馆。又前十年，从丁师读《孟子》。回望前尘，历历如绘。蘧大夫谓知四十九年之非，余则谓，以今校之前数十年，或较是耳。此中消息，将与谁语邪？

此跋写于章钰四十九岁生日之时，此时已是民国二年（1913），章氏寓居天津。[1]跋中，章氏以十年为阶段，回顾自己前四十九年的人生经历。在这四十九年之中，时间流逝，章钰所在的空

①参见苏精：《近代藏书三十家》，北京：中华书局，2009 年，第 46 页。

间也从家巷转移到胥门，再到京城，再到天津。而无论章钰处在任何一个时间与空间的结点，读书求学一直是他生活的主要内容。对于章钰这样一个"读书种子"来说，外在的时空是变动不居的，而他的读书生活却是不变的，他与书的联系是恒定的。这或许是因为时空的转变还不足以大到能够转变他的精神以及他认识世界的方式。他是通过由前贤写就的、编辑的各种文本来认识这个世界的。卷十五末章氏题跋，记载了自己与友人对于苏东坡《水龙吟·次韵章质夫杨花词》之讨论，跋曰：

> 十七日校，夜施仲鲁来与谈坡公《水龙吟·杨花》一阕。渠云："下半不恨二语，谓杨花不足惜，随以俱亡者乃大可惜。"及问其究竟，则是杨花非杨花，同归于尘土，"流水""晓来"六语有万类同归于尽之意，极得微旨。余于此词，每谓上半为我生说，下半为世界说，千古伤心之辞，有人为之印证。翌日晨起拟书，为记其略。

苏轼杨花一词曰：

> 似花还似非花，也无人惜从教坠。抛家傍路，思量却是，无情有思。萦损柔肠，困酣娇眼，欲开还闭。梦随风万里，寻郎去处，又还被莺呼起。
>
> 不恨此花飞尽，恨西园，落红难缀。晓来雨过，遗踪何在？一池萍碎。春色三分，二分尘土，一分流水。细看来，不是杨花，点点是离人泪。[1]

---

[1] 苏轼撰，邹同庆、王宗堂校注：《苏轼词编年校注》，北京：中华书局，2002年，第314页。

苏词上片反用韩愈《晚春》诗"杨花榆荚无才思，唯解漫天作雪飞"两句，写杨花看似无情，却自有其情思。下片则是写杨花落尽，春色退去，颇有章钰所云"万类同归于尽"之感。章氏谓此词"每谓上半为我生说，下半为世界说"，即言我生自有情思，而天地将变，天崩地坼之下，万类终将同归于尽的大悲大愁。这种无力感和悲苦之情，实则是晚清很多传统士大夫的心灵写照。

这些熟读儒家经典的学者，多多少少都有一些浪漫主义的精神特质，对于现实的政治和人事皆有理想化的诉求。在他们的理想中，天地之理或许已经备于书房中所藏的经典中，自己与自己以外的人和事物发生关系，都可以以书和书中所载的道理为纽带。这些学者们思考的模式，都是从文本中汲取观物省己的道理，然后尝试运用到接人应物上去。然而，理想与现实的鸿沟，也就是理论上应该如此和事实上并非如此的鸿沟，却难以跨越。在这个巨大的鸿沟面前，很多学者选择从现实中退回到书斋中，试图在文本层面构建自己的理想世界。

文本中有事理层面的内容，也有艺术方面的特征。因此，建立在文本之上的，其实是一种理性而充满艺术气息的生命哲学。在校勘、考证中，学者们遵循的是一种严格的文本理性。从现有的批校本中来看，这种文本理性并未被学者们投入到现实层面，它更多地是停留在学说层面。由文本构建起来的理性世界，却为学者们提供了一个从现实中退回的领地，一个充满了集体想象的桃花源。这些深悉经典文本而疏于现实的学者们，在现实生活中，更多地遵循着一种艺术化的生活方式：他们对于外界环境有着颇具诗意的观照方式，他们对于学术材料、书籍都是以审美的态度来赏玩。大体来讲，清代学者的思维模式，有的偏向理性和事功，有的偏向艺术，但都未完全抛弃任意一方，而是在其中找到自己的平衡点。即使是在文本世界的构建中，他们也并未以"完成"某项任务或是写出一本书、一篇论文为目的。在很长的时间序列里，在极其复杂的空间转换中，他们进行的所有的学术活动本身即有其意义。过程的重要性要高于结果；体悟的重要性要高于目的。学术不仅是其"志业"——如马克思·韦伯（Max Weber）所说——还是他们生命的一部分。

这些儒家学者，也就是"读书种子"，都具有一种理性的审美人格：一方面，通过阅读与思考的训练，他们具备了追求真理的态度与能力，时时在追寻安身立命之基；另一方面，通过挖掘日常学术生活中的美感，使得自己的心灵得到应有的慰藉。他们修身立命最重要的功夫就是读书的功夫，而读书与学术从来不只是理性地追求"真理"本身，它关乎生活与对于生命的体悟。这种知性而充满诗性气息的生活，或许也符合孔子"志于道，据于德，依于仁，游于艺"的教导。

国家图书馆所藏吴志忠过录何焯等批校本《中吴纪闻》（索书号：S2196）的目录之后有吴志忠的一则题跋，曰：

> 道人（吴志忠）于是书凡四校：何义门先生旧抄本沈秋田先生临校者也，毛子晋刻录原本经子晋及陆敕先所订定者也，武源氏以宋本校者也，明人抄《说孚》所录本

也。合之旧有绶阶所校陶、蒋二氏本而六矣。今又遇毛

斧季手校叶文庄藏本，乃知即为何义门本所祖，覆勘下，

实补挂漏甚多。道人于是书也，亦何缘之深邪！

吴氏相信自己与《中吴纪闻》这一书有着深厚的缘分，明清时期的学者也许都相信自己与书有着某种缘分。这些"读书种子"是一生从事与书籍和文本有关活动的最纯粹的学者，书和文本中究竟有没有他们追求的终极答案，似乎也不是那么重要。这种与书的缘分，确是他们所念念珍惜的。

第五章　从批校本到刻本

　　名家批校由于具有很高的学术和文献价值，因此在清代就被以各种形式刊刻印刷，获得了非常广泛的流传。这些刊刻印刷的旁注、眉批和校勘，从而在更为基础而广阔的层面上渗透进了学术史和阅读史，深刻地影响了后人的阅读与研究。然而，从批校本到刻本，批校不仅文本形式发生了改变，其学术意义也随之改变。明清学者批校的内容往往包罗万象，内容极为庞杂，而后人在刊刻之时，一般都会对其进行取舍，如何取舍则反映了编纂者的学术取向。观察批校本的刊刻，是一个很好的认识学术风气递变、转移的角度。本章将以清初因批校名家的学者何焯为例，考察其批校本的编刻和印刷，评价其编纂之得失，并期望藉以展现清代学风的变迁以及清代学者在经典文本校勘史与阐释史上所作的贡献。

一、《义门读书记》的刊刻

1. 从钞书到批书

　　魏晋以降，中国的书写史上开始出现一种以考据、辨证为主的笔记类著作，这类著作，实则是一种读书的笔记，是建立在文本考证基础上的学术札记。较早出现的是晋朝崔豹的《古今注》，由其题名可知，本书是刚刚脱离经史传注而独立的一种新型著作——经史传注皆专主一经，对其词汇、语句进行训释疏解；《古今注》则分类考订舆服、都邑、音乐、鸟兽、鱼虫、草木、杂注、问答释义等八个类目的内容，考证范围并未限于一经一史。唐以后，此类书渐多，较著者，唐时有《封氏闻见记》《资暇集》等；宋元时有《梦溪笔谈》《考古编》《演繁露》《能改斋漫录》《学林》《容斋随笔》《北轩笔记》等；明时有《四友斋丛说》《焦氏笔乘》等。尤其是南宋王应麟（1223—1296）的《困学纪闻》，以考订精深著称，清代考据学家纷纷为之作注。①

清代考据、辨证类笔记数量更为巨大。梁启超等人称清人好做学术札记，流行"札记册子"，清人的很多学术笔记也是根据这些札记册子编纂而成。②

除了王应麟的《困学纪闻》外，清初学者顾炎武（1613—1682）的《日知录》也是清人学习的榜样。《日知录》书前，顾氏自记曰：

---

① 见刘叶秋：《历代笔记概述》，北京：中华书局，1980年。
② 见梁启超：《清代学术概论》，上海：复旦大学出版社，1985年，第51—53页。又参见 Benjamin A. Elman, *From Philosophy to Philology: Intellectual and Social Aspects of Change in Late Imperial China*, Los Angeles: University of California, 2001, pp. 211—214.

> 愚自少读书，有所得辄记之。其有不合，时复改定。或古人先我而有者，则遂削之。积三十余年，乃成一编，取子夏之言，名曰《日知录》，以正后之君子。东吴顾炎武。[①]

这段话记载了顾氏写《日知录》一书的经过。此处言"有所得则记之"，并未说明记载于何处。然据后文"时复改定"，而且可以"削之"，则可推知，这些札记并非记于书中天头地脚的批校，而是另纸写定的读书笔记，此即顾炎武所谓"钞书"。顾炎武《钞书自序》曰：

> 先祖曰："著书不如钞书。凡今人之学，必不及古人也，今人所见之书之博，必不及古人也。小子勉之，惟读书而已。"[②]

这种"钞书"做札记的方式，应该是顾炎武以前的学者写作考订笔记的主要方式，清代的很多学者也在继续践行这种读书做学问的方式。然而，从何焯开始，很多学者开始渐渐改变这种方式：他们开始在原书之上批注、校勘，然后由他们自己或者后人整理这些批校，并刊刻成书。何焯的《义门读书记》就是首部由批校编纂的"读书记"。——晚明以前，少有读者直接在书籍之上写批校，更未闻以批校编纂成书者。晚明时

---

① 见顾炎武撰，黄汝成集释，栾保群、吕宗力校点：《日知录集释》，上海：上海古籍出版社，2006 年。

② 顾炎武：《钞书自序》，见顾炎武撰，华忱之点校《顾亭林诗文集》，北京：中华书局，1983 年，第 30 页。

期，读书人方始惯于在书籍之上大量书写批校。^①这是中国阅读史上一个比较深刻的转变，此一转变，或许与书籍的爆发式增长有关。近年来，欧美和日本学者提出，中国晚明时期有一个"书籍印刷的大爆炸"（publishing boom），书籍的印量急剧增长，流通更为普遍，书价也相应有了大幅度降低。^②这样的观点也许稍显夸大其实，但晚明刻本书籍的增多和书价的降低却是一个不争的事实。其影响是，清代前期，学者们真正阅读和使用者，大多数是中晚明刻本，何焯等清初学者用以批校者，也几乎全是中晚明以后的刻本。这是书籍刊刻对于学术造成深刻影响的一个显例。

---

① 在书籍中加上特殊的标点和符号以便于阅读的方式起源很早，春秋战国、秦、汉时期的出土文献中即偶有出现。在南宋，读书圈点也极为普遍，宋人在书中"抹黄""施朱"直接促进了诗文评点的兴起。然而，将选文、圈点、批评结合起来的诗文评点之书，却是一种商业出版行为。（参见吴承学：《评点之兴：文学评点的形成与南宋的诗文评点》，第24—33页。）无论从传世典籍还是出土文献来看，在书籍之上书写文字批语的个人阅读行为，在晚明以前都比较少见。

② 见大木康：《明末江南的出版文化》，上海：复旦大学出版社，2014年；周绍明（Joseph McDermott）著，何朝晖译：《书籍的社会史：中华帝国晚期的书籍与士人文化》，北京：北京大学出版社，2009年；Cynthia J. Brokaw and Kai-wing Chow, eds., *Printing and Book Culture in Late Imperial China*, Berkeley, Los Angeles and London: University of California Press, 2005. 此类情况也见于十六七世纪的欧洲，参见安·布莱尔（Ann Blair）著，徐波译：《工具书的诞生：近代以前的学术信息管理》（北京：商务印书馆，2014年），此书英文正题为"Too Much to Know"，直译即"有过多知识等着我们去学习"。

2.《义门读书记》的编纂

何焯过世三十多年之后,在乾隆十六年(1751),何焯弟子沈彤、侄子何堂等人汇集何焯的批校本,整理刊刻成书。由于批校数量庞大,批校本又不易搜求,因此,数年只整理完成了《春秋三传》、两《汉书》《三国志》等书的批校,编为六卷,书名《义门读书记》。之后,蒋杲的侄子蒋维钧根据家藏的何焯批校本和其父辈的过录本,将《义门读书记》增益至五十八卷,包括十八种古籍的批校,并在乾隆三十四年(1769)刊刻成书,是为后来广为流传的《义门读书记》。①

《义门读书记》何堂序曰:

> 先生之书满家而身没京邸,莫之爱护。取携狼藉者有人,而书以散佚。……迨先生没久而名益盛,闻风向慕,争欲一睹其书为幸者,几无远近。于是评阅之本,且走四方。所幸及门之士,昔时所通,假而传录者,尚存什之三四,而往往珍惜过甚,秘不肯出。②

此中谈到,何焯去世之后,其藏书"取携狼藉者有人,而书以散佚",而且藏有何焯批校本者,"往往珍惜过甚,秘不肯出",关于这一点,何焯侄孙何忠相的序说得更加明白:

> (何焯)康熙壬寅捐馆舍,遗书充栋,时孤山学叔(何焯之子何云龙)甫九岁。书贾百计购,评本风驰电卷,百

---

① 何堂诸人序,见何焯著,崔高维点校:《义门读书记》,第1285—1290页。

② 何焯著,崔高维点校:《义门读书记》,第1285页。

无三四存。其得之者，强半皆维扬富人，秘不出。承学
士喁喁引领以为大戚。[1]

何堂等人皆为何焯后人，对其先祖或许颇有过誉之词，然而何
焯批校本风行海内，却是事实。既然批校本被"富人"收藏，
而且"秘不出"，以至于学士难以见到，因此，他们将其收集整
理，刊刻成书，也是为了广为流传。

通行五十八卷本《义门读书记》总共收有十八种古籍的
何焯批校，分别是：《四书》（包括《大学》、《中庸》、《论语》、
《孟子》）、《诗经》、《左氏春秋》、《穀梁春秋》、《公羊春秋》、《史
记》、《前汉书》、《后汉书》、《三国志》、《五代史》、《昌黎集》、
《河东集》、《欧阳文忠公文》、《元丰类稿》、《文选》、《陶靖节
诗》、《杜工部集》、《李义山诗》。据书中何堂诸人序以及书前
蒋维钧的《凡例》，这只是何焯批校本的"不过什一"。依《中
国古籍总目》及各公私图书馆藏书目录，何焯手批或者过录
何批的古籍不下百种。其中较著者，如上海图书馆藏明汲古
阁刻本《周礼注疏》（索书号：线善 T06322），其中有清吴昕
录何焯、惠士奇、惠栋的批校，又有清沈诚焘批校，清韩应陛
跋，民国王欣夫跋。书前王欣夫跋称：

此娄县吴芸阁临元和惠半农松崖父子校本《周礼注
疏》，半农用红笔，松崖用墨笔。松崖先据何义门校宋刻
元修本，又据卢雅雨藏宋余仁仲万卷堂本详校，余本旋
入内府，今故宫藏书中无之，知已散佚，赖此校本得存余

---

①何焯著，崔高维点校：《义门读书记》，第 1288 页。

本面目。①

可知，惠栋曾过录何焯《周礼注疏》的校语。何校所据的"宋刻元修本"，学者推测为宋刻八行本。②宋刻八行本《周礼注疏》清人已不多见，因此何焯过录的异文对于清人整理和阅读《周礼注疏》皆有重要意义。惠氏父子曾过录之，并据以校读《周礼注疏》，阮元所编《十三经注疏》中的《周礼注疏》，惠栋校本是一重要的参校本，这也是间接使用何焯校本。上海图书馆又藏有明李元阳刻本《周礼注疏》（索书号：线善T04967），中有清沈彤校并录何焯批校，其中所录何焯校、跋皆与惠栋校本一致，当是同一来源。可惜，这两者都是过录本，何批原本已经不存，而《义门读书记》亦未收入，不能不说是一种损失。

经部之中，台湾"国家"图书馆所藏明崇祯二年（1629）毛氏汲古阁本《孝经注疏》上有佚名过录的何焯批校。上海图书馆藏清乾隆三十八年（1773）朱氏椒华吟舫刻本《说文解字》中有佚名录清何焯、惠栋批校。国家图书馆藏清康熙四十五年（1706）曹寅扬州使院刻本《广韵》，其中有何焯批校并跋。史部中，上海图书馆和国家图书馆皆有佚名过录何焯批校本《南史》；上图复藏有何焯批校本《北史》；上海图书馆和北京大学图书馆皆有何焯批校本《史通》的过录本；国

①此跋又见王欣夫《蛾术轩箧存善本书录》，第734—735页。
②见《周礼注疏校勘记》，《续修四库全书》影印本，第181册，第99页；张丽娟：《〈周礼注疏校勘记〉惠校本及其他》。

家图书馆和北京大学图书馆皆藏有何批《华阳国志》的过录本；国家图书馆藏有五种何批《中吴纪闻》的过录本；上海图书馆、国家图书馆、台湾"国家"图书馆等地还藏有多种何批《金石录》《水经注》等的过录本。

子部、集部中，《新序》《法言》《太玄》《宾退录》《世说新语》《钝吟杂录》《庚子销夏记》《刘宾客集》《元氏长庆集》《苏学士集》等书都有何焯手批或过录的何批。特别是，上海图书馆藏清康熙二十五年（1686）刻本《唐音戊签》（索书号：线善 961646—85），以及明崇祯元年（1628）毛氏汲古阁刻本《唐人选唐诗》（索书号：线善 839789—96）中，有数量极其巨大的何焯批校，为何焯手批，具有很高的学术价值。这些批校《义门读书记》皆未收录，不能不说是编纂上的一个巨大的缺陷。

3.《义门读书记》对于何焯批校的删削：以《后汉书》为例

清以前的考辨类笔记，大抵皆分类编纂其考订条目。如《古今注》，分舆服、都邑、音乐、鸟兽、虫鱼、草木、杂注、问答释义等八类；《梦溪笔谈》分故事、辨证、乐律、象数、人事、官政、权智、艺文、书画、技艺、器用、神奇、异事、谬误、讥谑、杂志、药议等十七个类目。[①]《困学纪闻》前八卷讨论"经义"，以《易》《书》《诗》《周礼》《仪礼》《礼记》《大戴礼》《乐》《春秋》《左传》《公羊》《穀梁》《论语》《孝

①见崔豹：《古今注》，沈阳：辽宁教育出版社，1998 年；沈括撰，胡道静校注：《新校正梦溪笔谈》，北京：中华书局，1957 年。

经》、《孟子》、"小学"、"经说"的顺序,对诸经中的问题进行了考辨;卷九、卷十是对"天道"、"历术"、"地理"、"诸子"等内容分条考辨;卷十一到十六为"考史",按照时间顺序,讨论了战国到东汉的各种史学问题,涉及的史书有《战国策》、《史记》、《汉书》、《后汉书》等;卷十六到卷二十则是"评文"、"评诗"、"杂识"等内容。可以看出,整部《困学纪闻》是王应麟平常读书札记的汇集,整体上来讲,它是按照经、子、史、集的顺序编排的。[①]通行本《日知录》前七卷为"经义",其条目依次是关于《易》、《书》、《诗》、《春秋》、《论语》、《孟子》、《孝经》、《九经总义》的条目,然后则是政事、世风、礼制、科举、艺文、名义、古事真妄、史法、注书、杂事、兵及外国事、天象术数、地理、杂考等内容。前文已经述及,顾炎武自言其撰写此书的方式是"钞书",也就是作读书札记,然后根据读书札记删削、编排成书,编撰的基本逻辑与王应麟是一致的。那么,顾、王之书,其实和《古今注》等书在写作编纂的方式上是类似的,也就是以别纸作读书笔记,然后分类汇纂成书。阅读时钞书,其目的是将来编纂自家著作的用意极为明显。

而《义门读书记》则与之不同。《义门读书记》是何焯去世后,其子侄、学生汇集何焯批校本,摘录批校,整理刊刻而成。何焯学问渊博,精于版本校勘,他写在书上的批校包罗万

[①]见王应麟撰,翁元圻等注,栾保群等校点:《困学纪闻》,上海:上海古籍出版社,2008年。

象,很多都是对书中文本的直接批评,而且有关校勘的内容占有重要地位。这些批校是建立在文本细读之上的文本分析,而非针对个别条目的专题考证。因此,其书并未如《日知录》等书一般主要分类编辑条目,而是按照何焯所阅书籍的文本顺序来编排。《义门读书记·凡例》称:

> 义门读书,丹黄并下,随有所得,即记于书之上下方以及旁行侧里。卷帙既多,本文不能全载,故全刻用经疏之例,仅标章句,兹亦依其旧。[①]

古代经疏原不与正文同行,而是标举经文章句,将疏附于其后。[②]《义门读书记》仿照这种格式编纂,是要保证批校与正文的关系尽量贴近。这一点也说明了何焯等人"批校古籍"与之前学者"钞书"做札记已有不同,其学术成果的呈现自然有异。

但是,经典注疏重在解释、阐明正文的文意,藉以传达著作者的主张——或者注者所理解的著作者的主张——注疏本身的著作之意也极为明显,因此,经典注疏本可以在形体上离开经典的"文本",此即章学诚所谓"盖皆依经起义,其实各自为书"。[③]而批校是写在经典的实物"书籍"之上的,它不仅讨论其内容(也就是圣人著作之意),还会讨论可见的"文本"的样貌(包括行款、字体、颜色,特别是异文、异体等方面),有时

---

① 何焯著,崔高维点校：《义门读书记》,《凡例》第 1 页。
② 参见张丽娟：《宋代经书注疏刊刻研究》,北京：北京大学出版社,2013年,第 228—295 页。
③ 章学诚撰,叶瑛校注：《文史通义校注》卷三,第 248 页。

候还会谈到承载文本的书籍本身。这后两者往往是文献研究的重要内容，却并非一般经典注疏关心的内容。因此，以经疏的格式来编纂批校，势必有所扞格，造成诸多缺憾。

以《后汉书》为例，据笔者统计，北京大学图书馆藏明末毛氏汲古阁本（索书号：LSB/7288）之上有佚名过录的何焯批校 3726 条；《义门读书记》中《后汉书》批校有 700 余条；这 700 余条皆见于批校本中，仅文字偶有差异。因此，以《后汉书》而言，批校本与《读书记》关系的核心，就在于后者对前者的择录——或者说是对于批校的删削。大体来讲，《义门读书记》对批校内容的择录，有以下几个特点：

（1）对于校勘材料遗漏过多

北大本《后汉书》上的 3726 条何焯批校中，关于校勘的材料有 1625 条，《义门读书记》仅录其 94 条，可以说是百不存一。不光《后汉书》如此，其他古籍也都是这样。因此，仅以《义门读书记》作为讨论何焯校勘学的材料，不会对何焯的校勘学有全面而正确的认识。

比如，《后汉书》卷四十一《宋均传》："宋均，字叔庠，南阳安众人也。"北大本上，何焯以朱笔改"宋"为"宗"，并有眉批曰：

> 《党锢传》注引《谢承书》云："宗资字叔都，南阳安众人也。家世代为汉将相名臣。祖父均自有传。"则"宋"字传写讹也。《南蛮传》中叙受降事，正作谒者宗均，此即见于本书，可参校定之。

这是何焯据《后汉书》卷八十六《南蛮传》之本证，及卷六十七《党锢传》注引《谢承书》改《后汉书》原文，后者亦可看做本证。王先谦《集解》曰："《通鉴》胡注：'宗均，《后汉书》作宋均。赵明诚《金石录》有《汉司空宗俱碑》。按《后汉·宋均传》，均族子意，意孙俱，灵帝时为司空。余尝得宗资墓前碑龟膊上刻字，因以《后汉·帝纪》及《姓苑》、《姓纂》诸书参考，以谓自均以下，其姓皆作宗，而列传转写为宋，误也。后得此碑，益知前言之不缪。'《党锢传》注引《谢承书》云：'宗资字叔都，南阳安众人也。家世为汉将相名臣，祖父均，自有传。'则'宋'字传写误也。《南蛮传》中叙受降事，正作'谒者宗均'。此即见于本书可参校者。《广韵》宗姓，周卿宗伯之后，出南阳。《论衡·程才篇》东海宗叔犀，即此宗叔庠也。张说《宋璟遗爱颂》：'尚书东汉之雅望，黄门北齐之令德。宋氏世名，公济其美。'盖指均与宋钦道也。然则此传'宗均'讹为'宋均'，自唐已然。"① 王氏之言自"宗均，《后汉书》作宋均"至"益知前言之不缪"乃引自《通鉴》卷四四之胡注；"《党锢传》注"至"可参校者"，引自何焯说，而王氏未注明出处；"《广韵》宗姓"之后，乃王氏之语。王氏据张说《宋璟遗爱颂》证明"宗"讹为"宋"自唐已然。中华本《校勘记》曰："《通鉴》胡注引张说《宋璟遗爱颂》，证明'宗均'之讹为'宋均'，自唐已然。"② 这是未检《通鉴》原文，而误以王说为胡注。《后汉书》"宗"之讹为"宋"，

---

① 王先谦：《后汉书集解》卷四十一《宋均传》，叶 13b—14a。
② 《后汉书》卷四十一《校勘记》，第 1422 页。

可成定论。① 何焯的校勘意见，对于是正《后汉书》的史文有很大的贡献，而此条并不见于《义门读书记》，此类例子俯拾即是。同时，何焯在校勘之时，往往广泛参酌前人意见，对于北宋刘攽的《东汉刊误》、清代顾炎武、李光地、阎若璩等人的校勘成果尤其重视，在批校中也多有引用。而《义门读书记》对于刘攽等人之言仅录数条，对于李光地、阎若璩等人之言一概未录。

（2）对何焯所有题跋一概未收

何焯校阅古籍，往往会写短跋记其事。比如，北大本《后汉书》末有何焯跋曰：

> 康熙辛巳（康熙四十年，1701）首夏，于召伯舟中阅完《续汉志》三十卷，毛氏《后汉书》所据之本远不逮班书，舟行，又无从假他本互校，姑俟南归再阅云。焯识。

此跋说明何焯写批校的底本为毛氏汲古阁本。北大本目录后又有何焯朱批：

> 本宅依监本写作小
> 板大字鼎新开雕的
> 无只字舛讹幸天下
> 学士精鉴隆兴二祀
> 冬至麻沙刘仲立咨

---

① 又可参考岑仲勉《元和姓纂四校记》卷一上平声二冬"宗"（上海：商务印书馆，1948年，第97页）；陈垣《中国佛教史籍概论》卷一《历代三宝记》（北京：科学出版社，1955年，第8—10页）；牟发松《汉唐间的荆州宗氏》（《文史》第44辑）。

第一卷末有何焯朱批：

> 武夷 吴 骥 仲逸 校正

这两处题记都是麻沙本所有，则何焯定然得麻沙本，并在自己所校阅的汲古阁本之上记载了麻沙本的版本特征。王国维先生在《两浙古刊本考》中说："何义门所校隆兴二祀麻沙刘仲立本，有武夷吴骥仲逸校正款。"[①]也是根据何焯的题识判断其参校的版本。

除此之外，卷九末何焯跋曰：

> 康熙甲午，心友弟得包山叶氏所藏残宋本第三卷至此卷之半，以所校字写寄，因改正数十处。

卷五十七末曰：

> 自四十五卷至此，以北宋残本灯下手校。时康熙癸巳阳日义门潜夫记。

《续汉志》第六卷末曰：

> 自《律历志》至此卷，康熙癸巳偶得北宋小字残本，冬日灯下手校一过，版至精好，尤明小学，有"孝友之家"、"凤来斋"藏书印，不知出于谁氏也。义门何焯记。

《续汉志》第三十卷末曰：

> 自二十三卷至此，癸巳冬日得北宋残本校。

《续汉志》第二十二卷末曰：

> 自十九卷至二十二卷，康熙丁酉祗役武英书局，偶

---

①王国维：《两浙古刊本考》卷上，叶 14a，见《王国维遗书》，上海：上海古籍书店，1983 年。

见不全宋嘉定戊辰建安蔡琪纯父一经堂开雕大字本,有丛书堂印,心以为必佳,因从典掌者乞以校对,则舛误可为愤叹。又《律历志》之前直删去刘宣卿注补本序,每卷平列大字二行云"宋宣城太守范晔撰,唐章怀太子贤注",竟不知诸志从孙宣公之请,始取司马绍统《续汉志》补蔚宗之阙,章怀但注纪传,淳化所刊止于九十卷尔,其愦愦贻误后人,真市贾之下劣者。识之以见宋本亦有不足据信如此,非敢为讦激也。七月既望,义门老民书。

这些题跋记载了何焯据宋本校勘《后汉书》的时间、地点,以及各卷所依据的版本,是了解何焯校读经过的重要文献。可是,《义门读书记》中竟一条也未收录。[1]

而且,据笔者统计,何焯根据这些宋本校出异文约280余条,这些异文仅少数录入《义门读书记》中,若无何焯批校本及其过录本存世的话,后人恐怕很难再得窥见这些宋本的面貌。《义门读书记》对于校勘收录极少,其《凡例》中也有交代:

> 义门校勘最精,一字一画都不放过。然坊本承讹袭谬,苦难逐一举正。惟《河东》、《南丰》二集善本难得,不厌从详。[2]

其实不仅仅是《河东集》和《元丰类稿》,两《汉书》、《三国志》

---

①所幸以上各跋均被收入《义门题跋》中,见《义门先生集》卷九。只是《义门题跋》中文字讹误较多。
②何焯著,崔高维点校:《义门读书记》,《凡例》,第1页。

等诸多古籍，何焯都曾用宋本校勘，这些宋本也不易得，何焯所录的异文、所写的校勘记都应该保留下来。而何焯的校读题跋是了解这些版本信息的重要文献，《义门读书记》竟一条也未收录，确实不妥。

（3）对何焯论史实、评史籍、补正史注的内容采录较多

以《后汉书》来看，《义门读书记》对何焯的史评、史论类批语采录最多，但遗漏也不少。如《后汉书》卷三十四《梁商传》曰："商自以戚属居大位，每存谦柔，虚己进贤。辟汉阳巨览、上党陈龟为掾属，李固、周举为从事中郎，于是京师翕然，称为良辅，帝委重焉。"[①] 此处何焯有两条批语，其一曰：

> 梁商颇似史浩，以子不才没其小善。

其二曰：

> 商疾病，顺帝亲临，问以遗言，惟荐周举，亦其一节之长。

《义门读书记》收录了前者，而刊落了后者。观《后汉书》梁商本传，梁商之善有四：一是自以外戚，每存谦柔；二是虚己进贤；三是载谷赈饥而不宣己惠；四是嘱为薄葬。而其不善有一，即"性慎懦无威断，颇溺于内竖"。[②] 大体来讲，是瑕不掩瑜的一个人。然而其子梁冀跋扈太甚，擅权太久，因此范晔对梁商颇有微词，《后汉书》卷三十四《论》曰："顺帝之世，梁商称为贤辅，岂以其地居亢满，而能以愿谨自终者乎？夫宰相运动

---

① 《后汉书》卷三十四《梁商传》，第 1175 页。
② 《后汉书》卷三十四《梁商传》，第 1175 页。

枢极,感会天人,中于道则易以兴政,乖于务则难乎御物。商协回天之势,属彫弱之期,而匡朝恤患,未闻上术,憔悴之音,载谣人口。虽舆粟盈门,何救阻饥之厄;永言终制,未解尸官之尤。况乃倾侧孽臣,传宠凶嗣,以至破家伤国,而岂徒然哉!"①范晔批评梁商居高位而无"上术",因此虽载谷赈饥,而不能救"阻饥之厄",致使天下遍闻憔悴之音。其实是说梁商无治国之才能。至于梁冀之祸,则谓为梁商"传宠凶嗣,以至破家伤国",《赞》亦曰"商恨善柔,冀遂贪乱"。②将梁冀之祸全然嫁接到梁商身上。而对于梁商的"贤辅"之名,则仅归结为梁商居高而自谨,其实是有名而无实。然而,实际情况可能并非如此,《后汉书》注引《东观汉记》曰:"商少持《韩诗》,兼读众书传记,天资聪敏,昭达万情。举措动作,直推雅性,务在诚实,不为华饰。孝友著于闾阈,明信结于友朋。其在朝廷,俨恪矜严,威而不猛。退食私馆,接宾待客,宽和肃敬。忧人之忧,乐人之乐,皆若在己。轻财货,不为蓄积,故衣裘裁足卒岁,奴婢车马供用而已。朝廷由是敬惮委任焉。"③对梁商评价极高,可见梁商并非毫无可取。东汉社会自有其痼疾,王夫之曰:"冀之生死,乌足系汉之存亡哉!"④若以梁商并未"致君尧舜上"而罪之,则是对其要求太过。范晔之论,其实是由于梁冀而将梁商全部否定了,此类评论,当然不算公允。

①《后汉书》卷三十四,第 1187 页。
②《后汉书》卷三十四,第 1188 页。
③《后汉书》卷三十四《梁商传》,第 1176 页。
④王夫之:《读通鉴论》卷八,北京:中华书局,2012 年,第 210 页。

由梁商之遭遇，何焯联想到了南宋名相史浩，权臣史弥远的父亲。王应麟在《困学纪闻》中称到："史直翁（浩）为相，非无一善可称，子（弥远）为权臣，而掩其父之美。"何焯笺曰："岂直一善！"[1]也就是说，王应麟与何焯都意识到了史浩的声名被其子权臣史弥远的恶行所掩盖。在批《后汉书》之时，何焯称"梁商颇似史浩，以子不才没其小善"，将两个遭际相似的历史人物进行比较，对他们的功绩进行肯定，足见其"知世论人"，"迹其世，彻其表里"的论史风格。而将这条批语与第二条合看，何焯的这种论史风格会得到更为全面的展现。第二条批语说，"商疾病，顺帝亲临，问以遗言，惟荐周举，亦其一节之长"，即在何焯看来，梁商最突出的功绩，在于举贤任能。前引《困学纪闻》"史浩"一条，全祖望亦有评语，曰："直翁固是良相，其荐朱、陆、陈、杨、叶诸公，乾、淳大儒，一举尽之矣。"[2]可见，全氏认为史浩最可称道的功绩也是简贤任能。将王应麟、何焯、全祖望的这几条史论文字合看，确可对于梁商、史浩等历史人物有更为全面而深刻的认识。《义门读书记》仅录其一，的确不妥。

《义门读书记》对于何焯那些并非评史、论史的文字，特别是那些篇幅较短的文字以及何焯对于《后汉书》所做的文学方面的评点，更是几乎一言未收。如《后汉书》卷三《章帝纪》："庚寅，祠孔子于阙里。"何焯曰：

---

①王应麟撰，翁元圻等注，栾保群等校点：《困学纪闻》卷十五，第1729页。
②《困学纪闻》卷十五，第1729页。

明、章皆祠孔子。

卷五《安帝纪》："戊戌，祀孔子及七十二弟子于阙里。"何焯曰：

> 安帝亦亲祠孔子。

卷七十九《儒林传》："至献帝初，国绝。太和十九年，孝文幸鲁，亲祠孔子庙。"何焯曰：

> 元魏孝文亲祠孔子庙。

这几条批语说明何焯在注意东汉魏晋官方尊儒之实。这些批语确实未必有什么真知灼见，若是收入《义门读书记》的话，也会稍显突兀，《义门读书记》没有采录，不能说是它的缺陷。然而，对于阅读《后汉书》来说，这样的批语却能提醒读者注意、思考某些历史变迁的轨迹。

再如，《后汉书》卷四十九《王充传》："箭中女布。"注曰："今永州俗犹呼贡布为女子布也。"何焯曰：

> 今粤东犹有女儿绢。

《续汉志》第八《祭祀志》注曰："行者置箧中。"何焯曰：

> 行者置司命箧中，今闽粤人所携香火，盖古俗也。

《续汉志》第五《仪礼志》曰："故以五月五日朱索五色印为门户饰。"何焯曰：

> 吴俗悬端阳景，此其遗乎？

《后汉书》卷六十二《陈实传》曰："实在乡间，平心率物，其有争讼，辄求判正。"何焯曰：

> 今俗有乡判之语，盖本此。

皆是对于明清民俗的记载，有一定的史料价值，若是能够汇集起来，也会是很有价值的文献。

总的来讲，《义门读书记》仅收录了何焯对 18 种古籍的批校，仅为何批古籍的一小部分；《义门读书记》对于每部古籍的何批，仅择录了很少的一部分，而且所录者未必是何批最精彩者。但是，《义门读书记》中的条目总体上来讲篇幅都比较长，可以看做学术札记。很明显，其编纂者是以传统的如《困学纪闻》《日知录》一类考辨笔记的标准来编录何焯批校的，忽视了何焯在校勘学上的贡献，同时忽视了批校文本本身的历史文献价值。

二、随文刊刻

清代也有将何焯批校与所批原书同时刊刻出版的，一般将何批散入正文之中，随文刊刻，而且往往并未刊刻何批的全部，而是根据书的性质和何批的特征而有所去取。

在没有影印技术的时代，将批校随正文一同刊刻，既能广其流传，又能够最大限度保存批校的原貌。在《义门读书记》编纂的同时代，即有何焯批校以随文刊刻的方式出版，其中最著名的当属何焯对《困学纪闻》和《文选》所做的批校的刻本。这两种书中的何批分别以两种不同的方式随文刊刻：《困学纪闻》的各个版本都是将何批以双行小注的形式刻入正文，类似于经史注疏的板式；《文选》诸本中的何批，大多刻于书眉，类似于明人所刻的诗文评点。现分别讨论如下。

王应麟的《困学纪闻》在清代大受追捧，清初阎若璩即始为之作笺证；之后何焯又订正增补阎注、校勘正文而形成二笺本；乾隆七年始，全祖望在阎、何二人的基础上重加考订笺释，成三笺本；之后又有增入钱大昕、程瑶田等人笺评而成的七笺本。现在很难判断阎、全、钱、程等人的笺文是如何写成，又是如何被出版者搜集汇编而成的，但是可以确定的是，何焯的评论是根据其批校本编纂而成。乾隆三年（1738）马氏丛书楼刻本《困学纪闻》，虽题为"阎百诗先生校勘"，而根据书后马曰璐《序》，"兹得太原阎百诗先生征君笺释各条之下，又得长洲何义门学士披阅本。暇日以大德本自为勘对，有文义可两存者，并注于后。因鸠工刻，置家塾，而记其颠末如此"。其笺释以阎若璩校笺为主，实也兼采何评，而且其中何评得自于何焯"披阅本"，也就是批校本。乾隆间所刻桐华书塾本题为"何义门先生校本"，则是以何批为主。此书前有汪垕《记》曰：

> 宋厚斋王公《困学纪闻》二十卷，前明传刻误甚多。本朝何屺瞻太史与阎百诗征君校勘，补阙定讹，加之评点。南浔董文讷夫移誊一本。予从吴兴薏田姚先生行箧中见之，亟取家藏旧本共相雠校，重付开雕。……兹恐眉目溷，并于阎、何二公语各冠所云以别之，而又加注二字于王公自注之上，不免妄作为愧云。

据此可知，此书中的何批是根据姚世钰所藏批校本辑录编刻的。此《记》还说编纂之时，在批语之前加上"阎云"、"何云"以区分阎、何批语。之后又有"集证本"、"三笺本"（"五家注本"）、"七笺本"等十数种，递相翻刻，足见何评与其他清人笺注影响之大。而各种笺注本都是将何批以双行小字的形式刻入正文，前冠以"何云"二字(见图 5-1)。①

《文选》何批本的最早刻本，乾隆三十七年叶树藩海录轩刻本(简称"叶本")，是一个朱墨套印本，何焯的批校被以红字刻于书眉(见图 5-2)。此本不仅流传广泛，后还经多次重印与翻刻，据统计，河南省图书馆即存有叶本及其重印、翻刻本 18 种之多，②足见其影响之大。叶本与《义门读书记》收录何焯批校的特征基本相同，即选录何焯评语较多，校勘较少，而且所录何批数量相当。刻于乾隆四十三年(1778)的于光华《重订文选集评》(简称"于本")所收评语较叶本和《义门读书记》为多，但也仍是以录评为主，校勘数量极少。③保存何焯校勘较多的，除了批校本之外，就是学者专著中的征引，比如，余萧客《文选音义》征引何焯校勘千余条，许巽行《文选笔记》引何焯校勘六百八十条，梁章钜《文选旁证》引何焯校勘六百五十条，等等。④然而这些书都是《文选》的研究考辨类

---

①以上对于《困学纪闻》版本的论述，参见《中国古籍总目·子部》(上海：上海古籍出版社，2010 年，第 1798—1800 页)，张骁飞《〈困学纪闻〉版本源流考述》(《中国典籍与文化》，2009 年第 2 期，第 73—79 页)。

②参见张莉：《〈文选〉海录轩朱墨套印本存疑》，《河南图书馆学刊》，2011 年，第 31 卷第 6 期，第 126—128 页。

③参见赵俊玲：《今传三种何焯〈文选〉评点本辨》，《兰州学刊》，2008 年第 2 期，第 181—183 页。

④参见范志新：《有容乃大——读余萧客〈文选音义〉保存考正何焯校之成就》，见范志新编《文选何焯校集证》，郑州：河南大学出版社，2016 年，第 1383—1390 页。

校訂困學紀聞三箋卷之十六

浚儀　王應麟　伯厚

攷史

漢河渠攷

美哉禹功萬世永賴云何漢世河決為害蓋自戰國雍川鑿

通隄防重以暴秦水失其行故瀆遂改碣石九河皆淪於海微禹

其魚遺黎之思披圖案謀用緻軌道

孝文十二年河決酸棗東潰金隄

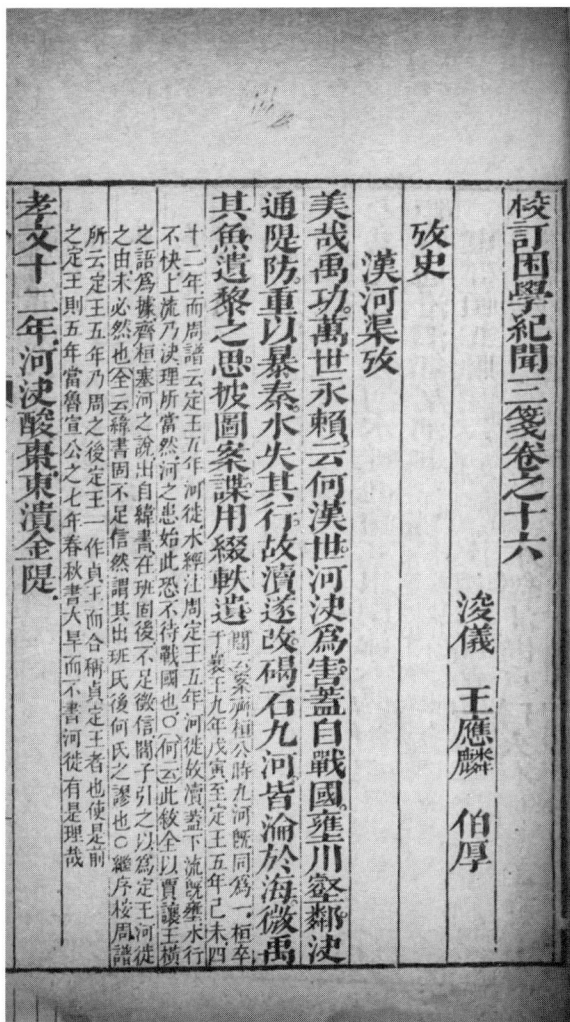

图5-1　《校订困学纪闻三笺》卷十六首半叶，美国哈佛大学哈佛燕京图书馆所藏清嘉庆十二年（1807）金同友益斋刻本。

文選卷一

梁昭明太子撰

文林郎守太子右內率府錄事參軍事崇賢館直學士臣李善注上

長洲葉樹藩星衢氏參訂

賦甲　賦甲者舊題甲乙所以紀卷先後今卷
　　　既改故甲乙遂除存其首題以明舊式

京都上

班孟堅兩都賦二首

張平子西京賦一首

兩都賦序

班孟堅
宗賢後漢書曰班固字孟堅扶風安陵人也九歲能屬文長遂博貫載籍九流百家之言無不窮究所學無常師不為章句舉大義而已固以為固乃上兩都賦大將軍竇憲出征匈奴以固為中
護軍遂坐免官遂死獄中

或曰賦者古詩之流也
　毛詩序曰詩有六義焉二曰賦故賦為古詩之流也諸引此
　皆準此明後以示作者必有所祖述也他皆類此　昔
成康沒而頌聲寢王澤竭而詩不作
　太子誦立是為成王成王太子釗立是為
　康王記曰周武王
林長楊羽獵等賦...

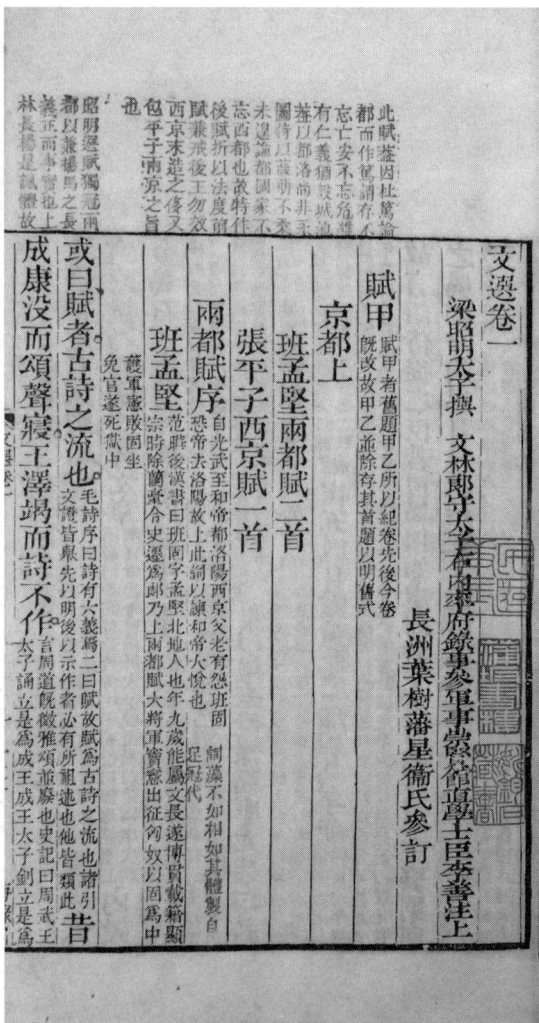

<caption>图5-2 《文选》卷一首半叶，加拿大不列颠哥伦比亚大学图书馆所藏乾隆三十七年（1772）叶树藩海录轩朱墨套印本。</caption>

著作，其中何焯校勘也只是它们的研究材料。这些书并非以刊刻何焯批校为务，此处不再讨论，留待下节详述。

大体来讲，随文刊刻的何焯批校都是以评语为主，少有校勘。叶树藩《重刻文选序》曰：

> 吾吴何义门先生评是书，于李善多所考证，士论服其精核。[①]

《凡例》曰：

> 是书纵横七代，胪列百家。读者蠡测管窥，茫无津畔，披裘挈领，探骊得珠，不得不藉于评点。何学士义门本，未及锓版，藏书家往往珍秘，不易购，且数经传写，纰谬良多。今重加参酌，用套版印刷，非炫华饰美，实欲展卷了然。[②]

也就是说，评点是为了辅助读者阅读，普及、通俗的意义大于学术研究的意义。

那么，在随文刊刻之时，编刻者有没有对何焯的评语进行较大幅度的改动？因为《文选》和《困学纪闻》的何焯手批本已经不存，这个问题很难回答。但是，何焯批校《钝吟杂录》的一个康熙年间的过录本尚还保存在台湾"国家"图书馆，而此书的何焯评语曾被刻入《钝吟杂录》中，将批校本与刻本相较，庶几可以了解何批在随文刊刻之时有怎样的改动。

---

① 《重刻昭明文选李善注》，乾隆三十七年（1772）叶氏海录轩朱墨套印本，加拿大不列颠哥伦比亚大学图书馆藏，《重订文选序》，叶 1。
② 《重刻昭明文选李善注》，《凡例》，叶 2b。

《钝吟杂录》是明末清初学者、诗人冯班（1602—1671）的一部论学杂记，何焯曾认真阅读此书并写下了大量的批校，何焯手批本已经散佚。台湾"国家"图书馆存有一部抄本《钝吟杂录》，其上有大量何焯批校，不仅数量较之后的刻本为多，其书法也非常精妙，酷似何焯手迹。书后跋曰："康熙壬寅（1722）秋抄录义门夫子本。"据其语气，此书上的何批当是何焯弟子过录而成，因此，此本之上的何批或许较为接近何批的原貌。

最早将何焯批校刻入《钝吟杂录》者，是乾嘉年间的藏书家和出版家张海鹏（1755—1816），张氏所刻《借月山房汇钞》即收有《钝吟杂录》，每卷前题"冯班定远著 / 何焯义门评"，何评以双行小字的形式随正文而刻。张氏刻本是之后各种刻本的祖本，影响颇大。①

将刻本与抄本中的何评进行对比，就会发现，两者有一定的差别。比如《钝吟杂录》卷二"君子失之野"条，刻本评语曰：

> 六朝岁易一主，文而入于巧伪故也。以五代、南宋相较，礼之不可以已，岂不信夫？或曰："曹、马何曾阔手？"噫！并其文发之，不待再世矣。

抄本作：

> 曹、马何曾阔手？○以五代、南宋较之，则可见矣。

---

① 参见冯班撰，何焯评，杨海峥、韦胤宗点校：《钝吟杂录》，《整理说明》第1—7页。

若曹、马略无闲手，何待再世？

两者意义相近，然而刻本较抄本批语更加详尽明白，应该是编纂者编辑之力。又如卷四"扬子云引天下之文字归之六经"条，刻本何评曰：

> 经术裂于正始，复振于元和，其中亦升降不一。苏氏唯明允起于蜀中，独学无友，议论多驳。子瞻兄弟少年，《应诏集》是其家学。晚岁皆致力于经。子瞻于《书传》尤有功圣门，非近代谬学可妄托也。

抄本：

> 明允议论多驳，子瞻惟少年策论出于《战国》耳。其晚岁所作《书传》，有功于圣门大矣。定翁似未研讨耳。子由文则吾未尽读，未敢置论。○恐不得独归功扬子，变亦不始苏氏。经术裂于建安，复振于元和，此一要升降，何以定翁未曾理会？

两者意思相近，而抄本中有对于冯班的直接批评，词气毫不客气。又如卷　"俗人多不喜子弟习技"条，抄木有何批：

> 定老信风水，殊可笑。

刻本并无此条，应该也是嫌其词过于苛刻。卷三"古人只诗皆乐也"条下，抄本有两段评语，其一曰：

> 《唐风》："心之忧矣，我歌且谣"，"心之忧矣，聊以行国"。[①] 汉三调皆采街陌谣讴歌行之名，意其本于此也。此吾臆论，不如据《文选注》。

---

① 按，"心之忧矣"四句，出自《诗·魏风·园有桃》，非《唐风》。

其二曰：

> 《汉书·司马相如传》"为鼓二再行"，师古曰："行，
> 谓曲引也。古乐府《长歌行》《短歌行》，此其义也。"按：
> 此是行字确解，《文选注》亦云："行，曲也。"沈彤记。

这两段，前者是何焯对于"歌行"之"行"的意义的探查，后者
是其弟子沈彤的意见，而这两段皆不见于刻本。有关"歌行
体"的确解，现在仍然没有被普遍接受的意见，何焯与沈彤的
意见虽然是只言片语，却起码提供了某种理解的角度，应该保
留下来，而不应该贸然删去。刻本的做法，有失妥帖。

　　总的来讲，刻本在将评语刊入正文时，对评语进行了简单
的整理，要么将原先数条大意相近者合为一条，要么删去一些
过于偏激的话，要么刊落了何焯不确定的意见以及其他人的
言论。清代刊刻何焯评语的，除以上几种以外，较为流行者，
还有雍正九年（1731）金惟骏渔书楼刻本《李长吉集》、道光
十六年（1836）长白穆彰阿膚堂朱墨套印本《昌黎先生诗集
注》、同治九年（1870）广州书局三色套印本《李义山诗集》、光
绪十二年（1886）泸州盐局朱墨套印本《唐三体诗》等。这些
书在随文刊刻何焯批校之时，也都以录何评为主，而且都对其
进行了不同程度的编辑。

三、"校勘记"的刊刻与出版

1. 何焯"校勘记"的刊刻

清代中期开始一直到民国初年，还有一些书专门刊刻了

何焯的校勘(或者以校勘为主、批评为次),使得书籍的学术价值得到提高。与评语的随文刊刻不同,校勘多是摘录、汇集之后,附刻于书末。比如,民国初年上海涵芬楼所编的《四部丛刊初编》本的《苏学士文集》之末,即附有何焯校语,题曰"苏学士集校语"(见图5-3)。又有短跋曰:"《苏学士集》行世惟商邱宋氏刊本,旧本罕见。今假海宁陈氏藏何义门校本,勘其异同,并补录施元之跋。何校胜宋本远甚,兹以何校为大字,以宋本注于下。"^① 据此可知,此校语乃是《四部丛刊》编纂者所辑,并且对何焯校勘评价颇高。

今国家图书馆、南京图书馆、上海图书馆等处藏有多种何焯批校《苏学士文集》的过录本。上海图书馆藏有四种过录本,分别为钱泰吉、顾广圻、黄丕烈、姚世钰等人过录,^②其上的何焯批校、题跋基本相同,这四种过录本之上的何焯校勘,也与《四部丛刊》中辑录的《校语》大致相符。比如,刻本《总目》第二行题曰:

商丘 漫堂先生 宋荦 鉴定

上海图书馆藏钱泰吉过录何批本(索书号:线善824382—83)朱笔划删了这行题名,旁有朱笔批语:

武功 苏舜钦 字子美

书眉又有钱泰吉批语,曰:"苏学士集而云'商邱漫堂先生宋

---

① 《苏学士集校语》,叶1a,见《四部丛刊初编》本《苏学士文集》。
② 上图所藏这四种何批过录本的底本都是清康熙三十七年(1698)白桦树屋刻本,其索书号分别是:线善753558—59;线善824382—83;线善T02612—15;线普553277—78。

蘇學士集校語

蘇學士集何義門校本供懷商邱宋氏刊本勘其與同選補錄庶元之跋今飯游宵陳道氏

孟淀以何校為大
字以宋本注于下

歐序
一箋一行　無原字

蘇學士文集總目
一箋一行　無原字

歐序
一箋四行　無古詩二十四首六字

武功蘇　舜欽　字子美

無已卯冬三字
二十行　有二首二字
七行　無與同年三字
十七行

無感懷二字
五行　無古詩二十首五字
十行　無釋字
十七行

江觀風浪六字
九行　無高文悅三字
六行　無揚子
十三行

作揚子江觀濤吳江亭看月寄張子野十四字
十五行　無之作二字
十六行　無歸值風三字

越州二字
十七八行　作出京後寄韓二歐陽九杜二

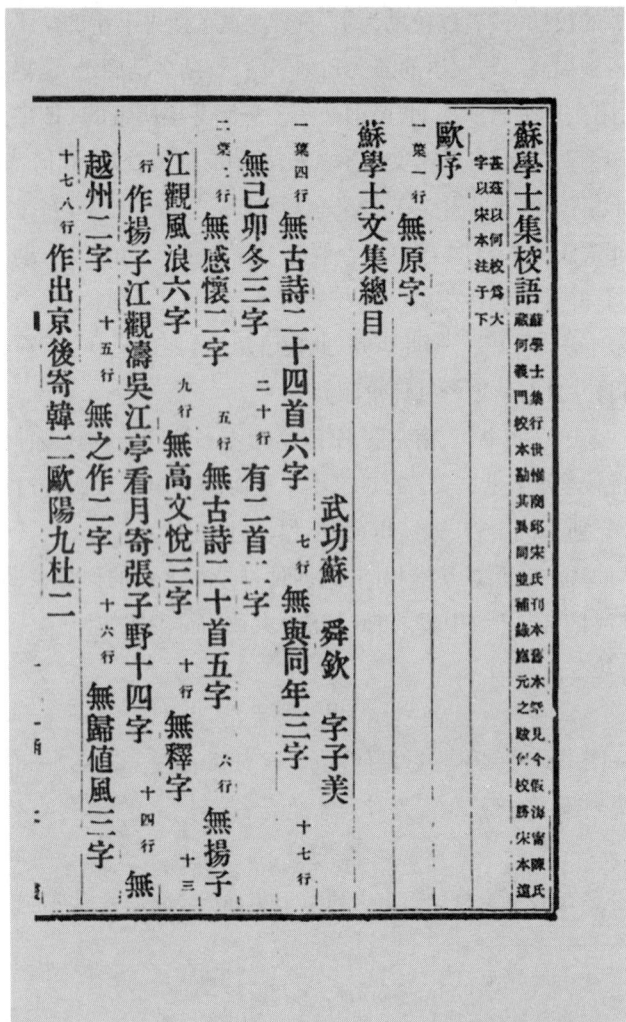

图 5-3　《四部丛刊初编》本《苏学士文集》后所附之《苏学士集校语》首半叶。

荦鉴定',刻书者不明体例如是,宜其谬讹不少矣。泰吉。"指出刻本体例之误,其实肯定了何焯的批校。上海图书馆其他三本亦同。《四部丛刊》辑录的《校语》此处也题:

　　　　武功　苏舜钦　字子美

辑录校勘时,保留了何焯对于书籍行款的勾稽。然而,过录本中也有大量的何焯批语,从诗文评的角度批评苏文,《校语》则一条未录,这当然是由其体例所限。

　　有时候,校勘也被单独编录成为一书,这样的书籍自然毫无半点可读性,已经纯然是学术研究的资料。比如复旦大学图书馆藏有《汉书校记》一种,题清何焯撰,清同治十二至十三年杨葆光抄本,[①] 即是将何焯《汉书》批校之校勘辑录成一书。国家图书馆、上海图书馆、北京大学图书馆、复旦大学图书馆等处藏有多种何焯批校《汉书》的过录本,其中批语、校勘数量都极为巨大,此书仅录校语,未及批评。

　　《汉书校记》至今为止还未刊刻成书,何校已经成书者有《庚子销夏记校文》一卷,收在民国初年上海国粹学报社所刊丛书《古学汇刊》第二集目录类。此书虽名为"校文",其实前15页是何焯对于《庚子销夏记》的批语,仅后3页是校勘记,名为"校文",可能是出于吸引学者购买的考虑。此书是根据杨葆镛(1869—1917)校录的魏锡曾(？—1881)钞本排印,[②]

―――――――――――

①见《中国古籍总目·史部》,上海:上海古籍出版社,2009年,第1册,第41页。

②见邓实《跋》,收于《庚子销夏记校文》,《古学汇刊》第二集,上海国粹学报社,1914年。

书后魏跋曰：

> 光绪丙子冬，从嘉兴张祥使别驾吉熊借观北平孙氏
> （孙承泽，1593—1676）《庚子销夏记》鲍刻本也，上有何
> 义门先生题语，为吴门陈君苇汀手录。……义门勘记，
> 半纠孙氏之误。大兴翁氏（翁方纲）《复初斋集》有跋一
> 首，翁氏亦时引用何说。……孙、何相去不远，凡金石书
> 画流传之端绪，习说之沿讹，多据目验者辨正，足以广后
> 学见闻。往见《义门集》，为道光间补刻，赫蹄矩扎，搜采
> 无遗，又《小石斋丛书》所刊《义门题跋》亦寥寥数叶。
> 此虽随笔点勘，零玑碎玉，荟萃之则为多宝。因依次缮
> 写成卷，以翁跋冠首，题曰"庚子销夏记评"，藏之箧衍，
> 以俟同好，后有重刊孙书，辑《义门集》补遗及搜小品入
> 丛书者，皆得以甄录焉。[1]

何焯是清初帖学大家，又是藏书家，对于碑帖掌故颇有研究。
此跋中，魏锡曾肯定了《庚子销夏记》何焯批校的价值，并将
何焯的批校从批校本中摘录成书，以期将来补入《义门集》
中，或者如前面提到的《苏学士文集》一般附刻于孙书之后，
或者收入丛书之中。而且，魏氏明白何批的内容多为纠谬补
缺，多批评而少校勘，因而名之曰"庚子销夏记评"。这本小
书最后被收入了《古学汇刊》，却被更名为"校文"，可见，清末
民国时期，校勘学已有一定的地位。

从随文刊刻的重批评而轻校勘到校勘记的单独出版，反

---

① 魏锡曾跋见《庚子销夏记校文》。

映了清代考据学的发展与校勘学的兴盛。

2. 清代的校勘类笔记与校勘记

清代考据学,是一种建立在精密考索古书文本基础之上的实证研究,文本批判和考证是其最基本的方法,因此,对于古书文本的考订、辨正是考据学的基础。考据学兴起之后,考据辨证类笔记,特别是以校勘为主要内容的校勘类笔记,大量涌现。

如前文所述,考据辨证类笔记在魏晋时代即已出现。此类笔记的内容既有对于古书文本的考辨纠谬,也有关于天文、地理、名物、官制、艺术、民俗,乃至于神鬼、怪谈等内容,可谓无所不包。[1]清代,这种综合的考辨类笔记仍然有不少新著,但是,以校正古书文本为主的校勘类笔记开始兴起。其较著者,如钱大昕《廿二史考异》,专门考订正史文字,藉以辨正历史记载。又如王念孙《读书杂志》、王引之《经义述闻》,校正多种古书的文字讹误,并通过精审的古音学、训诂学知识辨正古书文字的意义,对于阅读古书具有很强的指导意义。又有顾广圻《说文辨疑》、张文虎《舒艺室随笔》、俞樾《群经平议》《诸子平议》、于鬯《香草校书》《香草续校书》、孙诒让《札迻》等,皆以校刊辨证群书文字为务。此类校勘笔记在清代数量巨大,大部分都是以所校书之正文或注为次序,摘字句加注校语,以文本为中心,与分类讨论的综合类考辨笔记颇有不同。这些校勘类笔记,应该有很多是根据平时读书、校书的批

---

[1]见刘叶秋:《历代笔记概述》,第 1—5,193—206 页。

校编写而成，可以看做批校的刊刻出版。惟其书多为作者自己编著而成，不同于何焯等人批校之编刻出自后人之手，因此，其批校可以看做校勘笔记的稿本，作者在编辑出版时，往往多有改动。比如，卢文弨著有《仪礼注疏详校》（简称《详校》），校勘经注文本，广征博引，多有创见。上海图书馆藏有卢文弨《仪礼注疏》批校本，根据书中题跋，批校是卢文弨从乾隆庚午（1750）到甲寅（1794）前后四十余年阅读《仪礼注疏》时所作。《详校》刻成于乾隆乙卯（1795），是整理其批校而成的著作。如一般的批校一样，卢氏批校的内容稍显芜杂，考证也比较简单；而《详校》的内容更为精要，校勘考证更为谨严，可以代表卢文弨在《仪礼》研究上的最高水平。可见，卢氏在编著《详校》之时，对其批校做了大量的修改。①

卢氏《详校》是对于一书的校勘札记，其中罗列了大量宋元本异文，又有卢氏考辨，是介于校勘类笔记与专门的校勘记之间的一种著作。以罗列文本异文为主，间有简短的考辨和按断的校勘记在清代也大量地被刊刻成书，一时形成风气，其中影响最大者，当属《十三经注疏校勘记》（简称《校勘记》）。

阮元主持编刻的《宋本十三经注疏》影响巨大，从此书刊成之后一直到现在都是最为流行的《十三经注疏》的版本。阮刻《十三经注疏》中即附有校勘记，而在编刻《十三经注疏》

---

① 参见陈东辉：《关于上图藏〈仪礼注疏〉批校本与〈仪礼注疏详校〉之关系》，《中国典籍与文化》，2012 年第 3 期，第 98—103 页。

之前,就单独刊刻出版了《校勘记》。[1]《校勘记》广泛吸收前代及同代学者的研究成果,汇集各种经文、注疏的版本异文,为考辨经、注、疏的文字提供了丰富的材料,是中国校勘史、文本史上具有里程碑意义的学术著作。研究者指出,《校勘记》汇录了各个版本中的异文,参考《经典释文》、唐石经的文字,并引用了日本学者山井鼎的《七经孟子考文》以及清代学者浦镗的《十三经注疏正字》。[2] 其实,根据《校勘记》各书前序以及校勘记的具体内容可知,《校勘记》也广泛吸收了大量的批校本(见本书第三章表3-1),这也可以看做清人对批校本中校勘内容的一种刊刻出版。[3]

明代之前也有一些专门的校勘记,如《五经文字》《文苑英华辨证》等,但都是个别行为,并未成为影响广泛的学术风气。清代学者则普遍具有读书先校书的阅读心态,而撰写批校,再由批校而整理成为校勘记,也逐渐变成了一种非常流行的做学问的方式,成为了一种潮流。除此《十三经注疏

---

[1]《十三经注疏校勘记》最早的版本为清嘉庆十三年(1808)阮氏文选楼刻本,《续修四库全书》即据此本影印。

[2] 相关研究有刘玉才:《阮元〈十三经注疏校勘记〉成书蠡测》(《国学研究》第三十五卷,2015年,第1—17页);关口顺撰,水上雅晴译注:《〈十三经注疏校勘记〉略说》(见刘玉才、水上雅晴编《经典与校勘论丛》,北京:北京大学出版社,2015年,第206—241页);水上雅晴:《〈十三经注疏〉的编纂以及段玉裁的参与》(《中国经学》第六辑,2010年,第142—162页)等。

[3] 具体研究可参见高桥智撰,乔风译:《论惠栋校本〈春秋公羊传注疏〉》(《中国经学》第三辑,2008年,第216—230页);张丽娟:《〈周礼注疏校勘记〉惠校本及其他》等。

校勘记》之外，有清一代，还有数量极其巨大的校勘记与校勘札记，如乾嘉时期著名校勘学家卢文弨著有《群书拾补》，仿照《经典释文》的体例，摘字句而加注校语，考辨古书讹误脱落严重者；[①] 又有蒋光煦《斠补隅录》、顾广圻《韩非子识误》、胡克家《文选考异》等，都是清代校勘记的一流著作。乾嘉之后，清人刻书时书末附刻校勘记或者单独刊刻出版校勘记成为常态。晚清民国时期，张元济、孙毓修等人主持出版《丛书集成》（初编到三编）、《四部丛刊》（初编到三编），大量附录古籍校勘记。这都是通过出版校勘记，特别是其中一网打尽的各个版本的异文，来使得一书的各种文字系统得到广泛的传播，在中国文本史上具有重要的意义。

校勘类笔记和校勘记专书的兴盛，反映了清代校勘学已经成为一门理论与实践兼具的独立学科，而在校勘学的成熟和兴盛中，批校本无疑发挥了巨大的作用。

四、余论

明清时期，批校材料可以随所批之书一同流传，也可以通过过录在一部分藏书家和学者之间流传，然而，刊刻出版无疑能让批校材料获得更大限度地流传，从而在更广阔的层面上进入学术史。一般读者更有机会得见刻本的《义门读书记》，比如清代学者梁玉绳《史记志疑》、王念孙《读书杂志》、

———————————

① 参见孙钦善：《中国古文献学史》，第 1047—1075 页。

困學紀聞卷之十六

浚儀　王應麟伯厚甫

攷史

漢河渠攷

美哉禹功萬世永賴云何漢世河決爲害蓋自戰國

雍川鑿郡決通隄防重以暴秦水失其行故瀆遂攺

碣石九河皆淪於海微禹其魚遺黎之思披圖案諜

用綴軼遺

孝文十二年河決酸棗東潰金隄

陳晉郡酸棗縣今屬開封府　泰拔魏置縣地多酸棗因以爲名

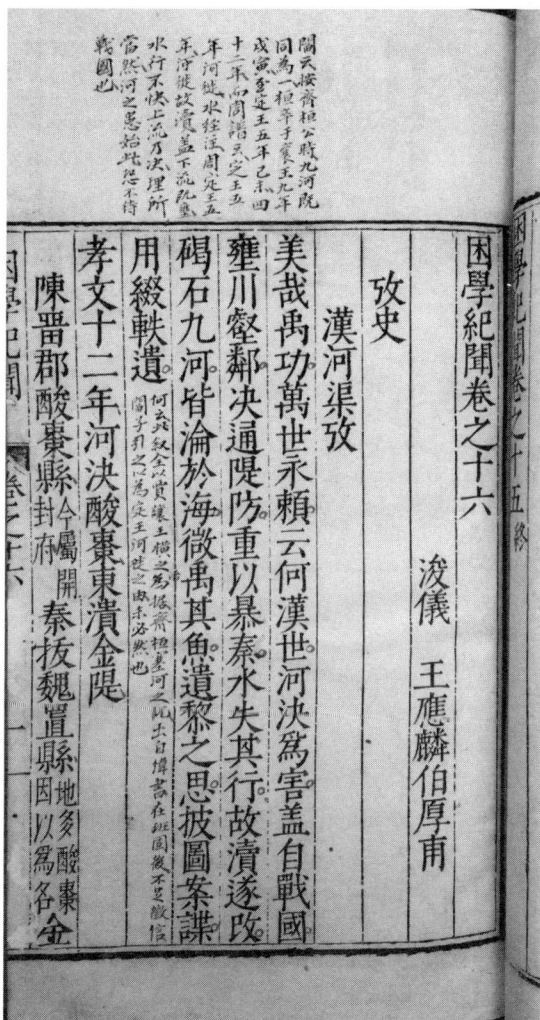

图5-4　《困学纪闻》卷十六首半叶，加拿大不列颠哥伦比亚大学图书馆所藏明万历三十一年（1603）刻本。

梁履绳《左传补释》、吴卓信《汉书地理志补注》等皆多引《义门读书记》，而未言何焯之批校本。一个有趣的例子是，上海图书馆藏有一本明永怀堂刻本《春秋经传集解》（索书号：线善453972—79），其上的何焯批语全部抄录自《义门读书记》，书前有题识曰："墨笔照何义门《读书记》。"应该是仰慕何氏之名，然不得见批校本，于是抄录《读书记》中之何批而成一批校本。与此类似，加拿大不列颠哥伦比亚大学古籍特藏部藏有一部明万历三十一年（1603）刻本《困学纪闻》（索书号：Asian Rare-2 no.34，见图5-4），其上有清代中期学者方成培墨笔抄录的阎若璩、何焯批语，每条批语前题曰"阎云"、"何云"等字，这些批语应当是从《困学纪闻》的"二笺本"或"三笺本"中抄录而成的。这一从刻本到批校本的传录，正反映了《读书记》和《困学纪闻》等刊本流传之易。时至今日，还有很多研究者仅根据《读书记》对何焯的校勘学做出与事实相去甚远的评价，[①] 这都说明刻本书籍流传之广，影响之大。

何焯《困学纪闻》评点较早刊刻出版，以后代各种翻刻

---

① 如台湾彰化师范大学国文系单赢田硕士论文《何焯〈义门读书记〉之题识研究——以〈汉书〉、〈后汉书〉、〈三国志〉为范畴》（2012年7月，第18页）说："《义门读书记》中《汉书》、《后汉书》、《三国志》题识虽有两千三百二十四条，但关于史书正文的校勘仅二百二十九条，可知何焯撰写题识本非以校勘史文为主。"实则以笔者统计，北大明末汲古阁本《后汉书》中有何焯批校3200余条，其中1600余条为校勘；复旦大学图书馆藏本《三国志》中有何焯批校3300余条，其中关于校勘者也在半数以上。因此，说何焯"并非以校勘史文为主"，显与事实不符。

本来看,其书乃是清人阅读《困学纪闻》的通用读本。何焯对《文选》的批校较早刊刻成书,亦是清人阅读《文选》的通用本之一。黄侃曰:"以今观之,清世为《文选》之学,精该简要,未有超于义门者也。"[1]足见其在一般学者心中之地位。近来,范志新编有《文选何焯校集证》,纂集和辨证何焯《文选》校语,可看做今日何焯批校整理的一种典范。

入清以后,校勘学逐渐崛起,校勘类笔记和专门的校勘记专书层出不穷。何焯批校本中的对于儒家经典的校勘记广为流传并被阮刻《十三经注疏》吸收使用;其对《苏学士文集》等书的校勘记被汇集、刊刻、出版。沈文倬点校本《苏舜钦集》最主要的参校本就是两个何焯批校本的过录本,[2]之后的各种苏舜钦诗文集、选集等都受此本影响,特别是大量采用何焯的校字;[3]中华书局点校本《后汉书》《三国志》等书中也都引用了不少何焯的校字和校勘意见,某种意义上来讲,这些都可以看作何焯批校的出版。

清人批校中的校勘影响学者对于古书文本的接受,其评点影响读者对于文本内容的理解,而批校的各种形式的刊刻出版则扩大了这种影响。从批校本到刻本,不仅仅是一种单纯的文本流传方式的转变,它也反映了清代学者读书、做学问的方式发生了深刻的变化,展现了清代考证学风的兴起、盛行

---

① 黄侃:《文选评点》,上海:上海古籍出版社,1985年,《卷首》第1页。
② 苏舜钦撰,沈文倬校点:《苏舜钦集》,北京:中华书局,1961年,《校勘说明》第1页。
③ 如《苏舜钦集编年校注》,傅平骧、胡问陶校注,成都:巴蜀书社,1990年。

并影响到学术生活方方面面的过程。

在清代，批校本或被汇聚整理，刻成一书，或与所批之书同刻；刻书者或以评点为主，或仅辑录校语，皆因学风不同而有所取舍。批校本能为各种编刻提供材料，足见其包罗万象的文本特征。根据《中国古籍总目》，清代有数量极其巨大的批校本。批校本的内容，除了评点、校勘之外，有的还记载了很多批校者读书之时所经历的琐事和听闻的逸事，其读书之时的所思所想，其"使用"正文文本所尝试创作的诗句、对联等。这说明了清人在创作批校、过录他人批校之时，多数都无著作之意，并未将其视为将来著作之稿本，[①]因此，编纂之时，任意删削自然会对批校的学术价值和史料价值造成不可估量的损害。校读古书是清代学人的生活习惯，读书必先校书并多方汇集学术资料则是清代学者最基本的为学之法，校读一体、随手批点、阅竟书跋都是清代学人的学术习惯。这些存在于书籍天头地脚、旁行侧里的数量巨大的批校材料（包括题跋），不仅深刻影响了后世对于古书的阅读和解读，而且，从思想文化史的角度来讲，它们提供了丰富的研究古人阅读习惯、知识结构、思想状况等问题的一手材料。因此，在今日彩色影

---

① 国家图书馆藏有一部阮刻本《春秋公羊传注疏》（索书号：01979），为王国维批校本。本书卷二十八叶15b有王氏题跋曰："壬戌九月临惠定宇校鄂州本，观堂。是月复以何注所本汉人旧说注于书眉。何注殆字字有来历，徐疏不能征引，故备录之。若录出为一书，亦足以补翼何氏也。廿九日灯下国维记。"王氏批校多处表达对徐彦疏的不满，批校此书时多称引汉人旧说，并欲在将来"录出为一书"，这可以看作题写批校时有著作之意的一个例证。

印、网络数据库等技术进步的情况下,有必要选择有价值的批校本影印出版,以期最大限度地保存批校本的文本面貌,并使得古代文本发展演变的历史和阅读接受的历史得到更为清晰而全面的展现。

附录一 阅读史 :材料与方法

　　1967 年罗兰·巴特(Roland Barthes)发表《作者之死》,[1]1969 年福柯撰文《何为作者?》阐述了"作者功能"(author-function)并回溯了作者概念的产生。[2]这两篇论文拉开了西方批评界讨论"作者问题"的序幕,此后的几十年间,相关论文与专著层出不穷。

　　巴特判以死刑的是传递绝对真理的"上帝作者"(Author-God)这一身份,他否定任何追寻作者原意的尝试,甚至提倡以作者的死亡换取读者的诞生,认为文本的意义是多重的、开放的,它只存在于读者带领文本抵达的目的地之中。在这样的理论体系下,对于文本的批评应该是以读者与阅读为中心的。然而关于"读者身份"与"阅读行为"的研究,却迟至 20 世纪 80 年代末才逐渐兴起,而且,阅读史从创建之初,就受到了社会史与文化史的多重影响。

---

[1] Roland Barthes, "The Death of the Author," in *Image Music Text*, trans. and ed. Stephen Heath, London: Fontana Press, 1977, pp. 142—148.

[2] Michel Foucault, "What is an Author?" in *Aesthetics, Method, and Epistemology*, trans. Josue V. Harari, ed. James D. Faubion, New York: The New Press, 1998, pp. 205—222.

一、从书籍史到阅读史

书籍史(history of the book,法语 histoire du livre)是 20
世纪 50 年代末期由法国年鉴学派(Annales School)的一些
学者逐步建立起来的新学科。1958 年,年鉴学派的创始人
之一吕西安·费弗尔(Lucien Febvre)与亨利-让·马尔坦
(Henri-Jean Martin)合著的《印刷书的诞生》(*The Coming of
the Book*)出版,书中讨论了 1450 至 1800 年间欧洲纸张和印
刷技术的发展、图书的版面与装订、印刷书出版的成本核算、
出版印刷书的相关从业者的经历、版权的保护、世界各地区印
刷业的发展等问题。这是第一部使用社会史与文化史的方法
研究书籍史的著作。[①]此后,马尔坦另著有《书写的历史与权
力》(*The History and Power of Writing*,1969 年首版),对 17
世纪法国书籍贸易与大众阅读进行了严谨的计量分析。[②]年
鉴学派第三代的丹尼尔·罗希(Daniel Roche)在其所编《巴
黎人》(*The People of Paris*,1981 年首版)中专章讨论了巴
黎下层阶级的大众阅读情况,并指出阅读与书写在这些人中

①费夫贺、马尔坦著,李鸿志译:《印刷书的诞生》,桂林:广西师范大学
出版社,2006 年。

②Henri-Jean Martin, *The History and Power of Writing*, trans. Lydia G.
Cochrane, Chicago: University of Chicago Press, 1994.

扮演了重要的角色。[①] 近些年，年鉴学派第四代的代表学者之一罗杰·夏蒂埃（Roger Chartier），[②] 以及深受年鉴学派影响的新史学的代表人物罗伯特·达恩顿（Robert Darnton）等学者，都是由对书籍的研究探讨社会史和文化史的先锋。[③]

过去的几十年中，西方的新派书籍史家讨论了历史上的私家刻书坊以及营利性的印刷项目，印刷术是否为促进科学革命与宗教改革的工具，识字率的提高以及口头文化与书写传统的互动关系，还讨论了特定阅读群体的身份认同和阅读

---

①Daniel Roche, *The People of Paris: An Essay in Popular Culture in the 18th Century*, trans. Marie Evans and Gwynne Lewis, Berkeley and Los Angeles: University of California Press, 1987. 又参见彼得·柏克著，刘永华译：《法国史学革命：年鉴学派，1929—1989》，北京：北京大学出版社，2006 年，第 72—73 页。

②罗杰·夏蒂埃的代表作有：《书籍的秩序：14 至 18 世纪的书写文化与社会》，吴泓缈、张璐译，北京：商务印书馆，2013 年；《法国大革命的文化起源》，洪庆明译，南京：译林出版社，2015 年；*Forms and Meanings: Texts, Performances, and Audiences from Codex to Computer*, Philadelphia: University of Pennsylvania Press, 1995; *The Author's Hand and the Printer's Mind*, trans. Lydia G. Cochrane, Cambridge: Polity, 2014.

③见罗伯特·达恩顿：《启蒙运动的生意：〈百科全书〉出版史（1775—1800）》，顾杭、叶桐译，北京：生活·读书·新知三联书店，2005 年；《拉莫莱特之吻：有关文化史的思考》，萧知纬译，上海：华东师范大学出版社，2011 年；《阅读的未来》，熊祥译，北京：中信出版社，2011 年；《法国大革命前的畅销禁书》，郑国强译，上海：华东师范大学出版社，2013 年。

习惯、阅读策略等诸多问题。[①] 在人类学、图像学、物质文化等新兴学科的影响之下，一些学者也开始探讨书籍的物质形态及其对于书籍生产、传播、阅读等环节的影响。[②] 近些年的明显趋势是，在社会史、文化史和思想史的关照之下，学者们对于阅读史的兴趣有增无减，读者身份、阅读习惯、阅读反应等问题都是比较热门的话题。[③]

达恩顿称"书籍史"为"一门重要的新学科"，并称"书

[①] 参见 Cynthia J. Brokaw, "On the History of the Book in China," in *Printing and Book Culture in Late Imperial China*, eds. Cynthia J. Brokaw and Kai-wing Chow, Berkeley, Los Angeles and London: University of California Press, 2005, p. 6.

[②] 参见 C.H. 罗伯茨、T.C. 斯基特著，高峰枫译：《册子本起源考》，北京大学出版社，2015 年；D. F. McKenzie, "The book as an expressive form," in *Bibliography and the Sociology of Texts*, Cambridge: Cambridge University Press, 1999, pp. 9—30；夏蒂埃：《形式与意义》(*Forms and Meanings*)等。

[③] 参见夏蒂埃："Texts, Printings, Readings," in *The New Cultural History*, ed. L. Hunt, University of California Press, 1989, pp. 154—75; Jonathan Rose, "Rereading the English Common Reader: A Preface to a History of Audiences," *Journal of the History of Ideas* (1992): 47—70; Reinhard Wittmann, "Was there a Reading Revolution at the End of the Eighteenth Century?" in *A History of Reading in the West*, eds. G. Cavallo and R. Chartier, trans. Lydia G. Cochrane, Cambridge: Polity Press, 1999, pp. 284—312. 代表作品如 Susan R. Suleiman and Inge Crosman, *The Reader in the Text: Essays on Audience and Interpretation*, Princeton: Princeton University Press, 1980; Jane Tompkins, ed., *Reader-Response Criticism: From Formalism to Post-Structuralism*, Baltimore: Johns Hopkins University Press, 1980; Andrew Bennett, ed., *Readers and Reading*, London: Longman, 1995.

籍史研究把史学家、文选研究专家、社会学家、图书学专家
或任何对书籍在历史上的作用感兴趣的人组织到一起",
"用社会史和文化史的方法研究人类如何沟通和交流",其
目的是理解"人们的想法和观念是怎样通过印刷品得到传
播的,阅读又是怎样反过来影响人们的思想和行为"。[①]西
蒙·艾略特(Simon Eliot)与乔纳森·罗斯(Jonathan Rose)
持类似的观点,他们称书籍史的建立基于两个非常简单的
前提,一个是"书籍创造历史",即"书籍是人们用以传播观
念,记录记忆,书写故事,行使权力,分配财产的工具";另一
个是,"书籍由历史创造,即它们是被经济、政治、社会以及
文化因素所塑造的"。[②]

　　达恩顿强调书籍史之"新",是为了将其与传统的"文
献学"(bibliography)区分开来。与中国古代的版本学相
当,西方的传统文献学也是以书籍本身为中心,目的在于求
得最善的版本,从而试图恢复符合"作者原意"的文本。[③]传

---

①达恩顿:《书籍史话》,见《拉莫莱特之吻》,第85—86页。

②Simon Eliot and Jonathan Rose, *A companion to the History of the Book*, Malden, MA: Blackwell Pub., 2007, "Introduction," p. 1.

③参见 Jerome J. McGann, *A Critique of Modern Textual Criticism*, Chicago: University of Chicago Press, 1983; Jack Stillinger, "A Practical Theory of Versions," in *Coleridge and Textual Instability: The Multiple Versions of the Major Poems*, New York: Oxford University Press, 1994, pp. 169—185; S.J. Michael F. Suarez, "Book History from Descriptive Bibliographies," in *The Cambridge Companion to the History of the Book*, ed. Leslie Howsam, Cambridge; New York: Cambridge University Press, 2015, pp. 199—218.

统的文献学并未深究书籍生产、流传与阅读的社会、经济和文化背景，也未深思"人们的想法和观念是怎样通过印刷品得到传播的，阅读又是怎样反过来影响人们的思想和行为"的。因此，苏亚雷斯（S.J. Michael F. Suarez）说，传统文献学被认为是"学术整理和校勘的奴仆，而学术整理与校勘又被认为是文学研究的奴仆"。① 作为社会史和文化史的书籍史兴起之后，文献学的研究也发生了翻天覆地的变化。在《文献学与文本的社会学》（*Bibliography and the sociology of texts*）中，麦肯锡（D.F. McKenzie）给了文献学新的定义，他说："文献学是一门研究作为一种记录方式的文本，及其生产、传播和接受过程的学科。"文献学"研究作家、印刷工和出版商对于文本的创作、版面设计以及传播；研究它们通过由批发商、零售商和教师组成的团体的配销过程；研究图书馆员的收藏和分类；它们对于读者的意义……以及读者对于它们的富有创造力的改编"。麦肯锡称这种新的文献学为"文本的社会学"（sociology of texts）。② 这种研究路径，实则与年鉴学派和文化史家的"书籍史"的研究路径不谋而合，因此本文将麦肯锡等新派文献学家的研究也纳入了考察的视野。

　　书史学家意欲研究书籍与社会的互动作用，但是随着研究的深入，学者们逐渐发现，历史上真正印刷出版过的书籍，

①Suarez, "Book History from Descriptive Bibliographies," p. 212.
②McKenzie, *Bibliography and the sociology of texts*, pp. 12—15.

似乎与流传记录者不完全相符，此二者又与读者能够寓目者出入甚大，而读者经眼过的书籍又绝非全部对他们有所影响。换言之，以书籍的版本和文本为中心的传统文献学、以书籍的生产和流通为中心的书籍史（包括印刷史）都假设了这样一个前提：所有的人都能够看到所有的书，且以相同的方式（一般是作者所预设的方式）理解所有的书。这样一个前提其实是根本站不住脚的。罗兰·巴特宣布"作者之死"，是希望瓦解作者的权威，让意义的诠释权掌握在读者的手中，而事实上，历史上的读者（historical reader）从来未曾丢失这一诠释的权利。极端一点来说，历史上恐怕很少有读者能够完全按照作者的原意来解读文本。《周易·系辞上》讲"言不尽意"，《庄子·天道》曰"意之所随者，不可以言传也"，《庄子·外物》曰"得意而忘言"，都早已揭示了言与意之间固有的矛盾。意识到了这一点，近二十多年来，西方学者渐渐转向"阅读史"（history of reading）的研究，考察书籍如何通过读者在社会和历史上起作用。

二、阅读史研究的三个部分

阅读是一种人类行为（practice），也是一种普遍的文化现象。阅读行为（reading practice）是指阅读者与文本（此处仅指文字与符号等视觉信息）接触并相互影响的过程。阅读行为首先是一种实践活动，它在特定的历史背景下开展，因此，必然受到当时政治环境、经济状况、学术风貌、文化特征，乃至于科技水平等方面的综合影响；书籍的物质载体、流通状态等因素更是对人类的阅读行为有着直接的影响。同时，阅读行为也是一种重要的精神活动，是人类的一种认知过程，人们期望通过阅读来探索未知、拓展思维、完善自我；而不同个体的精神面貌和知识结构又会限制其对于文本的接受。因此，对于人类阅读历史的研究，不仅应当包括以书籍的版本和文本为中心的传统文献学、以书籍的生产和流通及其背后的社会结构与文化特点为中心的书籍史（包括印刷史），还应该包括阅读实践本身、阅读主体在此过程中的精神状态和阅读所产生的影响。本文所讨论的"阅读史"，就是包括了文献学与书籍史，并借鉴了社会史、思想史和文化史等研究方法的综合性、跨学科研究领域。

人类的阅读活动，大致可以分为三个阶段：第一是阅读之前的准备工作；第二是阅读行为本身；第三是阅读的影响——当然，这里任何两个阶段之间并没有截然的界限，如此划分只是为了论述和研究的方便。以阅读为中心，阅读史的研究可以据此三个阶段划分为三个部分。

研究阅读行为之前的阶段，应措意于书籍的生产、流传和收藏，简单来讲，就是想要回答何时、何地、何种书籍、以何种方式到了谁的手中这一问题——这其实大致上就是传统文献学和书籍史所关心的议题，只是阅读史更加关心特定的读者能读到什么书。在《书籍史话》这篇重要的论文中，达恩顿提出了"交流回路"（communication circuit）这一概念，将作者、出版商、印刷商、装订者、运输商、书商、读者等所有与书籍有关的人都包括在内。[①]达恩顿指出,使用这一传播系统,探讨其运作规律,可以避免使书史研究陷入细枝末节、只见树木不见森林的状态中。通过这种方法上跨学科、范围上跨区域的研究,"史学家们可以向人们显示,书籍不仅具有复述历史的功能,它们本身就是历史的一部分"。[②]在《阅读史初探》中,达恩顿建议对读者在阅读过程中对书的反应作"历史性的研究和理论性的总结"。他指出:"通过把阅读作为社会现象来研究,我们可以弄清楚什么人在读书、读的是什么书、在哪里读书和什么时候读书这类问题。"[③]而要弄清楚读者是哪些人、他们读什么书,达恩顿给出了两个方法:"一种是高屋建瓴宏观式的,一种是解剖麻雀微观式的。"前者包括通过使用计量史学的方法来收集数据,再进行区域与国别之间的对比,从而给人们的阅读习惯及其历史变迁勾勒出一个大致的轮廓来。[④]后者则是对公私书目、物资和遗产清单、订书单、图书馆的借阅记录等进行细致的研究,藉以考察读者身份和他们的阅读兴趣。[⑤]乔纳森·罗斯谈到:"大致来讲,阅读史就是阐释史……是对于书籍、杂志、报纸、广告、电影、广播、音乐表演、学校课程和成人教育课程的阐释。这种方法背后的原理很简单:我们只能通过(尽可能地)重构一个给定读者的文化食谱(cultural diet)然后

①达恩顿:《书籍史话》,见《拉莫莱特之吻》,第85—112页。
②达恩顿:《书籍史话》,见《拉莫莱特之吻》,第112页。
③达恩顿:《阅读史初探》,见《拉莫莱特之吻》,第132页。
④达恩顿:《阅读史初探》,见《拉莫莱特之吻》,第132—136页。
⑤达恩顿:《阅读史初探》,见《拉莫莱特之吻》,第137—142页

通过问他如何解释那些文化经验来理解他的心理状态。"①

　　将计量史学的方法应用到书籍史的研究中，最早的还是年鉴学派的一些史家，除前文提到的亨利-让·马尔坦和丹尼尔·罗希之外，较为著名者，还有罗伯特·芒德鲁（Robert Mandrou）、弗朗索瓦·弗雷（François Furet）、雅克·奥祖夫（Jacques Ozouf）等人。特别是弗雷，他在 20 世纪 60 年代团结了一批法国高等实践研究院（EPHE）第六部的学者，利用计量方法，分析旧制度当局授予书籍出版发行权的许可证，对社会文化产品的总体情形给出了全景式的描述，并对各社会文化阶层的阅读群体进行了大量的专门研究。弗雷等人的研究通过大量的统计数据显示了 18 世纪法国书籍出版中神学类书籍数量急剧下降，科学和艺术方面的书籍显著增加这一现象，它表明了启蒙运动的哲学家将神性从人的世界里排除出去的努力。而热纳维耶芙·伯莱姆（Geneviève Bollème）通过研究"蓝皮丛书"（Bibliothèque bleue）和民间历书，发现 18 世界法国民众的文化食谱发生了缓慢的变化，即原先的神鬼故事和占星术逐渐被关于社会、人和当下现实的内容所取代，这表明，在启蒙运动的影响下，理性开始渗透到普罗大众的精神世界中。②

---

① Jonathan Ross, "Arriving at a History of Reading," *Historically Speaking* 5（2004）：39.

② 参见彼得·伯克著，刘永华译：《法国史学革命：年鉴学派，1929—1989》；洪庆明：《从社会史到文化史：十八世纪法国书籍与社会研究》，《历史研究》，2011 年第 1 期。

有趣的是，近三十年来，海外中国学家将这些新的书籍史研究方法应用于中国古代书籍史和阅读史的研究中，在唐到清的出版业、书籍的发行与流通、雕版印刷与市民文化和精英文化的关系、明清商业出版的繁荣和读者群体的扩大等问题上都取得了非常大的进展。[①] 比如，日本学者矶部彰通过对《西游记》接受史的研究，发现通俗小说在明清时期还属于比较昂贵的文化商品，其读者以皇室成员、官员和大商人为主。大木康进一步证明，通俗小说的消费者集中在大商人、生员和村塾教师这三个人群中。[②] 而美国学者何谷理（Robert Hegel）则提倡

---

① 参见包筠雅（Cynthia J. Brokaw）的综述《论中国的书籍史》（On the History of the Book in China），见 *Printing and Book Culture in Late Imperial China*, edited by Cynthia J. Brokaw and Kai-wing Chow, Berkeley, Los Angeles and London: University of California Press, 2005, pp. 3—54. 代表性著作如周绍明（J.P. McDermott）著，何朝晖译：《书籍的社会史：中华帝国晚期的书籍与士人文化》，北京大学出版社，2009 年；大木康著，周保雄译《明末江南的出版文化》，上海：复旦大学出版社，2014 年；包筠雅著，刘永华、饶家荣等译：《文化贸易：清代至民国时期四堡的书籍交易》，北京大学出版社，2015 年；Lucille Chia, *Printing for Profit: The Commercial Publishers of Jianyang, Fujian* (*11th—17th Centuries*), Cambridge, MA: Harvard University Asian Center, 2002; Chow Kai-wing. *Publishing, Culture and Power in Early Modern China*, Stanford, CA: Stanford University Press, 2004; Lucille Chia and Hilde De Weerdt, eds., *Knowledge and Text Production in an Age of Print: China, 900—1400*, Brill, 2011.

② 见矶部彰：《明末における西游记の主体の重要受容层の关する研究—明代‘古典的白话诸说’の读者层をめぐる问题について》，《集刊东洋学》，1980 年第 44 期，第 50—63 页；矶部彰：《「西游记」（转下页）

使用书籍的物质特征和视觉特征来反推书价，然后用书价来反推读者的身份。他指出，明清的出版商使其印刷品的种类多样化，藉以吸引更大范围的读者。① 亦即书价并非普遍偏高，而是有一个很大的浮动区间；相应地，通俗读物的读者群也不局限在社会上层。包筠雅（Cynthia J. Brokaw）和贾晋珠（Lucille Chia）考察了书籍的种类与书价，同样指出明清时期读者群体向下层阶级扩展的趋势。② 安妮·麦克拉伦（Anne McClaren）撰写了一系列的文章讨论《三国志演义》的接受史，她提出中国通俗小说有一个"复文本传统"（dual textual tradition）和"多样化叙事"（multiple narrative）的特征，这些不同的文本传统和叙事风格是为了迎合不同的读者群体。同时，除了叙事风格以外，文本的语体风格、穿插韵文的数量、书籍的前言后序、插图、书本品质等信息也反映了出版商有意出版同一故事的不同版本，以面向不同阶层的读者。③ 麦克拉伦也考察了历史上对于读

（接上页）受容史の研究》，东京：多贺出版，1995 年；大木康：《明末における白话小说の作者と読者について一矶辺彰氏の所说によせて》，《明代史研究》，1984 年第 12 期，第 1—6 页。

① Robert E. Hegel, "Niche Marketing for Late Imperial Fiction," in *Printing and Book Culture in Late Imperial China*, p. 248.

② 见包筠雅：《文化贸易》；贾晋珠，*Printing for Profit: The Commercial Publishers of Jianyang, Fujian（11th—17th Centuries）*.

③ Anne McClaren, "Ming Audience and Vernacular Hermeneutics: The Uses of the Romance of the Three Kingdoms," *T'oung Pao* 81.103（1995）：51—80. 也可参考 Anne McClaren, "Rewriting *The Romance of the Three Kingdoms*: Editors and Their Audiences," *Journal of Oriental Studies* 33.2（1995）：165—185.

者身份的观念的改变。她指出，从明朝的中晚期开始，作者、编者、出版商在积极地创造一个具有一定识字率和文化欣赏水平的读者群体。而且，从通俗读物的序跋和评点中可以看出作者对于预设读者(intended reader)的想法的改变 :"从十六世纪早期开始，某些出版商提出异于传统的见解，即经典文本过于陈旧和费解，而通俗文本方能够以易于接受的形式传授儒家经典的道德智慧。"① 也就是说，出版商和编著者已经不把目光聚焦于文人和士大夫，而是开始考虑普罗大众的阅读需求。

不管是宏观的勾勒还是微观的考察，无论是搜集大数据还是对特定的书目进行详细分析，其目的都是为了重构历史上的读者群体和他们的"文化食谱"，然而，仅仅了解了读者群体和他们的阅读兴趣，还不足以弄清他们如何理解文本，也无法获知阅读对于他们的意义。要回答这些问题，还需要对阅读的第二、三阶段进行研究。

达恩顿也讨论到了阅读的第二个阶段——阅读行为本身，即阅读在什么情况卜发生、在哪里发生、以怎样的方式进行。作为一个社会、文化史家，达恩顿更关心阅读的大众，而非一些专业的读者(比如学者、僧侣等)。他建议阅读史家注意读书会、读书俱乐部、家庭阅读实践等。② 关于这一点，夏蒂埃的研究更加深入，也更具有开拓意义。

---

①Anne McClaren, "Constructing New Reading Publics in Late Ming China," in *Printing and Book Culture in Late Imperial China*, pp. 153—154.

②达恩顿 :《阅读史初探》，见《拉莫莱特之吻》，第 142—152 页。

在林·亨特所编《新文化史》的第六章《文本、印刷术、阅读》一文中，夏蒂埃提出了这么一个简单而耐人寻味的问题："对于每一位读过它的人而言都是一样的一个文本，怎么会'由于每位读者因其自身的品味不同，而变成读者之间吵闹和争端、引起他们之间不合的一种媒介呢？'"[①] 通过对费尔南多·德·罗哈斯（Fernando de Rojas）《拉皮条的女人》（Las Celestina）的多种不同方式的理解以及运用的考察，夏蒂埃指出，这种对于文本的"程度不一的接受，最初起因于读者本身，因为他们相互矛盾的评判，不仅可能源自他们形形色色的身分和性情，而且也可能源自他们多样的能力和期待"。[②] 夏蒂埃指出，对于文本的阅读，其实是"依从于文本的一种设计（machinery）"，是"一种创作性的习俗"，"而其所创造的个别意义和涵意，并不能化约成文本作者或者书籍生产者的意图。阅读是一种回应、一种劳动形式"。[③] 那么，问题是：我们该如

---

① 夏蒂埃：《文本、印刷术、阅读》，见林·亨特编，江政宽译：《新文化史》，台北：麦田出版，2002 年，第 219—220 页。此译本将 Roger Chartier 译为"罗歇·夏尔提埃"，本文根据大陆通行译法，使用"罗杰·夏蒂埃"这一译名。此译本将 community 译为"社群"，本文改译为"共同体"。此译本将 reading 均译为"解读"，恐不符合夏蒂埃原意，因此本文引用时，全部改为"阅读"。见 Roger Chartier, "Texts, Printing, Reading," in *The New Cultural History*, ed. Lynn Hunt, Berkeley: University of California Press, 1989, pp. 154—175.

② 夏蒂埃：《文本、印刷术、阅读》，见林·亨特编，江政宽译：《新文化史》，第 220 页。

③ 夏蒂埃：《文本、印刷术、阅读》，见林·亨特编，江政宽译：《新文化史》，第 221 页。

何理解阅读行为？"我们怎能既顾及到读者的无法消灭掉自由，而又顾及到意味着抑制辞-自由的规范呢？"[1]夏蒂埃称，"有必要将经常没有交集的两种视角一并考量：一方面，研究文本及传达文本之印刷作品组织被规定之阅读方式；而另一方面，专注于循着个人的招供来追踪实际的阅读，或者在读者共同体——其成员共用着同样的阅读形式和同样的诠释策略的那些'诠释的共同体'——的层次上，重新建构出实际的阅读。"[2]此处，前者指的是对于文本本身（文本的内容、体裁、格式等）、编著者对于文本的解读方式的规定（如前言、序跋、评注等）以及文本的物质载体（书册制度、版本特征等）的研究，这可以包括在对阅读第一阶段的研究中。而后者则是关于实际阅读行为的研究，"诠释的共同体"（interpretive community）这一概念首先由斯坦利·费希（Stanley Fish）提出，[3]它将所有共用着同样的阅读习惯的读者组成一个群体，考察其阅读行为的特点与历史变迁。夏蒂埃说："我们需要开发各种重要的划分指标，以便能够组织（对于文本的运用、甚至同一文本的各种运用的）阅读行为的历史——举例来说，阅读行为可以选择在兀自大声朗诵或为他人大声朗诵与

---

[1]夏蒂埃：《文本、印刷术、阅读》，见林·亨特编，江政宽译：《新文化史》，第222页。

[2]夏蒂埃：《文本、印刷术、阅读》，见林·亨特编，江政宽译：《新文化史》，第223页。

[3]见 Stanley Fish, *Is There a Text in This Class? The Authority of Interpretive Communities*, Cambridge, London: Harvard University Press, 1980, pp. 167—173.

无声地阅读之间；在暗自而又私下地阅读与公开地宣读之间；在宗教阅读与凡俗阅读之间；还有（借用一下恩格辛 [Rolf Engelsing] 的术语）在‘精读’和‘泛读’之间。超越这些肉眼可见的裂缝，历史学家必须在某一给定之时地的读者共同体中，寻求操控阅读的支配典范。"[①]

"精读"（intensive reading）和"泛读"（extensive reading），是西方书籍史研究中一个曾被热烈讨论过的问题。20 世纪 60 年代末 70 年代初，德国历史学家罗尔夫·恩格辛提出，欧洲在 18 世纪末经历了一次"阅读革命"（Reading Revolution），其时人们的阅读方式和阅读习惯，从"精读"逐步转变成了"泛读"。所谓"精读"，即反复阅读为数不多的几种经典作品，如《圣经》等；"泛读"则是指大量阅读各种各样的文本，如期刊、杂志、小说等等，而每种文本一般只读一次。[②] 这一阅读方式的转变主要由社会经济的发展，科技水平特别是印刷技术的改善，以及识字率的提高促成，同时也反过来对文化的普及和社会"公共领域"（public sphere）的形成

---

① 夏蒂埃：《文本、印刷术、阅读》，见林·亨特编，江政宽译：《新文化史》，第 233 页。此段文字的中文翻译较难理解，因此根据英文原本进行了调整，参见 Roger Chartier, "Texts, Printing, Reading," in *The New Cultural History*, p. 166.

② Rolf Engelsing, *Der Bürger als Leser, Lesergeschichte in Deutschland 1500—1800*, Stuttgart: Metzler, 1974）; Engelsing, "Die Perioden der Lesergeschichte in der Neuzeit: Das statische Ausmass und die soziokulturelle Bedeutung der Lektüre," *Archiv für Geschichte des Buchwesens* 10（1969）: cols. 944—1002.

都有很大的促进作用。① 恩格辛这一"假说"影响很大，同时也招致了不少批评，多数学者都认为他把问题简单化了，如达恩顿所言："他的理论的最大缺陷就是太整齐划一了。阅读并不是沿着一个方向发展的，而是因时、因地、因人群而异的。"但是达恩顿也承认："18 世纪末的确像是个转捩点，可读的东西太多了，读书的人也多了。不错，到了 19 世纪，随着机器造纸、蒸汽印刷机、林诺排字工艺和全民教育的出现，大众性的阅读开始蔚然成风。但这股风气其实在 18 世纪末就已初露端倪。"达恩顿接着修正了恩格辛的观点，他指出："这期间最根本的变化体现在可读的东西越来越多样化，而不是泛读取代了精读。"②

美国学者安·布莱尔（Ann Blair）也支持恩格辛的观点，而她将研究的眼光又重新投回专业的读者——学者——的身上。她指出，16、17 世纪开始，印刷术逐渐改变了信息生态，书籍数量的增长已经远远超过了任何一个个体所能全部阅读的程度。"书籍的过剩"改变了学者的阅读方式：以前那种精读少数几本重要典籍的方法已经完全不能适应这种书籍过剩的状态，学者们不得不依靠各类工具书来辅助阅读，必须学会有效检索、选择、组织和存储信息，有时候还得自己编纂索引、书目、提要，或是直接阅读摘录和被重新编辑过的文本而非书

① Jonathan Rose, "Arriving at a History of Reading, " *Historically Speaking* 5（2004）: 36—39.
② 达恩顿：《阅读史初探》，见《拉莫莱特之吻》，第 141 页。

籍原本。这些都促进了各类工具书的编辑和出版，改变了人们管理信息的方式，同时也改变了人们理解和使用文本的方式。①

　　将阅读活动看成一种人类行为，欲研究其进行的方式，就必须关注它进行时的历史背景、社会结构和文化特征，因此，社会史和文化史的研究方法就非常值得借鉴。同时，阅读不仅仅是获知文本的段落大意；阅读可以改变读者的知识结构，影响其心理状态；文字、符号、插图，乃至于文本所依附的物质形态都可能对阅读产生影响。因此，仅仅了解读者读了什么，如何阅读的，只能得到应然的结论，只能了解一种阅读"可能"会产生怎样的结果。历史研究，还应该回到历史本身，在研究阅读行为的同时，还必须考察阅读的效果——阅读的第三个阶段。通过考察阅读的真实效果，才能了解阅读在历史上产生了何种影响，阅读在以后会有何种意义。

　　阅读的第三阶段，被一些学者称为"阅读反应"（reading response）或者"读者反应"（reader response）。达恩顿说："读者在阅读过程中对书的反应，是完全可以做历史性的研究和理论性的总结的。当然这不会很容易，因为史料文献本身并不会告诉我们，阅读是在什么情况下发生的，读者当时究竟是怎样理解文本的。再说，文献本身也是文本，需要我们解

①参见安·布莱尔著，徐波译：《工具书的诞生：近代以前的学术信息管理》，北京：商务印书馆，2014 年。

读。"① 也就是说，在构建读者反应的时候，材料的搜集和理解是最为核心的问题，同时也是个难题。

在《重新理解英国普通读者：受众史引言》（Rereading the English Common Reader: A Preface to a History of Audiences）中，乔纳森·罗斯采用了读者的自传和回忆录来研究工人受众群体，并尝试回答了"文本如何改变普通（非专业）读者的心灵和生活"这一问题。② 罗斯的研究将阅读史的研究领域拓展到了读者的层面，他所重视的受众，实则是一般大众，而非学者和僧侣等"专业的读者"。罗斯声称自己的研究是阅读史研究的第三代。他称："旧的书籍史"是"一个关心为出版公司编年，恢复图书馆目录和借阅记录，计算识字率水平，即大致来讲是设法确定一个给定的读者群体拥有或阅读了哪些书的领域。"③ 在第二代研究，即"新的书籍史"中，"阅读行为才开始浮现并成为一个被关心的话题"，这不仅仅是"什么"的问题，"如何，或者说阅读的过程"也开始进入研究的视野。④ 第二代的研究就是受众的研究，而且罗斯强调的

---

① 达恩顿：《阅读史初探》，见《拉莫莱特之吻》，第 132 页。

② Jonathan Ross, "Rereading the English Common Reader: A Preface to a History of Audiences," *Journal of the History of Ideas*（1992）: 48.

③ Ross, "Rereading the English Common Reader," p. 47.

④ Ross, "Rereading the English Common Reader," p. 47. 同时可参看 David D. Hall, "The History of the Book: New Questions? New Answers?" *Journal of Library History* 21（1986）: 27—36; Margaret Spufford, *Small Books and Pleasant Histories: Popular Fiction and Its Readership in Seventeenth-Century England*, Athens, GA: University （转下页）

是大众读者的阅读情况，而非少数的精英群体。可以看出，罗斯对于阅读史（书籍史）研究演进世代的划分，与我们根据阅读过程对阅读史研究所划分的三个部分不谋而合。阅读的第三个阶段，无论称为"读者反应"、"阅读的接受"还是"阅读的效果"，关心的都应该是阅读对所有读者的影响。传统文献学与书籍史谈到读者一般都默认为精英群体，达恩顿、罗斯等学者将研究重心转向普罗大众，极大地拓展了阅读史（书籍史）的研究领域。新的研究领域自然也带来了研究材料的更新换代。

阅读史家目前使用最广泛的几种史料有自传性的文献（autobiographical documents）、摘录簿（commonplace book）、杂记簿（miscellanies of texts）、批校（marginalia）等。[①] 自传性的文献包括读者的自传、日记、信件以及自己书写的所有有关阅读的文字记录。摘录簿是阅读摘抄的分类汇编，有点类似于中国古代的"书钞"、"类书"一类的文本（也包括如柯律格所讨论的晚明鉴赏类文本汇编，以及何予明在其名著《家园与天下》[*Home and the World*]中谈到的各种酒令、故事集、笑话集、格言录等，这些文本一般也被归入"类书"这一大目之

（接上页）of Georgia Press, 1982; William J. Gilmore-Lehne, *Reading Becomes a Necessity of Life: Material and Cultural Life in Rural New England 1780—1835*, Knoxville: University of Tennessee Press, 1989.

① 见 Stephen Colclough, "Readers: Books and Biography," in *A Companion to the History of the Book*, eds. Simon Eliot and Jonathan Rose, Malden: Blackwell Pub., 2007, pp. 53—57；又参见达恩顿：《阅读史初探》。

下）。[①]杂记簿类似于中国古代札记性的"读书记"，不同于与原文同行的注疏、评点、批校等文本，杂记簿摘抄原文，然后做出评论。自传性的文本与杂记簿反映了历史上的读者如何理解文本并在自己的书写中使用之；摘录簿（类书）是对既有文本的改编与分类，也反映了改编者如何理解文本和期待读者如何使用文本。这些材料都可以用来讨论阅读对读者的影响，却不能用以了解读者阅读进行时的状况。要了解阅读进行时读者的所思所想、读者对阅读的反应，目前看来，最合适的材料就是批校（marginalia）。

批校作为阅读史的研究材料具有无可替代的优越性，因为批校一般都是读者阅读时随手所写，可以最大限度反映读者当时的心理状态。美国学者希瑟·杰克森（Heather Jackson）在其专著《批校：书籍中读者的书写》（*Marginalia: Readers Writing in Books*，以下简称《批校》）中说："考虑到近来的研究兴趣从作者转向了读者和文本的生产、流传与接受，各个时代的批校对于学者来讲是一个潜在的金矿。"[②]因此，下文将着重讨论批校的历史与特征。

---

①见柯律格著，高昕丹、陈恒译：《长物：早期现代中国的物质文化与社会状况》，北京：生活·读书·新知三联书店，2015 年；Yuming He, *Home and the World: Editing the "Glorious Ming" in Woodblock-Printed Books of the Sixteenth and Seventeenth Centuries*, Cambridge, Massachusetts: The Harvard University Asia Centre, 2013.

②Heather Jackson, *Marginalia: Readers Writing in Books*, New Haven: Yale university press, 2001, p. 6.

三、批校：新的阅读史研究材料

Marginalia（批校）这一单词是 19 世纪早期由拉丁文进入英文中的。一般认为，1819 年英国湖畔诗人柯勒律治（Coleridge）在《布莱克伍德杂志》（*Blackwood's Magazine*）发表了他对于散文家托马斯·布朗（Sir Thomas Browne）作品的 "marginalia"，首次将这一单词带入英文，并且完全改变了之后英文世界的读者撰写读书笔记的方式。[1]Marginalia 是其拉丁原词 marginale 的复数形式，原意主要指 "旁批"，但是英文中一般拿来指代读者写在书中任何地方的文字。因此汉语中最合适的对应词汇应该是 "批校"，包括旁批、眉批、夹批、浮签等等。并且汉语中称有前人批校的古籍为批校本。[2]

西方学者普遍认为，批校最本质并起决定性作用的特征有两个，其一是它永久地附著于事先存在的文本上，是一种回应性的书写材料；其二它必须是手写的。[3]简言之，批校就是读者在书本上手写的读书笔记，包括其亲手绘制的图形符

---

① 参见 Jackson, *Marginalia*, p. 7.

② 参见黄永年：《古籍版本学》，南京：江苏教育出版社，2012 年，第 210—212 页；韦力：《批校本》，南京：江苏古籍出版社，2003 年。

③ 见 Jackson, *Marginalia*, p. 81. 同时参看 Antony Grafton, "Is the History of Reading a Marginal Enterprise?" *Papers of the Bibliographic Society of America* 91（1997）：139—57; Monique Hulvey, "Not So Marginal: Manuscript Annotations in the Folger Incunabula," *Papers of the Bibliographical Society of America* 92（1998）：159—176.

号等。近年来，西方研究批校的代表性作品有两部，一部是前面提到的杰克森的《批校》，另一部是美国学者威廉·霍华德·谢尔曼（William Howard Sherman）的《二手书：在文艺复兴时期的英格兰标记读者》（*Used books: Marking Readers in Renaissance England*，以下简称《二手书》）。[①]

《批校》一书是西方首部全面研究批校材料的专著。书中，杰克森分章讨论了批校在书本中的位置与内容、批校的历史、批校与注疏等材料的同异、读者写作批校的动机、历史上对于批校（或者说在书中"乱写乱画"）的态度，并提供了颇多个案研究。杰克森最核心的主张是以批校作为研究社会史和文化史的材料，《批校》一书中形形色色的个案研究，特别是第四章的那四个例子表明，读者的批校不仅可以反映其私人生活、读者的社会功能和他们所觉知的自己的社会功能，而且可以展示读者阅读时的学习、思维过程和心理状态。基于此，我们可以构建读者的阅读世界，并尝试理解他们的思想和行为，从而了解当时的社会状态和文化构成。[②]

与中国类似，西方现存的批校本汗牛充栋，因此，杰克森建议学者从两种类型的个案研究做起。一种是尽量搜集同一个读者在不同的书上所写的批校，藉以了解读者的阅读结构。同时，在了解读者生平、思想、著述的基础上，通过仔细分析其

---

① William Howard Sherman, *Used books: Marking Readers in Renaissance England*, Philadelphia: University of Pennsylvania Press, 2008.
② 见 Jackson, *Marginalia*, pp. 101—148.

批校，回答他是如何阅读和理解这些作品的、他所阅读的书籍又是怎样影响他的思想和生活的等一系列问题。第二种个案研究则以一部书为中心，搜集不同时代、不同阶层的读者对这部书的批校，藉以了解书籍的社会接受情况和不同时代、不同阶层的思想、信仰与知识构成。[①]

对于第一种个案研究，杰克森举了以书写批校著名的英国湖畔诗人柯勒律治的例子。柯勒律治曾在大约 500 种书中留下了 8000 多条批校，并且在生前就将自己的批校结集出版。杰克森整理过这些批校，并首先根据这些批校构建了柯氏的"阅读食谱"。她指出，柯氏曾在英文、德文、拉丁文、意大利文、埃及文，甚至一些法文和希伯来文书籍中都写下了大量的批校，这些书涵盖文学、神学、哲学、科学、政治、历史等多种学科。也就是说，作为作家（特别是批校专家）的柯勒律治，其阅读面极其广泛，而且读书的种类也不拘一格。杰克森接着根据这些批校还原了柯氏治学和写作的发展历程，以及他与各种人物建立交游关系的经过。杰克森指出，柯氏 30 岁左右才开始大量创作批校，而其诱因，则是他读到了华兹华斯（William Wordsworth）用铅笔写在莎士比亚的几首十四行诗旁的一些评论——华兹华斯写下评论的这本书事实上就属于柯勒律治，柯氏的连襟、另一位湖畔诗人罗伯特·骚赛（Robert Southey）将其带到剑桥和华兹华斯一起阅读，而且两人都写下了一些评论——柯氏用钢笔在华兹

---

① 见 Jackson, *Marginalia*, pp. 149—178.

华斯评论的旁边写下了自己的评论，并期望华兹华斯能够读
到他的评论而且与他、骚赛等人建立更亲密的关系。从此开
始，柯氏便一发不可收，最后成为以批校而著名的诗人。这
些批校，无疑为研究柯氏的生平、思想和文学观念的生成与
演变提供了很重要的资料，同时，它们也是研究当时众多诗
人、学者和出版商的一手资料。更有趣的是，柯氏一直有着
很强的自知之明，他清楚自己因为写批校而著名，因此一直
把批校当做干谒、交游和提升自己名望的手段。杰克森还提
到，当时很多贵族藏书家都会恳请柯勒律治在他们的藏书
上写批校，藉以向他人炫耀。这都说明，在 18、19 世纪的欧
洲，各种各样的文本，书籍也好、批校也罢，其功能并非仅仅
供人阅读消遣或是增长才干，文本本身具有某种社会性，它
能够彰显一种身份和品味，也能够帮助形成和加固各种社会
关系。①

　　对于第二种个案研究，杰克森调查了大约 400 份博斯威
尔（James Boswell）的《约翰逊传》（*Life of Johnson*，1791 年
首版），发现其中一小半都有读者写下的批校。不同的批校
展示了不同的读者如何阅读和接受《约翰逊传》一书的文本。
比如散文家利·亨特（Leight Hunt）在约翰逊疑病症的刺激
下，写了冗长的一段话，描述自己长期以来也饱受此种病痛
折磨的情形；英国作家海丝特·林奇·皮奥齐（Hester Lynch
Piozzi）在她手中的《约翰逊传》里，写了很多感性而内容丰

---

① Jackson, *Marginalia*, pp. 150—165.

富的批校，这是研究阅读史和文本接受的绝佳材料。杰克森还提到，1839 年大英图书馆（British Library）花巨资从一个伦敦书商那里买来了一本写满批校的《约翰逊传》，批校者称自己为"涂鸦者"（Scriblerus），而其身份至今仍无法查明，但可以确定的是，这位"涂鸦者"乃是约翰逊和博斯威尔的同时代人，而且他认识很多约翰逊周围的人，因此，在批校中，他纠正了不少博斯威尔的错误记载，而且反驳了一些博斯威尔的个人观点。这些批校，不仅提供了很多研究约翰逊的一手材料，还展示了同时代的读者，是以怎样的批判的眼光阅读同时代的名人传记的。①

当批校作为一种"新"的史料为历史学家所采用之后，它所带来的是研究方法的革新和研究视野的拓展。由于 16、17 世纪以来纸质书籍数量的增加和识字率的提高，大量的批校得以保存，因此，批校一开始即是研究近代以来阅读史、思想史和文化史的重要材料。但是，很多研究者也在努力寻找和使用批校材料来研究中世纪、甚至古埃及的思想与文化，并且取得了不小的成绩。如加拿大两位女学者凯瑟琳·克尔比-富尔顿（Kathryn Kerby-Fulton）和梅迪·希尔莫（Maidie Hilmo）通过仔细研究中世纪写本上僧侣和抄手所写的眉批和旁批，指出在中世纪后期，已经产生了真正的对于批校的分类法，这些批校材料可以展示当时的僧侣如何阅读经书并管

①Jackson, *Marginalia*, pp. 165—178.

理他们的知识。[1]亚历山大·佩登（Alexander J. Peden）的《埃及法老时期的涂鸦》（*Graffiti of Pharaonic Egypt*）通过考察埃及墓室中一些通俗性的涂鸦，发现这些潦草的涂鸦要比那些精描细写的艺术和文学作品更能准确地展示法老统治时期埃及的社会面貌。这些涂鸦是写在那些精致的文学和艺术作品旁边的，因此也被学者们视为一种批校，它们为全面了解古埃及提供了珍贵的资料——虽然它们看起来并不那么严肃。[2]

以上的研究者，包括其他关注过批校的书史学家如安东尼·格拉夫顿（Antony Grafton）、莫妮卡·哈维（Monique Hulvey）、斯蒂芬·科尔克拉夫（Stephen Colcloug）等，所关心的主要都是批校的文本，即那些有明确意义的批校。[3]谢尔曼则另辟蹊径，不仅关注书籍中读者留下来的文字书写，还倾力于研究符号、图形等一切非文字的记录，这种研究路径显然受到人类学的极大影响。在其名著《二手书》中，谢尔曼称罗

①见 Kathryn Kerby-Fulton and Maidie Hilmo, eds., *The Medieval Professional Reader at Work: Evidence from Manuscripts of Chaucer, Langland, Kempe, and Gower*, Victoria, BC: University of Victoria, 2001.

②见 Alexander J. Peden, *The Graffiti of Pharaonic Egypt: Scope and Roles of Informal Writings*（ *c. 3100—332 B.C.* ）, Boston: Brill, 2001.

③参 见 Antony Grafton, "Is the History of Reading a Marginal Enterprise？" Monique Hulvey, "Not So Marginal: Manuscript Annotations in the Folger Incunabula；" Stephen Colclough, "Readers: Books and Biography," in *A Companion to the History of the Book*, pp. 53—57.

杰·斯托达德（Roger Stoddard）对于书中读者留下的非文字的符号的研究开启了"作为一个专门学科（或者交叉学科）的阅读史的阶段，在这个新阶段中，读者的标记可以作为一系列实践活动的证据的一般史料，这远远超越了传统的对于博学的评注的兴趣和对于著名作家的签名与原始材料的有限研究"。[①]他提倡超越历史与文学批评的研究方法，采纳人类学的研究路数。他说："文本学家（textual scholars）必须既是人类学家又是考古学家，将书籍与其他能够帮助我们重构先辈们的材料世界、心理世界和文化世界的物品置于同等的地位来研究。"[②]

《二手书》最精彩的部分之一是对欧洲文艺复兴时期书籍中读者所绘的"手型符号"（manicule）[③]的讨论，通过对这种特殊符号的研究，谢尔曼向我们揭示了"符号在定义什么使我们成为'人'这一方面起了关键的作用"。他指出："对于现代读者来说，他们的字迹会与众不同，而他们使用的符号偏向于与他人使用的符号相同。对于近代早期的读者来说，情况正好相反——他们所使用的符号，特别是手型符号，对他们自己来讲则更具有辨识性……这些对他们来讲具有辨识性的符号定然在使一本书有意义的个体化的过程中起了非常重

---

① Sherman, *Used books*, "Preface," p. xi.

② Sherman, *Used books*, "Preface," p. xiv.

③ Manicule 一词源于拉丁文的"手"（manus）和"小手"（manicula），通常绘作 ☞，是十二到十四世纪欧洲读者最常用的一种阅读记号。见 Sherman, *Used books*, pp. 29—40.

要的作用。"[①] 这是强调并非书籍中文本的内容，而是对于书籍的个人化的占有——这种占有可以通过绘制极具个性的符号来实现——彰显了作为一个读者的社会地位和文化身份。这个结论与安东尼·格拉夫顿对法国学者比代（Guillaume Budé）的批校的研究结果相得益彰。格拉夫顿指出，比代在普林尼（Pliny）、维特鲁威（Vitruvius）和荷马（Homer）等人的著作上书写的形形色色的批校，使得这些书籍变得"独一无二"，这些个人化了的财产（possessions）"证明了他的社会地位以及他作为一个学者的超凡技艺"。[②]格拉夫顿的研究说明，对于书籍文字的阅读和评论使得阅读活动有意义；而谢尔曼则试图证明一句拉丁谚语："对于书籍的使用，而非阅读，使我们有智慧。"（*Usus libri, non lectio prudentes facit*）[③] 这样分析书籍的阅读与使用，讨论符号与个体认知之间的关系，对我们的研究很有启发意义。

（《史学理论研究》2018 年第 3 期，选入本书时略有改动）

---

①Sherman, *Used books*, pp. 51—52.

②Grafton, "Is the History of Reading a Marginal Enterprise?" pp. 147—148.

③Sherman, *Used books*, "Preface," p. xiii.

附录二　何焯批校本目录

本目录包含中国及海外主要图书馆所藏何焯批校本及其过录本,采用四部分类法,分类顺序基本依照《四库全书总目》。每一条目给出书名、卷数、作者、版本、批校者或过录者、收藏地等信息,收藏地简称依照《中国古籍总目》中各收藏单位的简称。

	书名、卷数、作者	版本	批校	收藏地
1	周易本义通释十二卷辑录云峰文集易义一卷	清抄本	清王振声校并录清何焯跋	国图
2	续补举业必读诗经四卷	清康熙间云姿堂刻本	清陈本礼录清何焯批校	郑州大学
3	周礼注疏四十二卷,汉郑玄注,唐贾公彦等疏,唐陆德明音义	明嘉靖间李元阳刻本	清沈彤校并录清何焯校	上图
4		明崇祯元年(1628)毛氏汲古阁刻本	清吴昕录清何焯、惠士奇、惠栋校跋,清沈诚焘校,清韩应陛跋,王欣夫跋	上图
5	夏小正音义不分卷,佚名撰	旧抄本	清何焯跋	傅斯年

续表

	书名、卷数、作者	版本	批校	收藏地
6	春秋经传集解三十卷,晋杜预撰,明穆文熙编,明葛鼐重订;春秋名号归一图二卷,蜀冯继先撰	明永怀堂刻本	清佚名录魏禧、何焯评语	上图
7	春秋左传三十卷	明崇祯金蟠刻十三经古注本	清何焯校,徐恕点读	湖北
8	春秋公羊传二十八卷	明崇祯金蟠刻十三经古注本	清何焯校	湖北
9	春秋公羊传二十卷	明隆庆间刊本	清颖谷氏手校并题记兼过录清何焯批语	台图
10	春秋公羊注疏附校勘记二十八卷	明崇祯汲古阁刻十三经注疏本	清姚世钰校跋并录何焯校跋,高铨跋	国图
11			清王振声校并录何焯等校	常州
12	春秋穀梁传二十卷	明崇祯刻十三经古注本	清何焯校,徐恕点读	湖北
13	春秋穀梁注疏二十卷	明崇祯汲古阁刻十三经注疏本	清姚世钰跋并录清何焯校跋	国图
14	春秋啖赵二先生集传纂例十卷,清陆淳撰	清康熙间刻玉玲珑阁丛刻本,三种二十三卷,清龚翔麟编	清何焯批校	上图
15	春秋啖赵二先生集传辩疑十卷,清陆淳撰			上图

续表

	书名、卷数、作者	版本	批校	收藏地
16	春秋集传微旨三卷,清陆淳撰	清康熙间刻玉玲珑阁丛刻本,三种二十三卷,清龚翔麟编	清何焯批校	上图
17	春秋四传三十八卷纲领一卷提要一卷列国东坡图说一卷春秋二十国年表一卷诸国兴废说一卷	明嘉靖间吉澄刻樊献科重修本	佚名录何焯批校	天津
18	孝经注疏九卷,唐玄宗注,宋邢昺疏清	明崇祯二年(1629)海虞毛氏汲古阁刊十三经注疏本	佚名过录清何焯批语,清陈祖范手跋	台图
19	刊谬正俗八卷	清抄本	佚名录清何焯校跋	国图
20	说文解字十五卷,汉许慎撰	清乾隆三十八年(1773)朱氏椒华吟舫刻本	佚名录清何焯、惠栋批	上图
21	广韵五卷,宋陈彭年等撰	康熙四十五年(1706)刻本	清何焯校并跋	国图
22	史记一百三十卷,汉司马迁撰	明崇祯十四年(1641)毛氏汲古阁刻本	清邵恩多录清何焯批校,翁斌孙校	国图
23	汉书一百卷,汉班固撰,唐颜师古注	明万历二十五年(1597)北监本	佚名录何焯、顾炎武五色评校本	北大
24			清何焯批校	北师大
25		明崇祯十五年(1642)毛氏汲古阁刻本	清姚衡堂临何焯评校,姚芬跋	上图

续表

	书名、卷数、作者	版本	批校	收藏地
26		明崇祯十五年（1642）毛氏汲古阁刻本	清沈炯临清何焯评	上图
27	汉书一百卷，汉班固撰，唐颜师古注		清翁同龢录清何焯批校	国图
28		清乾隆间武英殿刻本，存六十九卷	清焦循校并临清何焯评校	复旦
29	汉书一百卷，汉班固撰，唐颜师古注，明钟人杰辑评	明万历四十七年（1619）钟人杰刻本	清佚名临何焯等校	上图
30	后汉书九十卷，南朝宋范晔撰，唐李贤注；续汉志三十卷，晋司马彪撰，南朝梁刘昭注补	明嘉靖间汪文盛刻本，存后汉书五十八卷，志二十四卷	清何焯校	上图
31		明崇祯十六年（1643）虞山毛氏汲古阁刻本	佚名过录何焯批注并跋	北大
32			佚名录清何焯校跋	国图
33	后汉书九十卷，南朝宋范晔撰，唐李贤注；续汉志三十卷，晋司马彪撰，南朝梁刘昭注补；明陈仁锡评	明天启七年（1627）云林积秀堂刻本	清谢浦泰录何焯校	上图
34			清□景临清何焯等校	上图
35	三国志六十五卷，晋陈寿撰，刘宋裴松之注	宋绍兴间衢州州学刊明嘉靖万历间南监修补本，存二十卷	清何焯校语并手书题记	台图
36	三国志六十五卷，晋陈寿撰，刘宋裴松之注	明万历二十四年（1596）南京国子监刻本	清朱邦衡校跋并录何焯、惠士奇批校题识	国图

续表

	书名、卷数、作者	版本	批校	收藏地
37		明万历二十四年（1596）南京国子监刻本	清蒋杲校跋并录何焯批校题识	国图
38			佚名录清何焯批校题识	国图
39			佚名录清何焯批校	国图
40			清陈树华录惠氏红豆斋所录清何焯、陈景云批校	上图
41	三国志六十五卷，晋陈寿撰，刘宋裴松之注	明万历二十四年（1596）南京国子监刻本，卷3—14配清刻本	清包安保录清何焯评点并题识	上图
42		明崇祯十七年（1644）毛氏汲古阁刻本	清□约山录清何焯评校	上图
43			章钰校跋并录何焯、惠周惕批校，朱邦衡题识	国图
44			佚名录清何焯批校，翁同书校并跋	国图
45			清翁心存录何焯批校	国图
46			佚名录何焯批校	国图
47	三国志六十五卷，晋陈寿撰，刘宋裴松之注	明陈仁锡评本	佚名录清何焯批校	国图
48			清翁同书校跋并录清何焯、姚范、王全泰、王全临批校	国图

续表

	书名、卷数、作者	版本	批校	收藏地
49	三国志六十五卷，晋陈寿撰，刘宋裴松之注	清同治九年(1870)金陵书局刻本	清刘履芬校并录清张若霭录清何焯校	复旦
50		清同治六年(1867)金陵书局木活字本	清费源深过录清何焯校	上图
51		清同治八年1869金陵书局刊本	佚名过录清何焯批校	台图
52			佚名临清何焯校	上图
53	南史八十卷，唐李延寿撰	明崇祯间宝书堂刻本	清刘履芬跋并录清王鸣盛临清李清、何焯批校	国图
54	北史一百卷，唐李延寿撰	明崇祯十二年(1639)毛氏汲古阁刻本	清何焯批校	上图
55	五代史记七十四卷，宋欧阳修撰，宋徐无党注	明嘉靖刻本	清陈揆跋并录清何焯批注题识	国图
56		明崇祯三年(1630)毛氏汲古阁刻本	清姚世钰过录清何焯校，高铨跋	上图
57			章钰跋并录清何焯批校题识，清姚世钰题识	国图
58			清何焯批注题识	国图
59	酌中志二十四卷，明刘若愚撰	明抄本(卷1—2，13—15，19—21配清抄本)	清何焯批校	国图
60	华阳国志十二卷，晋常璩撰	清嘉庆十九年(1814)廖寅题襟馆刻本	佚名过录清吴翌凤校清何焯批明钱谷抄本及顾广圻校明常熟冯氏空居阁本	北大

续表

	书名、卷数、作者	版本	批校	收藏地
61		清光绪四年（1878）二酉山房刻本	傅增湘校并临何焯校	国图
62	华阳国志十二卷，晋常璩撰	清光绪十六年（1890）会稽陶氏刻本	佚名朱墨笔过录清何焯、吴翌凤、顾广圻校识	国图
63		古今史佚本	清何焯校跋，清丁丙跋	南图
64	钓矶立谈一卷，五代史虚白撰	清扬州使院重刻楝亭十二种本	清何焯手校并跋，清黄丕烈手校并跋，清韩应陛手书题记	台图
65	吴郡图经续记三卷，宋朱长文撰	清同治十二年（1873）江苏书局刻本	王欣夫过录清薄启源临清何焯校	复旦
66			清何焯手批	台图
67			清何焯校语	台图
68	水经洧笺四十卷，汉桑钦撰，北魏郦道元注，明朱谋㙔笺	明万历四十三年（1615）李长庚刻本	清何焯批校并跋，宣统三年（1911）湘乡于礼培录朱之臣、陈明卿、钟惺、谭元春诸家评语并校跋	武大
69			佚名录清何焯批校	国图
70		明崇祯二年（1629）刻本	佚名校并录清何焯校跋	国图
71	水经注四十卷，汉桑钦撰，北魏郦道元注	清康熙五十四年（1715）项氏群玉书堂刻本	清佚名录清何焯校，顾廷龙录清王峻跋	上图
72			佚名临清何焯校	复旦

续表

	书名、卷数、作者	版本	批校	收藏地
73	水经注四十卷，汉桑钦撰，北魏郦道元注	清乾隆十八年（1753）黄晟槐荫草堂刻本，存二十七卷	清沈大成录清何焯校，清周星诒题识	上图
74		明钞本	清何焯、顾广圻校，清袁廷梼改正错叶并跋	国图
75			佚名录清何焯校跋，杨廷锡跋，冯登府跋	国图
76			佚名清何焯校跋	国图
77	中吴纪闻六卷，宋龚明之撰	明末毛氏汲古阁刻本	清劳权跋并临清何焯校跋、卢文弨校跋，清劳健跋并录清毛扆题识	国图
78			清张绍仁录清何焯校跋，清屠倬跋，清周星诒跋	国图
79	中吴纪闻六卷，宋龚明之撰	明末毛氏汲古阁刻本	清袁廷梼校，清吴志忠校跋并录清陆贻典校跋，清何焯校，清丁丙跋	南图
80	五代会要三十卷，宋王溥撰	清康熙六年（1667）孙潜抄本	清孙潜跋，清何焯校并跋，清彭元瑞校	国图
81	金石录三十卷，宋赵明诚撰	清顺治四年（1647）谢世箕刻本	清叶志诜录清何焯校	上图
82			清董醇临清何焯校，翁同龢跋	上图

续表

	书名、卷数、作者	版本	批校	收藏地
83			清叶志诜录清何焯等校	上图
84		清乾隆二十七年（1762）卢氏雅雨堂刻本	清黄丕烈校并跋,顾广圻校跋并录叶国华、何焯题识	国图
85	金石录三十卷,宋赵明诚撰		清顾广圻校并跋又录清何焯题识	国图
86			清叶国华、何焯校跋,清丁丙跋	南图
87		清抄本	佚名录清何焯校	湖南
88			清吴志忠校跋并录清叶国华、何焯、顾广圻题识	国图
89	隶释二十七卷,宋洪适撰	明抄本	明盛时泰跋,清何焯校并跋	上图
90	隶续二十一卷,宋洪适撰	清康熙四十五年（1706）曹寅扬州使院刻本	清刘栘庵录清何焯等校跋	国图
91	石刻铺叙二卷,宋曾宏父撰	清乾隆二十五年（1760）董兆元抄本	清董熜跋并临董熜何焯批校	国图
92		清乾隆四十三年吴翌凤抄本	清吴翌凤跋并录清何焯批校题识	国图
93	石刻铺叙二卷,宋曾宏父撰	清乾隆李文藻刊贷园丛书初集本	清翁方纲校跋并录清何焯批校题识,褚德仪、邓实跋	国图

	书名、卷数、作者	版本	批校	收藏地
94	金薤琳琅二十卷，明都穆撰；金薤琳琅补遗一卷，清宋振誉撰	清乾隆四十三年（1778）汪荻洲刻本	清许瀚临清何焯批校	湖北
95	史通二十卷，唐刘知几撰，明李维桢评、郭延年评释	明刻本	清佚名临清冯舒评、何焯校，吴慈培、邓邦述、叶景葵跋	上图
96		明嘉靖十五年（1536）陆深蜀中刻本	清翁同龢题识并临清何焯校跋	上图
97			清蒋杲录清何焯校识	上图
98	史通二十卷，唐刘知几撰	明万历五年（1577）张之象刻本	清何焯批校并跋又录清冯舒评语，清顾广圻校，邓邦述跋	国图
99			傅增湘跋并临清唐翰题校，清吴慈培跋并临清何焯、顾广圻校跋	国图
100		明万历三十年（1602）张鼎思刻本	叶景葵跋并录清何焯、顾广圻校跋	上图
101	史通训故补二十卷，清黄叔琳撰	清乾隆十二年黄氏养素堂刻本	清卢文弨校跋并录清冯舒、钱曾、何焯校，清丁丙跋	国图
102			清沈彤录清冯舒、何焯批校	安陆
103	史通通释二十卷，唐刘知几著，清浦起龙释	清乾隆十七年（1752）梁溪浦氏求放心斋刻本	佚名朱笔过录清何焯校语	北大

	书名、卷数、作者	版本	批校	收藏地
104	史通通释二十卷，唐刘知几著，清浦起龙释	清乾隆十七年（1752）梁溪浦氏求放心斋刻本	清□立斋跋并录清冯舒、钱曾、何焯、卢文弨校	国图
105			清□立斋跋并录清冯舒、钱曾、何焯、卢文弨校	南京
106	昭德先生郡斋读书志四卷后志二卷附志一卷考异一卷，宋晁公武撰，（附志、考异）宋赵希弁撰	明抄本	清何焯批校，清张敦仁跋，清顾广圻题款	国图
107		清康熙六十一年陈师曾刻本	清袁廷梼录清何焯、顾广圻批校，清陈鳣跋	国图
108		清抄本	清沈严录清何焯批校	国图
109	新序十卷，汉刘向撰	明刻本	佚名录清何焯校并跋，清顾广圻跋	国图
110			清顾广圻跋并录清何焯校	国图
111			清何焯校跋，清丁丙跋	南京
112	说苑十卷，汉刘向撰	明万历中程荣刻《汉魏丛书》本	清江德量过录清何焯批	澳大
113	新纂门目五臣音注扬子法言十卷，汉扬雄撰，晋李轨、唐柳宗元、宋宋咸、吴祕、司马光注	明嘉靖十二年（1533）顾春世德堂刻本	何煌校，何焯批校并跋	国图

	书名、卷数、作者	版本	批校	收藏地
114			丁士涵录吴焯校跋，傅增湘跋并录清何焯、何煌批校题识	国图
115	新纂门目五臣音注扬子法言十卷，汉扬雄撰，晋李轨、唐柳宗元、宋宋咸、吴祕、司马光注	明嘉靖十二年（1533）顾春世德堂刻本	清沈岩录清何焯批校题识，清顾广圻、黄丕烈跋	国图
116			佚名录何煌校并录何焯校跋	国图
117			清叶昌炽录清何焯校	上图
118		明桐荫书屋刻本	清袁廷梼录何焯校、沈岩跋、顾广圻跋	上图
119	扬子法言十三卷音义一卷，汉扬雄撰	清嘉庆二十三年（1818）秦氏石研斋影宋刻本	清翁同龢临清何焯批校题识	国图
120	法言十卷，汉扬雄撰，宋宋咸注	清刻本	清陈鳣校跋并录清何焯、清卢文弨题识	国图
121	中说十卷，隋王通撰，宋阮逸注	明刻本	傅增湘录清何焯批校	国图
122		明桐荫书屋刻《六子全书》本	佚名录何焯批校	国图
123	太玄十卷，附说玄一卷，释文一卷，汉扬雄撰，晋范望注	明嘉靖三年（1524）郝梁万玉堂覆刊宋两浙茶盐司本	佚名录清何焯批校	国图
124			清何焯批校并跋	台图
125	法书要录十卷，唐张彦远撰	明崇祯毛氏汲古阁刻《津逮秘书》本	清何煌校，清何焯朱笔圈点批校跋	国图

续表

	书名、卷数、作者	版本	批校	收藏地
126	法书要录十卷，唐张彦远撰	明崇祯毛氏汲古阁刻《津逮秘书》本	傅增湘校并临清何煌校、何焯批校题识	国图
127	石云先生淳化阁帖释文考异十卷校定新安十七帖释文音义一卷，明孙枵撰	清抄本	佚名录清何焯批校题识、清王萱龄跋	国图
128	庚子销夏记八卷，闲者轩帖考一卷，清孙承泽撰	清钞本	清程瑶田跋并录清何焯批注，清何焯、清朱筠、清余集题识，清翁方网、清余集校并跋，清桂馥、清江德量、清周寿昌跋	国图
129		清乾隆二十六年（1761）鲍氏知不足斋刻本	清叶商跋并录清何焯批校题识，朱筠、卢文弨等题识	国图
130			清龚橙录清何焯校	上图
131			佚名过录清何焯批注	上图
132	庚子销夏记八卷，清孙承泽撰	清宣统三年（1911）铅印本	傅增湘跋并临清何焯、程瑶田、余集、周寿昌批注题识，及朱筠、桂馥、江德量题识	国图
133	砚笺四卷，宋高似孙撰	清康熙四十五年（1706）刻本	傅增湘跋并录清何焯校跋、沈岩题识	国图
134			何焯校并跋	国图

	书名、卷数、作者	版本	批校	收藏地
135	淮南鸿烈解二十一卷，汉许慎、高诱注	明刻本	佚名录清何焯校跋	国图
136	颜氏家训七卷，北齐颜之推撰；考证一卷，宋沈揆撰	元刻本	清何焯、孙星衍、钱大昕、黄丕烈跋	上图
137	颜氏家训，北齐颜之推撰	明万历刻本	清何焯校并跋	国图
138	东观余论二卷附录一卷，宋黄伯思撰	明崇祯刻本	傅增湘录清何焯批校	国图
139	猗觉寮杂记二卷，宋朱翌撰	清抄本	佚名录清何焯题记	中科院
140			佚名录清何焯校，清丁丙跋	南京
141	能改斋漫录十八卷，宋吴曾撰	抄本	清何焯题记，清王士禛题记	台图
142	容斋随笔，宋洪迈撰	清抄本	清吴骞跋并录清何焯批校题识	国图
143	宾退录十卷，宋赵与时撰	清抄本	清胡珽校并过录清何焯校	上图
144			周叔弢校跋并录清何焯、杨继震题识	国图
145	鹤山渠阳读书杂钞不分卷经外杂钞不分卷，宋魏了翁撰	明长洲吴氏丛书堂抄本	清何焯批校	国图
146	困学纪闻二十卷，宋王应麟撰	明万历三十一年（1603）吴献台刻本	佚名录清阎若璩、何焯校	上图
147			清方成培录清阎若璩、何焯批语	英属哥大

续表

	书名、卷数、作者	版本	批校	收藏地
148	困学纪闻二十卷，宋王应麟撰	明刻本	清蒋杲校跋并录清阎若璩校注、何焯校跋，清彭兆荪跋	国图
149	困学纪闻二十卷，宋王应麟撰，清阎若璩笺	清乾隆三年马氏丛书楼刻本	清全祖望笺注并录清何焯批语	国图
150	麈史三卷，宋王得臣撰	明钞本	清何焯手校，清黄丕烈手校，清顽庵氏手书题记	台图
151	冷斋夜话十卷，宋释惠洪撰	明万历刻本	傅增湘校跋并录清何焯批校	国图
152	老学庵笔记十卷，宋陆游撰	明万历刻本	傅增湘校跋并录清何焯批校题识	国图
153		清光绪三年（1877）湖北崇文书局刻本	赵桢过录何焯、傅增湘校	北大
154	闲居录一卷，元吾衍撰	清顺治间曹溶学耨书屋绿丝栏钞本	清何焯手跋	台图
155		钞本	清何焯题记，清鲍廷博跋，清吴骞跋	台图
156	钝吟（老人）杂录十卷，清冯班撰	清康熙十八年（1679）冯武刻本	佚名录清何焯评	上图
157			佚名过录清何焯批校	台图
158		清抄本	佚名过录清何焯批校	台图

	书名、卷数、作者	版本	批校	收藏地
159	扪虱新话八卷，宋陈善撰	钞本	清何焯校	台图
160	世说新语三卷，刘宋刘义庆撰，梁刘孝标注，宋刘辰翁评	明刻本	清张四教临何焯校	上图
161	世说新语注三卷，刘宋刘义庆撰，梁刘孝标注	明万历三十七年（1609）刻本	傅增湘跋并录清何焯批校题识	国图
162	世说新语六卷，南朝宋刘义庆撰，南朝梁刘孝标注	清光绪三年(1877)湖北崇文书局刻本	赵桢过录方成培何焯批校	北大
163	南部新书十卷，宋钱易撰	明刻本	清钱曾、胡珽校，方成培何焯、周锡瓒、顾广圻校并跋	国图
164	归潜志八卷，元刘祁撰	旧钞本	清何焯手笔批校并跋	台图
165	山海经十八卷，晋郭璞撰	明万历刻本	清黄丕烈校，周叔弢校并录文彭、何焯题识	国图
166		清康熙五十三年（1714）项氏群玉书堂刻本	□□泰录清何焯校跋	国图
167	录异记，五代杜光庭撰	明抄本	明秦四麟校并跋，何焯跋，黄丕烈校跋并题诗	国图

	书名、卷数、作者	版本	批校	收藏地
168	唐语林二卷,宋王谠撰	明嘉靖二年齐之鸾刻本	清钱谦益点校,清何焯批校并跋	国图
169	陶靖节先生集十卷附年谱一卷,晋陶潜撰,(年谱)宋吴仁杰撰	明谷园刻本	佚名录清何焯批校	国图
170	陶诗集注四卷,清詹夔锡辑;东坡和陶诗一卷,宋苏轼撰	清康熙三十三年(1694)宝墨堂刻本	清管庭芬录何焯、查慎行批	上图
171	陶渊明集十卷,晋陶潜撰	清初李文韩刻本	清沈廷芳跋并录查慎行跋,吴宿长录何焯评	上图
172		明刻本	书中有清吴耿光、何焯朱墨笔批校及集诸家校语	北大
173		清末木活字本五色套印本	清黄恩长过录清何焯评语	北大
174	谢宣城诗集五卷,南朝齐谢朓撰	清乾隆四十九年(1710)蒋杲抄本	清韩应陛跋并录清蒋杲录何焯校	国图
175	谢宣城诗四卷,南朝齐谢朓撰	清乾隆二十九年(1735)刻本	清翁同龢跋并临清何焯校	国图
176	庾开府诗集六卷,南北朝庾信撰	明嘉靖间沛国朱曰藩编刊本	清何焯手书题记,清何昌遂手书题记	台图
177	李翰林集十卷,唐李白撰	明正德十四年(1519)陆元大刻本	清何焯校跋	国图
178			傅增湘录清何焯校跋	国图

续表

	书名、卷数、作者	版本	批校	收藏地
179	王摩诘集十卷，唐王维撰	清抄本	清邵恩多录清何焯校跋	国图
180	王摩诘集六卷，唐王维撰	清康熙玉渊堂刻	清黄丕烈校跋并录清何焯题识	国图
181	钱考功诗集存十卷，唐钱起撰	明抄本	清何焯校并跋	国图
182	刘随州诗集十一卷外集一卷，唐刘长卿撰	明嘉靖二十九年（1550）刻本	傅增湘录清何焯校跋	国图
183	刘随州诗十卷补遗一卷，唐刘长卿撰	清康熙四十一年（1702）洞庭席氏刻本	傅增湘跋并录清何焯校跋	国图
184			□韵斋录清何焯校宋本	上图
185	刘随州文集十卷，唐刘长卿撰	清乾隆四十一年（1776）抄本	清卢文弨校跋并录清何焯题识	国图
186			清诸洛临何焯等校跋	上图
187			佚名录清何焯批校	湖北
188	昌黎先生集四十卷外集十卷遗文一卷，唐韩愈撰，宋廖莹中辑注；朱子校昌黎先生集传，一卷	明徐氏东雅堂刻本	清张玮录清何焯等校，清查慎行、方苞评点	吉大
189			清方成珪跋并录清何焯、陈少章、王星斋等批校	瑞安玉海楼
190		明徐氏东雅堂刻本清冠山堂重修本	清邵玘录清汪琬、何焯校	上图

续表

	书名、卷数、作者	版本	批校	收藏地
191	昌黎先生集四十卷外集十卷遗文一卷，唐韩愈撰，宋廖莹中辑注；朱子校昌黎先生集传，一卷	明徐氏东雅堂刻本清冠山堂重修本	佚名录清何焯、彭元瑞批校，清彭清苑、吴镳跋	吉大
192	昌黎先生诗集注十一卷	清康熙三十八年（1699）顾氏秀野草堂刻本	清侯兴农录清何焯、黄钺批校	南开
193			清韦谦恒批并录清何焯评	四川
194	韩昌黎诗集不分卷，唐韩愈撰	清刻本	佚名过录清汪玠批点、何焯评阅	上图
195	韩昌黎诗集编年笺注十二卷，唐唐韩愈撰，清方世举考订，卢见曾删定	清乾隆二十三年（1758）卢见曾雅雨堂刻本	佚名录清朱彝尊、何焯批校	南开
196	新刊五百家注音辩昌黎先生文集，唐韩愈撰，宋魏仲举辑注	清乾隆四十九年（1784）刻本	佚名批校并录清何焯、陈景云等评注	西华师大
197	朱文公校昌黎先生文集四十卷，唐韩愈撰，宋朱熹考异	明初刻本	清沈慈录清何焯批，清郑簠、钱大昕、孙原湘跋	华东师大
198		明万历间朱崇沐刻本	梵门批点并录清何焯、俞玚批注	浙江
199			清方苞批，汪敦校批并录何焯批	北师大
200		明刻本	佚名录明唐顺之、茅坤、清何焯校，钱荣跋	重庆

续表

	书名、卷数、作者	版本	批校	收藏地
201	朱文公校昌黎先生文集四十卷,唐韩愈撰,宋朱熹考异	明刻本	佚名录清何焯评	西安文馆
202	韩昌黎文选二卷	清康熙间抄本	佚名录清何焯批校	甘肃
203	韩文钞不分卷,唐韩愈撰	清挹爽楼抄本	清翁同龢跋并录清何焯、李光地批校	国图
204	增广注释音辩唐柳先生集四十三卷,唐柳宗元撰	明初刻本	佚名录清何焯批校,翁同龢跋并题诗	国图
205		明正统十三年(1448)善敬堂刻本递修本	清翁同龢跋并临何焯批校	国图
206	柳宗元文集四十三卷别集二卷外集二卷附录一卷,唐柳宗元撰,唐刘禹锡编	明嘉靖三十五年(1556)新会莫如士刊韩柳文合集本	清金凤翔手写题记,过录清何焯、莫绳孙批校	台图
207	河东先生集四十五卷外集一卷龙城录二卷附录二卷传一卷,唐柳宗元撰,宋廖莹中校正	明东吴郭云鹏济美堂刻本	清何焯批校	天一阁
208	河东先生集十五卷附录一卷,唐柳宗元撰,宋张景编	抄本	清何焯批校并跋,丁汝彪题记	山东
209	柳文四十三卷别集二集外集二卷附录一卷,唐柳宗元撰	韩柳文本(嘉靖游居敬刻)	清曹羿录清何焯、清方苞批校	山东
210	王荆石先生批评柳文十二卷	明刻本	清何焯批校跋	国图

续表

	书名、卷数、作者	版本	批校	收藏地
211	刘宾客集一卷别集一卷,唐刘禹锡撰	清康熙间野香堂刻本	清姚世钰录清何焯校并跋	上图
212	刘宾客诗集九卷,唐刘禹锡撰,清赵鸿烈编校	清雍正元年(1723)涵碧斋刻本	佚名朱笔过录清何焯手校本校语及评语	北大
213	唐欧阳先生文集八卷附录一卷,唐欧阳詹撰	明万历三十四年(1606)徐𤈦等金陵刻本	清韩宗跋并录清何焯批校跋,清丁丙跋	南京
214	欧阳行周文集十卷,唐欧阳詹撰	明刻本	清吴卓信录清何焯校跋	国图
215	孟东野诗集十卷联句一卷,唐孟郊撰	明嘉靖间嘉禾刻本	清姚世钰过录清何焯校跋	北大
216	周贺诗集一卷,唐周贺撰	明钞本	清金俊明、何焯、黄丕烈校并跋	国图
217	贾浪仙长江集十卷补遗一卷,唐贾岛撰	清康熙四十一年(1702)洞庭席氏琴川书屋刊本	清蒋杲临清何焯评校	傅斯年
218	贾浪仙长江集,唐贾岛撰	清康熙间刻本	佚名校并录清孙江、何焯题识	国图
219	贾长江诗集,唐贾岛撰	明钞本	清何焯校并跋	国图
220	贾浪仙长江集十卷补遗一卷,唐贾岛撰	清乾隆间武林卢文弨手钞本	清卢文弨跋并录清何焯评校及题记	台图
221	昌谷集四卷,唐李贺撰,明曾益释	明刻本	佚名录清何焯校	上图

续表

	书名、卷数、作者	版本	批校	收藏地
222	李长吉昌谷集句解定本四卷，唐李贺撰	清初刻本	清陈本礼录清何焯校	上图
223	撰，明姚佺笺，清丘象升、蒋文运评，清丘象随辩注	清初梅邨书屋刻本	清吴昌绶校并跋，清邵锐录清何焯批校	国图
224	歌诗编四卷集外诗一卷，唐李贺撰	清因树楼据明末毛氏汲古阁刻本重印本	章钰跋并录清何焯校跋，邓邦述题识	国图
225	李长吉集四卷外卷一卷，唐李贺撰，明黄淳耀评点	清雍正九年金惟骏渔书楼刻本	吴梅摘录清何焯、清二樵山人诸家批注	国图
226	元氏长庆集六十卷补遗六卷附录一卷，唐元稹撰	明万历二十三年（1604）马元调鱼乐轩刻本	清何焯批校	国图
227			傅增湘跋并录清何焯校跋、清钱谦益题识	国图
228	白香山诗长庆集二十卷后集十七卷别集一卷补遗二卷年谱一卷，唐白居易撰	清康熙间汪立名一隅草堂刻本	佚名临清何焯批校跋	国图
229	李文饶文集二十卷别集十卷外集四卷，唐李德裕撰	明抄本	清何焯批校，清陆心源跋、傅增湘跋	国图
230	樊川文集二十卷外集一卷别集一卷，唐杜牧撰	明刻本	清何焯校并跋	上图
231	鲍溶诗集六卷集外诗一卷，唐鲍溶撰	清初麦斋抄本	清曹溶校并跋，清何焯校	国图

续表

	书名、卷数、作者	版本	批校	收藏地
232		清顺治十六年（1659）金陵叶永茹刻本,存卷一、三	清沈日珣过录清何焯、王士祺批	上图
233	李义山诗录三卷,唐李商隐撰,清朱鹤龄笺注	清顺治十六年（1659）金陵叶永茹刻本,存卷一	清佚名过录清何焯、朱彝尊批	上图
234		清顺治十六年（1659）金陵叶永茹剜改印本	清佚名过录清陈峈、何焯批	上图
235	李商隐诗集存八卷,唐李商隐撰	清康熙间海盐胡氏刊《唐音戊签》本	佚名过录清何焯、卢文弨校语	台图
236	重订李义山诗集笺注三卷集外诗笺注一卷年谱一卷诗话一卷	清乾隆九年（1744）汪增宁东柯草堂刊本	佚名过录清钱良择、何焯批语	台图
237	玉溪生诗笺注三卷,唐李商隐撰,清冯浩笺注；玉溪生年谱一卷诗话一卷,清冯浩辑	清乾隆二十二年（1767）德聚堂刻本	清毛琛录清何焯校并跋	上图
238	温飞卿诗集七卷别集一卷集外诗一卷,唐温庭筠撰,明曾益注,清顾予咸补注	清康熙三十六年（1967）长洲顾氏秀野草堂刻本	清汤元芑录清何焯校,清鱼元傅跋并录白邨、王八千批语,宋宾王校跋,毕桥跋	上图
239			佚名录清何焯批校	湖北

	书名、卷数、作者	版本	批校	收藏地
240	重刊校正笠泽丛书四卷补遗诗一卷续补遗一卷，唐陆龟蒙撰；校记一卷，清顾凤苞撰	清顾槤碧筼草堂刻本	佚名录清何焯校	上图
241	司空表圣文集十卷，唐司空图撰	清道光二十二年劳格抄本	清劳格校跋并录清何焯题识，清劳权跋并录清赵辑宁题识、清鲍廷博、清赵怀玉、清杨复吉、清沈叔埏校语	国图
242	云台编，唐郑谷撰	明嘉靖刻本	清叶万校补，钱兴国校，周叔弢校并录清何焯题识	国图
243	诗集三卷，唐李洞	明抄本	清何焯校并跋	国图
244	白莲集十卷，唐释齐已撰	明末冯班家抄本	清何焯校并跋，丁祖荫跋	国图
245	张蠙诗集一卷，五代张蠙撰	明钞本	清金俊明、何焯校，清黄丕烈校并跋	国图
246	苏学士文集十六卷，宋苏舜钦撰	清康熙三十七年（1698）白华书屋刻本	清黄丕烈跋并录清顾广圻临清何焯校	上图
247		清康熙三十七年（1698）白华书屋刻本	清钱泰吉录清何焯批校并跋	上图
248	苏学士文集十六卷，宋苏舜钦撰		清姚世钰校跋并临清吕无党、何焯校	上图
249			佚名过录清何焯、姚世钰批校	上图

续表

	书名、卷数、作者	版本	批校	收藏地
250	苏学士文集十六卷,宋苏舜钦撰	清康熙三十七年(1698)白华书屋刻本	佚名录清何焯校,叶景葵临清黄丕烈录清顾广圻校	上图
251			清张绍仁跋并录清何焯校跋	国图
252			傅增湘跋并录清何焯校跋	国图
253	直讲李先生文集三十七卷外集三卷年谱一卷,宋李觏撰	明正德十三年(1518)孙甫刊万历十七年(1589)建昌知府孟绍庆修补本	清何焯手校并题记	台图
254	元丰类稿五十卷,宋曾巩撰	明成化间刻正统十二年增订本	何焯校宋本并题识	日本静嘉堂
255		明嘉靖二十三年(1544)王忬刻本	清吴慈培录清何焯校跋	国图
256		明嘉靖四十一年(1562)黄希宪刻本	清顾之逵跋并录清何焯批校	国图
257			清石泉林跋并录清何焯批跋,清赵宗建校跋	国图
258			傅增湘校跋并临清何焯校跋	国图
259	元丰类稿五十卷,宋曾巩撰	明隆庆五年(1571)邵廉刻本	清何焯批校跋	苏州文管
260			傅增湘校跋并临清何焯校跋	韩城

续表

	书名、卷数、作者	版本	批校	收藏地
261		明万历二十五年（1597）查溪曾敏才等刻本	清归兆镃录清何焯批校跋	南京
262			清归兆镃录清何焯批校跋	山东
263	元丰类稿五十卷，宋曾巩撰	明万历二十五年（1597）查溪曾敏才等刻清顺治十五年（1658）曾先等重修本	清何焯批校并题识	天津
264			章钰跋并录何焯等人圈点批校	国图
265		清光绪十六年（1890）慈利渔浦书院刻本	清吴慈培录清何焯校跋	南京
266	南丰先生元丰类稿五十三卷，宋曾巩撰	清康熙五十六年（1717）长洲顾松龄刻本	清何焯评	上图
267	嘉祐集十五卷，宋苏洵撰	清抄本	清翁同龢校跋并录清何焯批校	国图
268	施注苏诗四十二卷，宋苏轼撰，宋施元之、顾禧注，清邵长衡删补	清康熙三十八年（1699）宋荦刻本	清陈廷表抄配并临查慎行评注，清陈鳢、清钱鸿宝跋，清钱哲临清陈景云录清何焯批点	国图
269	栾城集五十卷，宋苏辙撰	明刻本	清何焯批校并跋	国图
270	后山先生集三十卷，宋陈师道撰	明弘治十二年（1499）潞州令马暾刻本	傅增湘校跋并录何焯、顾广圻题识	国图

	书名、卷数、作者	版本	批校	收藏地
271	后山先生集三十卷,宋陈师道撰	明弘治十二年(1499)潞州令马暾刻本	清唐仁寿录清何焯校	上图
272		明刻本	顾广圻校跋并录何焯校跋,傅增湘跋	国图
273	芦川词二卷,宋张元幹撰	明钞本	清何焯、缪荃孙跋,清黄丕烈校跋题诗	国图
274	罗鄂州小集,宋罗愿撰	明洪武二年罗宣明刻本	何焯批校并跋	国图
275	滏水文集二十卷附录一卷,金赵秉文撰	清初抄本	何焯、黄丕烈校并跋,韩应陛跋	国图
276	闲闲老人滏水文集二十卷,金赵秉文撰	清康熙四十二年何煌抄本	清何焯、清何煌校跋	国图
277		清黑格纸抄本	周锡瓒校跋并录何焯题识	国图
278		清抄本	清佚名录清何焯、清何煌、清钱大昕跋	上图
279	遗山先生文集四十卷,金元好问	明成弘间(1465—1505)李省斋刊本	清何焯手书题记	台图
280	剡源戴先生文集三十卷,元戴表元撰	钞本	清何焯手书题记	台图
281		明万历元年(1573)周仪重辑刊本	清黄丕烈手书题记并追录清何焯题记,清沈宝研手书题记	台图

续表

	书名、卷数、作者	版本	批校	收藏地
282	剡源集三十卷重刊札记一卷,元戴表元撰,清郁松年札记	清道光二十年郁松年刻宜稼堂丛书本	清沈炳垣校跋并录清何焯批校题识,傅增湘校并跋	国图
283	仇山村遗稿,元仇远撰	清抄本	清何焯校,前后有傅增湘题跋	北大
284	萨天锡诗集三卷集外诗一卷,元萨都剌撰	明末毛氏汲古阁刻本	清何焯校并跋	上图
285			清毛绶万校并跋,清沈岩校跋并录清何焯题识	国图
286	揭文安公文粹一卷,元揭傒斯撰	明天顺五年(1461)刻本	清何焯批校并跋,傅增湘跋	国图
287	揭文安公文粹六卷,元揭傒斯撰	清同治十一年(1872)刻本	傅增湘校跋并录清何焯批识	国图
288	吕敬夫诗六种六卷,明吕诚撰	清抄本	明郑文康跋,清劳权手校,清何焯手书题记,清吴昌绶手书题记,邓邦述手书题记	台图
289	张来仪文集不分卷,明张羽撰	清道光间小嫏嬛福地钞本	清何焯手书题记,清钧翁手书题记,清黄丕烈过录并跋	台图
290		清抄本	清何焯批校,清黄丕烈跋	国图
291	类博稿十卷,明岳正撰	明刊本	清何焯手书题识	台图
292	思玄集十六卷,明桑悦撰	明弘治十八年(1505)原刊本	清何焯手书题记	台图

续表

	书名、卷数、作者	版本	批校	收藏地
293	祝氏文集十卷,明祝枝山撰	明嘉靖甲辰(1544)谢庸手钞本	清何焯题识	台湾故宫
294	归太仆文钞一卷,明归有光撰	清抄本	佚名录清何焯、张士元批点	上图
295			清何焯批校并跋	北大
296	唐人选唐诗八种,明毛晋辑	明崇祯元年(1628)毛氏汲古阁刻本	清吴景恩校跋并录清叶奕、陆贻典、何焯批校题识	国图
297			傅增湘校跋并录清何焯批校题识	国图
298			佚名录清何焯校	上图
299			清何焯批校	上图
300	唐人八家诗四十二卷,明毛晋辑	明崇祯十二年(1639)毛氏汲古阁刻本	许昌集、台阁集、李义山集有清吴慈培过录省庵校;长江集有吴慈培过录省庵、何焯校并蒋杲跋	上图
301	唐四家诗,清汪立名编	清康熙三十四年(1695)刻本	清何焯圈点	苏图
302	唐三高僧诗集三种四十七卷,明毛晋辑	明毛氏汲古阁刻本	佚名录清何焯校	上图
303	王荆石先生批评韩柳文二十二卷	明刻本	清何焯批校并跋	国图
304	三唐人文集,明毛晋编	明末毛氏汲古阁刻本	清何焯批校并跋,邓邦述、傅增湘、章钰跋	国图

	书名、卷数、作者	版本	批校	收藏地
305	三唐人文集，明毛晋编	明末毛氏汲古阁刻本清嘉道间递修本	清翁同龢校跋并录清翁同书校语、储欣等评点，章钰录清何焯跋，清王韬校跋	国图
306	三唐人集三十七卷，清冯焌光编	清光绪元年（1875）刻本	傅增湘校跋并录清何焯批校题识	国图
307	文选六臣注六十卷诸儒议论一卷，元陈仁子辑	明嘉靖二十八年（1549）洪楩刻本存卷一至十四	佚名录清何焯、俞场评	上图
308	文选纂注评林十二卷，梁萧统辑，明张凤翼纂注	明万历刻本	佚名临清何焯校	上图
309	文选六十卷，梁萧统辑，唐李善注	明崇祯间毛氏汲古阁刻本	清汪由敦录清何焯校	上图
310			清何焯批校并跋，清赵豹三、陆灿批校并跋，清陶自悦批，清汪由敦跋	苏图
311			清何焯批校	重庆
312	文选六十卷，梁萧统辑，唐李善注	明崇祯间毛氏汲古阁刻本	佚名录清何焯批校题识	国图
313			清邓传密跋并录清俞正燮批校、何焯批校题识	国图
314			清祁寯藻录清何焯校，清恽毓鼎跋	辽宁

续表

	书名、卷数、作者	版本	批校	收藏地
315		明崇祯间毛氏汲古阁刻本	清诸煜录清何焯批校跋	浙大
316		明汲古阁本清康熙二十五年（1686）钱士谧重修本	清刘师安朱墨过录清何焯批校	哈佛
317			清祝德麟跋并录清何焯校跋	南京
318	文选六十卷，梁萧统辑，唐李善注		清高乐志以朱墨蓝黄等多色笔过录清何焯、俞场等批校	英属哥大
319			佚名录清何焯、俞场评，姚元之跋	浙江
320		清乾隆二十五年（1760）嵩山书屋刻本	霞山居士录清何焯批校	天一阁
321		清乾隆间怀德堂刻本	钱钰校并录清何焯评	复旦
322			蒋锦和录清何焯、卢文弨批并跋	山西
323		清刻本	董增儒录清何焯批校	浙江
324	文选六十卷，梁萧统辑，唐李善注		清诸克绍录清何焯批校，清钱泰吉跋	辞书出版社
325		清嘉庆十四年（1809）鄱阳胡克家刻本	清汪廷珍批校并录清何焯批校	南开

	书名、卷数、作者	版本	批校	收藏地
326	文选十二卷音注十二卷	万历二十三年（1595）吴近仁刻本	清孙淇录清何焯、陆灿评语并跋，清王式金跋	浙江
327	文选二十四卷	清乾隆十二年（1747）梁同书抄本	清陈树华录清何焯批校，吴芝瑛跋	吉大
328	文苑英华辨证十卷，宋彭叔夏撰	明万历四十二年（1614）熊祺刻本	清何焯校并跋	上图
329	中兴间气集二卷，唐高仲武辑	明崇祯刻本	佚名录清何焯校	国图
330	才调集十卷，五代蜀韦縠编	明万历间沈雨若刻本	清沈宝莲录清何焯校、张宗松题识	上图
331	笺注唐贤绝句三体诗法二十卷，宋周弼辑，元释园至注	明刻本	佚名评点并录清何焯评点	国图
332	唐三体诗六卷，宋周弼编，元释圆至注，清高士奇重订	清康熙间朗润堂刻本	清何焯康熙戊寅年通体手校朱批	北大
333			清何焯批校并跋，邓邦述手书题记	台图
334	唐诗鼓吹十卷，金元好问辑，清郝天挺注，廖文炳解	清顺治十六年（1659）陆贻典钱朝鼒等刻本	清何焯批校跋，程树华批校跋	重庆
335			清何焯批校、何煌笺注并跋	国图
336	唐音戊签二百一卷余闰六十三卷余诸国主诗一卷，明胡震亨辑	清康熙二十五年（1686）胡申之南益堂刻本	清何焯批校	上图

续表

	书名、卷数、作者	版本	批校	收藏地
337	唐音戊签二百一卷余闰六十三卷余诸国主诗一卷，明胡震亨辑	清康熙二十五年（1686）胡申之南益堂刻本	清沈岩录清何焯等校	上图
338			佚名过录清何焯、卢文弨校语	台图
339	中州集十卷，元元好问撰	明末毛氏汲古阁刻本	佚名录清何焯批校题识	国图
340			章钰校跋并录清冯舒、清冯班批校题识及清何焯批校	国图
341			清何焯批校并跋，傅增湘跋	社科院文学所
342		清抄本	清袁廷梼跋并录清何焯校跋，清丁丙跋	南京
343	谷音二卷，元杜本辑	明崇祯间刻本	清何焯据明叶氏抄本校并跋	北大
344		明刻本	傅增湘录清何焯批校题识	国图
345	玉山名胜集二卷，元顾瑛编	明钞本	清何焯校并跋	国图
346	窦氏联珠集五卷，唐窦常等撰	宋淳熙五年王崧刻本	清钱谦益题签，何焯批校	国图
347		明末虞山毛氏汲古阁刻本唐人四集本	清冯行贤校，何焯校并跋	国图
348			卷首抄配二叶佚名过录清何焯校宋本	北大

	书名、卷数、作者	版本	批校	收藏地
349	窦氏联珠集五卷,唐窦常等撰	清许永镐家抄本	清许永镐跋,黄丕烈抄补并跋,劳权、邓邦述校跋并录何焯题识	国图
350	唐诗纪存十五卷,明方一元编	明翻刻万历间吴琯刊本	清何焯朱墨批校	台图
351	唐诗纪一百七十卷,明吴琯辑	明刻本	傅增湘跋并录清何焯批校题识	国图
352	何义门选诗不分卷,清何焯辑	清邵氏六行堂抄本	清韩应陛跋,绍泰跋并录何焯批校题识	
353	宋名家词六十一种,明毛晋辑	明崇祯毛氏汲古阁刻本	清陆贻典、黄仪、毛扆、季锡畴、瞿熙邦校并跋,清何煌、清何元锡校	国图
354	津逮秘书存三百四十二卷,明毛晋编	明崇祯三年(1630)虞山毛氏汲古阁刊本	清何焯批校并跋	台图

参考书目

一、古籍

班固撰，颜师古注：《汉书》，北京：中华书局，1962年。

陈寿撰，裴松之注：《三国志》，北京：中华书局，1964年。

杜佑撰，王文锦等点校：《通典》，北京：中华书局，1992年。

范晔撰，李贤等注：《后汉书》，北京：中华书局，1965年。

范晔撰，李贤等注：《后汉书》，北京大学图书馆藏明末毛氏汲古阁刻本。

冯班撰，杨海峥、韦胤宗点校：《钝吟杂录》，南京：凤凰出版社，2017年。

冯梦龙编，许政扬校注.《古今小说》，北京：人民文学出版社，1958年。

傅增湘：《藏园群书经眼录》，北京：中华书局，1983年。

顾炎武撰，黄汝成集释，栾保群、吕宗力校点：《日知录集释》，上海：上海古籍出版社，2006年。

顾炎武撰，华忱之点校：《顾亭林诗文集》，北京：中华书局，1983年。

何焯：《义门先生集》，北京大学图书馆藏清道光三十年姑苏刻本。

何焯著，崔高维点校：《义门读书记》，北京：中华书局，1987年蒋良骐：《东华录》，北京：中华书局，1980年。

刘勰撰，范文澜注：《文心雕龙注》，北京：人民文学出版社，1962年。

罗大经：《鹤林玉露》，北京：中华书局，1983年。

罗贯中著，毛宗岗评：《三国志演义》，香港：商务印书馆，1974年。

陆心源：《皕宋楼藏书志》，北京大学图书馆藏清光绪八年归安陆氏十万卷楼刻本。

《毛诗振雅》，保定莲池书院藏晚明刻朱墨套印本。

《明史》，北京：中华书局，1974年。

皮锡瑞：《经学历史》，香港：中华书局，1961年。

钱曾著，管庭芬、章钰校证：《读书敏求记校正》，上海：上海古籍出版社，2007年。

祁承㸁：《澹生堂藏书目　澹生堂读书记》，上海：上海古籍出版社，2015年。

全祖望撰，朱铸禹汇校集注：《全祖望集汇校集注》，上海：上海古籍出版社，2000年。

瞿镛：《铁琴铜剑楼藏书目录》，北京大学图书馆藏清光绪二十四年常熟瞿氏刻本。

施耐庵著，金圣叹评点：《贯华堂第五才子书水浒传》，南京：江苏古籍出版社，1985年。

《十三经注疏》，台北：艺文印书馆影印嘉庆二十年南昌府学刻本，2007年。

《四库全书总目》，北京：中华书局，1965年。

司马迁撰，裴骃集解，司马贞索隐，张守节正义：《史记》，北京：中华书局，1963年。

苏轼撰，邹同庆、王宗堂校注：《苏轼词编年校注》，北京：中华书局，2002年。

王夫之：《读通鉴论》，北京：中华书局，2012年。

王实甫著，金圣叹评，邹圣脉注：《楼外楼订正妥注第六才子书》，新西兰奥克兰大学图书馆特藏室（University of Auckland Library Special Collections）藏清前期邹圣脉刻本。

王先谦：《后汉书集解》，王氏虚受堂民国四年刻本。

徐珂：《清稗类钞》，北京：中华书局，1984年。

许慎撰，段玉裁注：《说文解字注》，上海：上海古籍出版社，1981年。

姚思廉：《梁书》，北京：中华书局，1973年。

叶德辉：《书林清话》，上海：上海古籍出版社，2008年。

叶景葵：《卷庵书跋》，上海：上海古籍出版社，2006年。

俞正燮：《癸巳存稿》，《丛书集成初编》本。

章炳麟撰，徐复注：《訄书详注》，上海：上海古籍出版社，2000年。

章学诚撰，叶瑛校注：《文史通义校注》，北京：中华书局，1985年。

章学诚撰，王重民通解：《校雠通义通解》，上海：上海古籍出版社，1987年。

赵翼：《瓯北集》，上海：上海古籍出版社，1997年。

周密：《齐东野语》，北京：中华书局，1983年。

周骏富辑：《清代传记丛刊》，台北：艺文印书馆，1986年。

二、近人著述

彼得·伯克著，刘永华译：《法国史学革命：年鉴学派，1929—1989》，北京：北京大学出版社，2006年。

陈苏镇：《〈春秋〉与"汉道"：两汉政治与政治文化研究》，北京：中华书局，2011年。

陈先行：《中国古籍稿钞校本图录》，上海：上海古籍出版社，2014年。

大木康著，周保雄译：《明末江南的出版文化》，上海：复旦大学出版社，2014年。

范志新编：《文选何焯校集证》，郑州：河南大学出版社，2016年。

费夫贺、马尔坦著，李鸿志译：《印刷书的诞生》，桂林：广西师范大学出版社，2006年。

葛兆光：《中国思想史第二卷：七世纪至十九世纪中国的知识、思想与信仰》，上海：复旦大学出版社，2013年。

郭绍虞：《中文文学批评史》，上海：上海古籍出版社，1979年。

顾永新：《经学文献的衍生和通俗化——以近古时代的传刻为中心》，北京：北京大学出版社，2014年。

洪庆明：《从社会史到文化史：十八世纪法国书籍与社会研究》，《历史研究》，2011年第1期，第143—158页。

黄侃：《文选评点》，上海：上海古籍出版社，1985年。

黄进兴：《圣贤与圣徒》，北京：北京大学出版社，2005年。

黄永年：《古籍版本学》，南京：江苏教育出版社，2012年。

华喆：《礼是郑学：汉唐间经典诠释变迁史稿》，北京：生活·读书·新知三联书店，2018年。

胡朴安：《中国训诂学史》，上海：上海三联书店，2014年。

梁启超：《中国近三百年学术史》，上海：复旦大学出版社，1985年。

林岗：《明清小说评点》，北京：北京大学出版社，2012年。

林庆彰：《明代经学研究论集》，台北：文史哲出版社，1994年。

林庆彰、张寿安编：《乾嘉学者的义理学》，台北：中国文哲研究所，2003年。

刘师培：《刘师培史学论著选集》，上海：上海古籍出版社，2006年。

刘叶秋：《历代笔记概述》，北京：中华书局，1980年。

李正宇：《敦煌遗书中的标点符号》，《文史知识》1988年第8期，第98—101页。

罗伯特·达恩顿著，顾杭、叶桐译：《启蒙运动的生意：〈百科全书〉出版史（1775—1800）》，北京：生活·读书·新知三联书店，2005年。

罗伯特·达恩顿著，萧知纬译：《拉莫莱特之吻：有关文化史的思考》，上海：华东师范大学出版社，2011年。

罗伯特·达恩顿著，熊祥译：《阅读的未来》，北京：中信出版社，2011年。

罗伯特·达恩顿著，郑国强译：《法国大革命前的畅销禁书》，上海：华东师范大学出版社，2013年。

罗伯茨、斯基特著，高峰枫译：《册子本起源考》，北京大学出版社，2015年。

罗杰·夏蒂埃撰，洪庆明译：《法国大革命的文化起源》，南京：译林出版社，2015年。

陆宗达、王宁：《训诂与训诂学》，太原：山西教育出版社，1994年。

倪其心：《校勘学大纲》，北京：北京大学出版社，2004年。

钱穆：《中国近三百年学术史》，上海：商务印书馆，1937年。

乔秀岩：《义疏学衰亡史论》，台北：万卷楼，2013年。

漆永祥：《乾嘉考据学研究》，北京：中国社会科学出版社，1998年。

孙钦善：《中国古文献学史》，北京：中华书局，1994年。

王力：《中国语言学史》，《中国语文》1963—1964年，总第124—129期、133期。

汪绍楹：《阮氏重刻宋本十三经注疏考》，《文史》第3辑，第25—60页。

王欣夫：《蛾术轩箧存善本书录》，上海：上海古籍出版社，2002年。

王重民：《冷庐文薮》，上海：上海古籍出版社，1992年。

韦力：《批校本》，南京：凤凰出版社，2003年。

闻一多：《诗经通义》，武汉：湖北人民出版社，1994年。

吴承学：《评点之兴：文学评点的形成与南宋的诗文评点》，《文学评论》，1995年第1期，第24—33页。

吴承学：《现存评点第一书——论〈古文关键〉的编选、评点及其影响》，《文学遗产》，2003年第4期，第72—84页。

阎步克：《士大夫政治演生史稿》，北京：北京大学出版社，1996年。

杨念群：《何处是"江南"？：清朝正统观的确立与士林精神世界的变异》，北京：生活·读书·新知三联书店，2010年。

余嘉锡：《目录学发微》，北京：商务印书馆，2011年。

余英时：《中国思想传统的现代诠释》，南京：江苏人民出版社，1992年。

张丽娟：《宋代经书注疏刊刻研究》，北京：北京大学出版社，

2013年。

张丽娟:《〈周礼注疏校勘记〉惠校本及其他》,《文献》,2016年第4期,第78—87页。

张莉:《〈文选〉海录轩朱墨套印本存疑》,《河南图书馆学刊》,第31卷第6期,2011年,第126—128页。

张寿安:《以礼代理——凌廷堪与清中叶儒学思想之转变》,石家庄:河北教育出版社,2001年。

张寿安:《十八世纪礼学考证的思想活力——礼教论争与礼秩重省》,台北:"中研院"近代史研究所,2001年。

张骁飞:《〈困学纪闻〉版本源流考述》,《中国典籍与文化》,2009年第2期,第73—79页。

张元济:《后汉书校勘记》,北京:商务印书馆,1999年。

赵俊玲:《今传三种何焯〈文选〉评点本辨》,《兰州学刊》,2008年第2期,第181—183页。

《中国古籍总目》,北京:中华书局,上海:上海古籍出版社,2009—2012年。

周一良:《周一良全集》,北京:高等教育出版社,2015年。

三、外文著述

Bennett, Andrew, ed. *Readers and Reading*. London: Longman, 1995.

Barthes, Roland. *Image Music Text*. Translated and edited by Stephen Heath. London: Fontana Press, 1977.

Blair, Ann. *Too Much to Know: Managing Scholarly Information before the Modern Age*. New Haven: Yale University Press, 2010.

Boyarin, Daniel. *Intertextuality and the Reading of Midrash*. Bloomington & Indianapolis: Indiana University Press, 1990.

Brokaw, Cynthia J. *Commerce in Culture: The Sibao Book Trade in the Qing and Republican Periods*. Cambridge: Harvard University Press, 2007.

Brokaw, Cynthia J. and Kai-wing Chow, eds. *Printing and Book Culture in Late Imperial China*. Berkeley, Los Angeles and London: University of California Press, 2005.

Cavallo, Guglielmo and Roger Chartier, eds. *A History of Reading in the West*. Cambridge: Polity Press, 1999.

Cerquiglini, Bernard. *In Praise of the Variant: A Critical History of Philology*. Translated by Betsy Wing. Baltimore: Johns Hopkins University Press, 1999.

Chartier, Roger. *The Order of Books: Readers, Authors, and Libraries in Europe between the Fourteenth and Eighteenth Century*. Translated by Lydia G Cochrane. Stanford: Stanford University Press, 1994.

——. *Forms and Meanings: Texts, Performances, and Audiences from Codex to Computer*. Philadelphia: University of Pennsylvania Press, 1995.

——. *The Author's Hand and the Printer's Mind*. Translated by Lydia G. Cochrane, Cambridge: Polity, 2014.

Cherniack, Susan. "Book Culture and Textual Transmission in Sung China." *Harvard Journal of Asiatic Studies* 54, no. 1 (1994): 5–125.

Chia, Lucille. *Printing for Profit: The Commercial Publishers of Jianyang, Fujian (11th—17th Centuries)*. Cambridge: Harvard University

Asia Center, 2002.

Chow, Kai-wing. "Paratext: Commentaries, Ideology, and Politics," in *Publishing, Culture and Power in Early Modern China*. Stanford: Stanford University Press, 2004.

Darnton, Robert. *The Kiss of Lamourette: Reflections in Cultural History*. New York: Norton, 1990.

Eliot, Simon, and Jonathan Rose, eds. *A Companion to the History of the Book*. Malden, MA: Blackwell, 2007.

Elman, Benjamin. *Classicism, Politics and Kinship: The Ch'ang-chou School of New Text Confucianism in Late Imperial China*. Berkeley: University of California Press, 1990.

——. *A Cultural History of Civil Examination in Late Imperial China*. Berkeley: University of California Press, 2000.

——. *From Philosophy to Philology: Intellectual and Social Aspects of Change in Late Imperial China*. Revised Edition. Los Angeles: University of California, 2001.

——. *Civil Examinations and Meritocracy in Late Imperial China*. Cambridge, Massachusetts; London, England: Harvard University Press, 2013.

Elman, Benjamin and Alexander Woodside, eds. *Education and Society in Late Imperial China*. Berkeley: University of California Press, 1994.

Engelsing, Rolf. *Der Bürger als Leser, Lesergeschichte in Deutschland 1500—1800*. Stuttgart: Metzler, 1974.

———. "Die Perioden der Lesergeschichte in der Neuzeit: Das statische Ausmass und die soziokulturelle Bedeutung der Lektüre." *Archiv für Geschichte des Buchwesens* 10 (1969): cols. 944—1002.

Fish, Stanley. *Is There a Text in This Class? The Authority of Interpretive Communities*. Cambridge, London: Harvard University Press, 1980.

Fung Yu-lan (Feng Youlan 冯友兰). *A Short History of Chinese Philosophy*. Derk Bodde, ed. New York: Macmillan, 1960.

Foucault, Michel. "What is an Author?" Translated by Josue V. Harari. In James D. Faubion, ed., *Aesthetics, Method, and Epistemology*. New York: The New Press, 1998.

Gardner, Daniel K. "Confucian Commentary and Chinese Intellectual History." *Journal of Asian Studies* 57 no. 2 (May 1998): 397—422.

Genette, Gérard. "The Proustian Paratext." *SubStance: A Review of Theory and Literary Criticism* 17.2 (1988): 63—77.

———. *Paratexts: Thresholds of Interpretation*. Translated by Jane E. Lewin. Cambridge: Cambridge University Press, 1997.

Gilmore-Lehne, William J. *Reading Becomes a Necessity of Life: Material and Cultural Life in Rural New England 1780—1835*. Knoxville: University of Tennessee Press, 1989.

Grafton, Antony. "Is the History of Reading a Marginal Enterprise?" *Papers of the Bibliographic Society of America* 91(1997): 139—157.

Guy, Kent. *The Emperor's Four Treasures: Scholars and the State in the Late Ch'ien-lung Era*. Cambridge: Harvard Council on East Asian

Studies, 1987.

Hall, David D. "The History of the Book: New Questions? New Answers?" *Journal of Library History* 21 (1986): 27—36.

Hegel, Robert. *Reading Illustrated Fiction in Late Imperial China.* Stanford, CA: Stanford University Press, 1998.

Henderson, John B. *Scripture, Canon and Commentary: A Comparison of Confucian and Western Exegesis.* Princeton: Princeton University Press, 1991.

He, Yuming. *Home and the World: Editing the "Glorious Ming" in Woodblock-Printed Books of the Sixteenth and Seventeenth Centuries.* Cambridge: Harvard University Asia Center, 2013.

Howsam, Leslie, ed. *The Cambridge Companion to the History of the Book.* Cambridge; New York: Cambridge University Press, 2015.

Huang Chin-shing (Huang Jinxing 黄进兴). *Philosophy, Philology, and Politics in Eighteenth- Century China: Li Fu and the Lu-Wang School under the Ch'ing.* Cambridge: Cambridge University Press, 1995.

Huang, Martin W. "Author(ity) and Reader in Traditional Chinese *Xiaoshuo* Commentary." *Chinese Literature: Essays, Articles, Reviews* (CLEAR) 16 (1994): 41—67.

Hulvey, Monique. "Not So Marginal: Manuscript Annotations in the Folger Incunabula." *Papers of the Bibliographical Society of America* 92 (1998): 159—176.

Hunt, Lynn, ed. *The New Cultural History.* Berkeley: University of California Press, 1989.

Jackson, Heather. *Marginalia: readers writing in books*. New Haven: Yale University Press, 2001.

——. "Marginal Frivolities: Readers' Notes as Evidence for the History of Reading." In Robin Myers et al. eds., *Owners, Annotators and the Signs of Reading*, 137—151. New Castle, DE: Oak Knoll; London: British Library, 2005.

Kerby-Fulton, Kathryn and Maidie Hilmo, eds., *The Medieval professional reader at work: evidence from manuscripts of Chaucer, Langland, Kempe, and Gower*. Victoria, BC: University of Victoria, 2001.

Kessler, Lawrence. "Chinese Scholars and the Early Manchu State." *Harvard Journal of Asiatic Studies* 31 (1971): 179—200.

Legge, James, trans. *The She King* or *The Book of Poetry*. Taipei: SMC publishing Inc., 1991.

Lewis, Mark Edward. *Writing and Authority in Early China*. Albany: State University of New York Press, 1999.

Liang Ch'i-ch'ao (Liang Qichcao 梁启超). *Intellectual Trends in the Ch'ing Period*. Immanuel C. Y. Hsü, trans. Cambridge: Harvard University Press, 1959.

Martin, Henri-Jean. *The History and Power of Writing*. Translated by Lydia G. Cochrane. Chicago: University of Chicago Press, 1994.

Makeham, John. *Transmitters and Creators: Chinese Commentators and Commentaries on the Analects*. Cambridge: Harvard University Press, 2003.

McDermott, Joseph. *A Social History of the Chinese Book: Books and*

Literati Culture in Late Imperial China. Hong Kong: Hong Kong University Press, 2006.

McGann, Jerome J. *A Critique of Modern Textual Criticism*. Chicago: University of Chicago Press, 1983.

McKenzie, D. F. *Bibliography and the Sociology of Texts*. Cambridge; New York: Cambridge University Press, 1999.

McLaren, Anne E. "Ming Audience and Vernacular Hermeneutics: The Uses of *The Romance of the Three Kingdoms*." *T'oung Pao* 81 no. 103 (1995): 51—80.

——. "Rewriting *The Romance of the Three Kingdoms*: Editors and Their Audiences." *Journal of Oriental Studies* 33.2 (1995): 165—185.

Myers, Robin, et al. eds. *Owners, Annotators and the Signs of Reading*. New Castle, DE: Oak Knoll; London: British Library, 2005.

Owen, Stephen. *Readings in Chinese Literary Thought*. Cambridge, Massachusetts and London: Harvard University Press, 1992.

Peden, Alexander J. *The graffiti of pharaonic Egypt: scope and roles of informal writings (c. 3100—332 B.C.)*. Boston: Brill, 2001.

Tompkins, Jane, ed. *Reader-Response Criticism: From Formalism to Post-Structuralism*. Baltimore: Johns Hopkins University Press, 1980.

Tsien Tsuen-Hsuin (Qian Cunxun 钱存训). *Paper and Printing*. Vol. 5, part I of *Science and Civilisation in China*. Edited by Joseph Needham. Cambridge: Cambridge University Press, 1985.

——. *Written on Bamboo & Silk: The Beginnings of Chinese Books & Inscriptions*. Second edition. Chicago: University of Chicago Press, 2004.

Ralston, David. *Traditional Chinese Fiction and Fiction Commentary: Reading and Writing between the Lines*. Stanford: Stanford University Press, 1997.

Ralston, David, ed. *How to read the Chinese Novel*. Princeton, New Jersey: Princeton University Press, 1990.

Roche, Daniel. *The People of Paris: An Essay in Popular Culture in the 18th Century*. Translated by Marie Evans and Gwynne Lewis. Berkeley and Los Angeles: University of California Press, 1987.

Ross, Jonathan. "Arriving at a History of Reading." *Historically Speaking* 5 (2004): 39.

——. "Rereading the English Common Reader: A Preface to a History of Audiences," *Journal of the History of Ideas* (1992): 47—70.

Rusk, Bruce. *Critics and Commentators: The* Book of Poems *as Classic and Literature*. Cambridge and London: Harvard University Asia Center, 2012.

Saussy, Haun. "The Age of Attribution: Or, How the 'Honglou meng' Finally Acquired an Author." *Chinese Literature: Essays, Articles, Reviews (CLEAR)*, Vol. 25 (2003): 119—132.

Sela, Ori. *China's Philological Turn: Scholars, Textualism, and the Dao in the Eighteenth Century*. New York: Columbia University Press, 2018.

Sherman, William Howard. *Used Books: Marking Readers in Renaissance England*. Philadelphia: University of Pennsylvania Press, 2008.

Spufford, Margaret. *Small Books and Pleasant Histories: Popular*

Fiction and Its Readership in Seventeenth-Century England. Athens, GA: University of Georgia Press, 1982.

Stillinger, Jack. *Coleridge and Textual Instability: The Multiple Versions of the Major Poems*. New York: Oxford University Press, Inc., 1994.

Suleiman, Susan R. and Inge Crosman. *The Reader in the Text: Essays on Audience and Interpretation*. Princeton: Princeton University Press, 1980.

Van Zoeren, Steven Jay. *Poetry and Personality: Reading, Exegesis, and Hermeneutics in Traditional China*. Stanford: Stanford University Press, 1991.

Wakeman, Frederic. "The Price of Autonomy: Intellectuals in Ming and Ch' ing Politics." *Daedalus* 101, no. 2 (1972): 35—70.

Waley, Arthur, trans. *The Book of Songs*. New York: Grove Press, 1996.

Wang, Edward. "Beyond East and West: Antiquarianism, Evidential Learning, and Global Trends in Historical Study." *Journal of World History* 19.4 (2008): 489—519.

Wilkinson, Endymion, ed. *Chinese History: A New Manual*. Cambridge: Harvard University Asia Center, 2013.

Wilson, Thomas. *Genealogy of the Way: The Construction and Uses of the Confucian Tradition in Late Imperial China*. Stanford: Stanford University Press, 1995.

——. "The Ritual Formation of Confucian Orthodoxy and the

Descendants of the Sage." *Journal of Asian Studies* 55.3 (August 1996): 559 —84.

Wilson, Thomas, ed. *On Sacred Grounds: Culture, Society, Politics, and the Formation of the Cult of Confucius in Imperial China*. Cambridge: Institute for East Asian Studies, Harvard University, 2002.

Yü Ying-shih (Yu Yingshi 余英时). "Some Preliminary Observations on the Rise of Ch'ing Confucian Intellectualism." *Ch'ing-hua hsueh-pao* 11 (1975): 105—144.

滨口富士雄：《清代考据学の思想史的研究》，东京：图书刊行会，1994年。

大木康：《明末における白话小说の作者と読者について—矶边彰氏の所说によせて》，《明代史研究》第12期，1984年，第1—6页。

矶部彰：《明末における西游记の主体的重要受容层の关する研究— 明代‘古典的白话诸说’の读者层をめぐる问题について》，《集刊东洋学》，1980年第44期，第50—63页。

矶部彰：《「西游记」受容史の研究》，东京：多贺出版，1995年。

新版后记

　　拙作自 2021 年出版以来，得到很多学界同仁的关注，不少师友和学生向我提出了各种意见，其中既有肯定和赞美，也有批评和指正，对此我都全然接受。现在又蒙中华书局抬爱，予以再版，我既感欣喜，又觉得惭愧。年来忙于俗务，学问似无长进；又因时间仓促，难以对书中较为严重的错误和疏漏进行改正与补充，仅能就一些明显的讹误进行简单的校订。我颇感有愧于读者，仅希望拙作能够对学界有一丝益处，抛砖而引玉，作为某种后人批评的靶子，也算没有灾梨祸枣。

　　我本没有写后记的习惯，我的各种毕业论文和出版的作品也都从未写过致谢类的文字。我以为感激之情本不必宣之于文墨，存乎灵台方寸之间即可。但拙作的写作过程颇为复杂，其出版也与常规的学术著作存在较大差异。因此借这次机会简单介绍一二，以解除读者的疑惑。

　　简单来讲，拙作是从本人的博士论文"改写"而来，博士论文选题的确定又与硕士期间的学习和硕士论文的撰写有千丝万缕的联系，因此当从硕士讲起。我在北京大学攻读硕士学位之时，导师杨海峥教授曾带领我整理明末清初学者和诗人冯班的《钝吟杂录》，这本小书的版本并不复杂，但其多个副本中都有清初学者何焯的批校，由此我开始接触批校本。后来我就以《后汉书》何焯批校为硕士论文的选题，在写作期间调阅了很多批校本，对其大概的样貌、特征、分布状况、艺术价值和学术价值等都有了一些宏观而粗浅的认识。进入英属哥伦比亚大学开始攻读博士学位时，经过与导师的多次商议，很快就确定了以清代批校本与清代学术思想作为博士论文的研究对象。博士论文写作期间，在一些奖学金和研究经费的支持以及诸多师友的帮助之下，我又有幸在全世界范围内多个图书馆调阅了大量的明清批校本，搜集到了足以支撑起一篇博士论文的原始材料；同时在导师以及其他博士论文指导委员会的老师的引导之下阅读了大量相关研究著作，在一定程度上明确了我的问题意识；最后大约花了三年时间完成了写作，并顺利通过答辩。

我本科和硕士期间在北京大学受到了非常严格而细致的古典文献学的训练，曾立志以文献考据作为治学的根本；进入英属哥伦比亚大学之后，真实的西方思想、学术和文化如潮水一般向我拍来，我曾经的志向开始动摇，思考的问题也逐渐发生改变。博士期间，我一直受到中与西、传统与现代、考据与思辨等二元对立的观念的撕扯，学术上其实并不成熟，这也反映在了我的博士论文中：在中国的、传统的、考据的学术观念占据上风的时候，我就会倾向于使用中文进行写作，反之则用英文。因此，博士论文中有大约两章是先用中文写好，然后翻译成英文的，在翻译的过程中，由于预设的读者是对中国明清学术——特别是考据学——不甚熟悉的以英文为母语的读者，因此删掉了很多繁琐的考据，而增加了一些较为浅显但重要的介绍。博士论文的其他部分则以英文写成,其行文风格、问题意识、论证方式都学习自一些经典的英文汉学著作,初稿很难讲有多么成功,但确实与先用中文写成的两章有所不同。博士论文的送审和答辩都异常顺利,虽然外审和答辩委员也都提出了很多修改意见,但只有我自己知道,论文内部其实有一种撕裂的紧张。

2019 年下半年,我博士毕业,回国入职武汉大学文学院,以对未来充满期待的、兴奋的心情投入到新的工作当中,虽然科研仍然重要,但以教学为中心的各项事务几乎占据了我所有的工作时间,博士论文的修改完善就被搁置。可是,年底却爆发了疫情,一个足以改变很多人的人生轨迹的旷日持久的灾难。疫情初期,我与家人在西安老家一起生活了四个多月,由于足不能出户,因此反而有充足的时间修改博士论文。修改分三步进行:首先,完成了之前已经初见眉目的两章,使得全书内容更为完整;然后,将整篇论文翻译成中文,为以后出版中文版做准备,同时通过翻译来重新梳理全文的理路;最后,全面修改英文版,准备投送给英语世界的出版社。在汉译的过程中,我发现先前用英文撰述的思路与汉语的风格非常龃龉,因此翻译之时往往仅根据英文的提纲和一手材料进行重新写作。翻译成了改写。而在全面修改英文版的时候,又增删了很多内容。至此,我将英文版和汉语版看作两部书,在完成所有工作之后几乎在同时将两个版本分别投寄给了两个出版社。经过漫长的审稿、校改和打磨,二者分别出版。中文版即本书,于 2021 年面世;英文版则在久负盛名的博睿

（Brill）出版社出版，因打磨时间更长，所以迟至 2022 年才完成出版。这两部书的关系较为复杂，其内部的撕裂感也许并未完美地消除掉，但多少算是我的一种双语写作的尝试。不知是否可以为后来人提供一些经验或教训。

虽然英文版和中文版可以看做两部不同的书，但其写作和修改受到了大致同样一批前辈学者和师友乃至于学生的帮助，在此一并致谢。

在论文写作的整个过程中，我的导师阮思德（Bruce Rusk）教授都给予了我全方位的支持和帮助，特别是在我内心经受两种观念的撕扯之时，导师的建议往往会让我豁然开朗。我的博士论文曾七易其稿，每次修改导师都逐字审阅、仔细批注，从论点论据到语言风格，从术语辨析到标点使用，一个字母一个符号都不放过。我多次向他表达真挚而浓烈的感谢，他每次都报以略显抱歉的微笑，似乎自己只是做了分内之事而难以承担如此深厚的感激，我觉得这也许是一种西方学人的谦卑和温情。同时，我的博士资格考委员会的另外两位成员，我的两位"副导师"，单国钺（Leo K. Shin）教授和 Siobhán McElduff 教授，则在学术上给了我决定性的指引，没有他们，我的博士论文很难顺利完成，而且可能不会呈现为今天这个样貌。我的博士论文开题委员会和答辩委员会中，除了以上三位老师之外，还有卜正民（Timothy Brook）教授、Ross King 教授、Erik Kwakkel 教授和 Courtney Booker 教授，诸位老师都仔细审读了初稿，并提出了许多宝贵意见。在此我还要感谢外审老师，以色列特拉维夫大学的石敖睿（Ori

Sela）教授，他在详细审阅了我的初稿之后，提出了三十多页的修改意见，令我极为感动。

论文写作初期，美国普林斯顿大学的艾尔曼（Benjamin A. Elman）教授、台湾"中研院"的王汎森教授、复旦大学的葛兆光教授以及德国汉堡大学的 Michael Friedrich 教授帮我厘清了一些基本的概念，并引导我构建自己的问题意识。美国加州大学圣地亚哥分校施珊珊（Sarah Schneewind）教授、印第安纳大学司徒琳（Lynn A.Struve）教授、日本东京大学大木康教授等，则在不同的场合向我提出各种启发性的问题或者给我很多颇有意义的建议。我们英属哥伦比亚大学亚洲系和历史系的多位老师，如史恺悌（Catherine Swatek）教授、丘慧芬（Josephine Chiu-Duke）教授、雷勤风（Christopher Rea）教授、Alison Bailey 教授和 Christina Laffin 教授等，或者审读过论文的部分篇章并提出了很多宝贵意见，或者在生活上给我以支持和帮助，我都在此郑重致谢！

古人云，"独学无友，则孤陋而难成"，我在求学过程中也得到了许许多多学长学姐的鼓励和帮助，并与许许多多如我一样艰辛探索的同学好友互相砥砺，此处难以一一致谢，只希望我们都继续努力，并享受这份恬澹如水的同道之谊，同时在哪怕浑浊的世界坚守一份求真的纯净之心。

拙作中文版的出版，得到了责编葛洪春师弟的倾情帮助；其再版则有赖于编辑张玉亮先生的筹谋和安排。如前所述，此次再版无力解决书中原本并未究竟的一些问题、困惑和学术分歧，这并不是一本小书所能承担的任务。书中明显的讹脱衍倒以及一些知识性错误，则进行了简单的校改。校改得到了在国家图书馆工作的袁嫒师姐的极大帮助，同时伸出援手的还有武汉大学的博士研究生王爽、肖鸿哉、戴启飞、张元硕等多位同学，在此一并致谢。

我向来主张以一种"为新"的和求真的眼光来看待学术，而我研究的对象却是传统的，甚至古老的。经过长期的阅读和思考，我对他们的憧憬与仰慕之感渐渐淡化，失望和反叛的情绪与日俱增。虽说对待古人要有"同情之理解"或者"理解之同情"，但我固执地认为，我们绝不能因为同情或理解而想要成为他们，甚或不如他们。我们研究旧学的目的是为了建立新世界。我希望我的研究可以帮助我们将古代思想与文化中类似于病毒的东西从国人的血液中清除出去，从而超越旧的我们，形成新的我们。

在新版出版之时，我可能已经离开了武汉大学，入职于遥远的新加坡南洋理工大学；离开了我最亲爱的同事们和学院旁边的一座小山，开始融入另一个世界和未来。多年前，当我在英属哥伦比亚大学求学时，每每心生困顿，望向大海内心就会无比安宁；近年来，颇受浮躁之风的影响，耳畔喧嚣，难得清净。此次去南洋工作，于我而言其实是回归大海。但无论过去、现在还是未来，无论身处何方，我所做的所有工作，都将献给一切懂得爱和值得被爱的人。

2024 年 10 月 30 日

于珞珈山

"经籍志"书系

《一编审足矣：周振甫编辑出版文选》
范军　编选
2025 年 1 月第 1 版第 1 次印刷
ISBN 978-7-101-16748-1
定价 70.00 元

　　周振甫是我国著名的学者型编辑，是中国现代出版史亲历者和参与者之典范。本书遴选周氏围绕编辑出版工作所撰写的文章近四十篇，分为"经验脞谈""审稿纪实""编辑忆旧""出版杂议""文心书简"等编，既富书林掌故，亦有经验总结，可为当代出版人提供宝贵借鉴和启示。

《民国时期古籍出版的传统再造
与现代致用》
朱琳　著
2024 年 6 月第 1 版第 1 次印刷
ISBN 978-7-101-16631-6
定价 86.00 元

　　现代化转型摧毁了古籍赖以存续的社会结构和文化空间。围绕古籍身份重塑与再造的核心问题，本书深入考察民国古籍同前现代时期古籍出版活动间的承袭、裂变与新生，及其与现代社会建构间的共鸣与互构等问题，挖掘与呈示了潜藏于古籍现代性再造背后的实践逻辑。

《方志考未刻稿》

瞿宣颖 撰

龙耀华 整理

2024 年 5 月第 1 版第 1 次印刷

ISBN 978-7-101-16612-5

定价 65.00 元

近世掌故名家瞿宣颖以世家治史，尤精方志之学。《方志考》即其讲义精心结撰而成，惜刊行者仅甲集，学林称憾。本书系据长沙图书馆藏该书未刊稿本整理，著录方志数百种，其中不乏珍稀版本，同时辨其体例、评其得失，着眼于志书类目之沿革、史料裁别之关窍。

《鲁迅辑校古籍考》

石祥 著

2024 年 5 月第 1 版第 1 次印刷

ISBN 978-7-101-16586-9

定价 88.00 元

本书以文献学的实证方法，考察鲁迅辑佚校录的各种古籍，细绎手稿实物的物质形态与文本，辨析同书多件手稿的先后次序与动态关系，考述鲁迅的工作思路、辑校细节。

《清代刻工与版刻字体》

郑幸　著

2023 年 11 月第 2 版第 1 次印刷

2024 年 2 月第 2 版第 2 次印刷

ISBN 978-7-101-16356-8

定价 88.00 元

　　古籍刻工一直是传统文献学所关注的重要对象。本书在广泛搜集与整理数千条清代刻工题名的基础上，通过宏观与微观两种视角，将刻工群体置于出版、文化、艺术等更为广阔的社会领域中加以考察，并对清代书籍史中的一些重要问题进行了深入探讨。

《中国雕板源流考汇刊》

孙毓修　撰

叶新、郑凌峰、樊颖　整理

2023 年 7 月第 1 版第 1 次印刷

2024 年 3 月第 1 版第 2 次印刷

ISBN 978-7-101-16213-4

定价 68.00 元

　　本书是以现代眼光系统研究版本学的开山之作，至今仍有重要的参考价值。此次除通行本外收录新近发现的稿本与连载本，尽现作者结撰之精思。商务印书馆之涵芬楼名重书林，本书即为其创建者之学术精粹，可称"涵芬楼密码"。

《明代图书官修史》

霍艳芳　著

2023 年 6 月第 1 版第 1 次印刷

ISBN 978-7-101-16212-7

定价 88.00 元

本书探讨明代官修图书的组织机构、预修人员、成就及代表性成果的成书经过，总结明代官修图书的特点，揭示其在中国图书编撰史上的地位和影响。有明一代，图书出版进入高速发展时期，私刻坊刻备受关注，本书聚焦官修图书，是对相关研究的有益补充。

《清末白话报刊与文学革命》

张向东　著

2022 年 12 月第 1 版第 1 次印刷

ISBN 978-7-101-15976-9

定价 88.00 元

清末的白话报刊，是五四文学革命的先驱。本书全面分析清末白话报刊与文学革命之间的联系，重新认识五四文学革命在清末的萌芽和演进过程。

《烽火遗篇：抗战时期作家佚作与版本》

凌孟华　著

2022 年 9 月第 1 版第 1 次印刷

ISBN 978-7-101-15819-9

定价 78.00 元

　　本书明确提出抗战文学研究的"非文学期刊"视野问题，通过对茅盾、夏衍、张爱玲等名家佚作的搜集、校勘与考辨，拓展抗战文学史料发掘的边界，还原抗战文学的历史现场与原始形态，以期推动抗战文学研究的发展与突围。

《高凤池日记》

叶新　整理

2022 年 8 月第 1 版第 1 次印刷

2023 年 3 月第 1 版第 2 次印刷

2023 年 8 月第 1 版第 3 次印刷

ISBN 978-7-101-15769-7

定价 65.00 元

　　在近现代出版史上，高凤池是一个被遮蔽的重要人物。本书整理其仅存的日记文献，呈现高氏的平生志业与人格情操，是商务印书馆研究不可忽视的重要史料，亦展现了近代上海的社会图景。

《中华书局的企业制度（1912—1949）》

欧阳敏　著

2022 年 4 月第 1 版第 1 次印刷

ISBN 978-7-101-15596-9

定价 48.00 元

中华书局作为一家有着百余年历史的现代出版机构，拥有丰厚的底蕴与光荣的传统。本书还原民国时期中华书局的企业经营面貌，从产权制度、组织制度、管理制度三个方面，探寻这家百年文化企业的成功奥秘。

中国出版史研究

出版史书目

《生活书店会议记录1933—1937》，2018年11月第1版第1次印刷，ISBN 978-7-101-13499-5，定价298.00元

《生活书店会议记录1938—1939》，2019年7月第1版第1次印刷，ISBN 978-7-101-13921-1，定价298.00元

《生活书店会议记录1939—1940》，2020年10月第1版第1次印刷，ISBN 978-7-101-14727-8，定价358.00元

《生活书店会议记录1940—1945》，2021年8月第1版第1次印刷，ISBN 978-7-101-15287-6，定价298.00元

《生活书店会议记录1933—1945》（整理本），2022年11月第1版第1次印刷，ISBN 978-7-101-15962-2，定价99.00元

《铸以代刻：十九世纪中文印刷变局》，苏精著，2018年5月第1版第1次印刷，ISBN 978-7-101-11959-6，定价78.00元

《唐大郎纪念集》，张伟、祝淳翔编，2019年10月第1版第1次印刷，ISBN 978-7-101-14112-2，定价68.00元

《中国印刷史新论》，艾俊川著，2022年1月第1版第1次印刷，ISBN 978-7-101-15422-1，定价66.00元

《启蒙·生意·政治：开明书店史论（1926—1953）》，邱雪松著，2022年8月第1版第1次印刷，ISBN 978-7-101-15646-1，定价65.00元

《近现代出版与新知识传播》，复旦大学历史学系、中国近现代新闻出版博物馆编，2023年12月第1版第1次印刷，ISBN 978-7-101-16331-5，定价128.00元

《家园与天下——明代书文化与寻常阅读》，何予明著／译，2019年9月第1版第1次印刷，ISBN 978-7-101-13997-6，定价78.00元

《古籍之为文物》，李开升著，2019年12月第1版第1次印刷，ISBN 978-7-101-14245-7，定价98.00元

《福建历代刻书家考略》（上、下册），方彦寿著，2020年5月第1版第1次印刷，ISBN 978-7-101-14379-9，定价178.00元

《赵昌平文存》（上、下册），2021年5月第1版第1次印刷，ISBN 978-7-101-15164-0，定价260.00元

《古籍书名考》，黄威著，2021年7月第1版第1次印刷，ISBN 978-7-101-15241-8，定价76.00元

《翠微却顾集》，徐俊著，2021年12月第1版第1次印刷，ISBN 978-7-101-15463-4，定价88.00元

《陶庵回想录》，陶亢德著，2022年6月第1版第1次印刷，ISBN 978-7-101-15720-8，定价88.00元

《世界想象：西学东渐与明清汉文地理文献》，邹振环著，2022年11月第1版第1次印刷，ISBN 978-7-101-15843-4，定价78.00元

《整齐世传——前四史人物列传编纂研究》，曲柄睿著，2022年12月第1版第1次印刷，ISBN 978-7-101-16001-7，定价98.00元

《晚清小说戏曲禁毁问题研究》，张天星著，2024年1月第1版第1次印刷，ISBN 978-7-101-16351-3，定价175.00元